JOURNAL HISTORIQUE

D'UN

Voyage fait aux ILES MALOUÏNES
en 1763 & 1764,

pour les reconnoître, & y former un établissement;

ET

de deux Voyages au Détroit de Magellan,
avec une Rélation sur les Patagons.

PAR

DOM PERNETY,

Abbé de l'Abbaye de Burgel, Membre de l'Académie
Royale des Sciences & Belles-Lettres de Prusse,
Associé correspondant de celle de Florence,

ET

Bibliothécaire de Sa Majesté le Roy de Prusse.

TOME II.

A BERLIN,
Chez ETIENNE DE BOURDEAUX,
Libraire du Roy & de la Cour

M DCC LXIX.

Titre
pour les pages 404. ad fin.

JOURNAL HISTORIQUE

de mon Voyage aux Iles Malouïnes, avec les observations que j'ai faites sur les Habitans, & sur l'Histoire naturelle des lieux que j'ai parcourus.

Tom. II.

16 *Janvier* 1764.

A trois heures du matin, le vent qui, pendant une dixaine de jours, avoit conſtamment regné du Sud-Eſt, a paſſé au Nord, petit frais. Nous en avons profité pour déſaffourcher. On a mis à pic ſur la ſeconde ancre, embarqué la chaloupe & les canots, dont l'un avoit porté à terre le Sr. Sirandré, Lieutenant, chargé d'une lettre de remercimens de la part de Mr. de Bougainville & des autres, pour Mr. le Gouverneur. A neuf heures nous avons mis à la voile, ainſi que le Sphinx, & la Frégate Eſpagnole la Ste. Barbe : que nous avons dépaſſée en peu de tems, quoiqu'elle eût au moins deux grandes lieues & demie d'avance. On a gouverné au S. E. ¼ S. une demi-lieue, environ autant au S. E. puis fait route au S. E. ¼ E. pour doubler la pointe des charettes. C'eſt une chaine de roches au S. O. de la forterefſe, qui s'étendent près d'une lieue en avant dans la Riviere. Lorſque nous avons mis à la voile, le vent étoit au Nord-Oueſt, aſſez bon frais. Il eſt tombé peu à peu, & le calme a ſuccédé au point qu'à trois heures & demie après-midi le Navire ne gou-

gouvernant plus, on a mouillé par les six brasses & demie d'eau, fond de vase. Nous avions le Morne ou Mont de Monte-video à l'O. N. O. & l'Ile de Flore au N. E. ¼ E. du compas. Le Sphinx a mouillé sur notre arriere à une bonne portée de fusil, ainsi que la Ste. Barbe. Pendant le calme nous avons pris trois beaux Papillons, surtout un dont on voit fig. Pl. VII. fig. 4 *).

Notre mouillage dans la Rade de Monte-video n'étoit pas absolument mauvais: mais je pense qu'il eût été meilleur plus en dedans de la Baye. Pendant tout le tems que nous y avons resté, nous étions toujours sur le *qui-vive*, tant à cause du *Pampéros* qui prend presque toujours subitement, que du vent Sud-Est au Sud-Ouest qui donne en plein dans l'entrée, & qui fait tellement enfler les vagues, qu'elles ne permettent pas de laisser aucun canot ni chaloupe le long du bord. Nous étions obligés tous les soirs de les mettre sous les Palans. Pour avoir oublié

une

---

*) Je le nommai, le Perroquet, parce que les couleurs variées de ses aîles imitent parfaitement celles du plus beau perroquet du Bresil: son corps est du plus beau verd marqué de rouge.

une seule fois d'y mettre le petit canot, il nous échappa, & nous manquames à le perdre, comme je l'ai dit ci-devant. Etant plus en dedans de la Baye, on a même eau à peu près, même fond, & on y est à l'abri du Mont d'un côté, & de la Ville de l'autre.

Dès le soir, il y a eu grande apparence d'orage, par des éclairs très-vifs dans le S. O. & nous avions lieu de craindre le second tome de la Tempête des Maldonnades, qui avoit commencé de même. Mais, à huit heures du soir, une brise du N. O. s'est élevée, & s'est fortifiée de maniere qu'elle a éloigné l'orage de nous. On a fat les signaux au Sphinx, & l'on a mis sous voiles, gouvernant à l'E. ¼ N. E.

18.

A minuit nous avions fait environ quatre lieues. Sur les deux heures, le vent a passé au Sud, ensuite au S. S. E. à trois heures contraint de mettre en cape sous la Misaine pendant environ demi-heure. Sondé plusieurs fois & trouvé neuf brasses, puis dix, toujours fond de vase; à quatre heures, le vent étoit

un

un peu tombé, & le tems eſt devenu brumeux. A cinq heures, l'orage s'eſt élevé avec de la pluye, des éclairs & du tonnerre, ce qui nous a obligé de carguer. A ſix heures remis ſous voiles: les Montagnes les plus à l'Eſt des Maldonnades nous reſtoient au N. N. E. du compas, diſtantes de cinq ou ſix lieues. Nous avons enſuite fait route à l'E. N. E. & puis à l'E. enfin à l'E. S. E. A deux heures après-midi la pluye a ceſſé, le tems s'eſt éclairci, & les Montagnes des Maldonnades ſe ſont montrées très diſtinctement, le Morne le plus à l'Eſt au Nord pour nous; l'Ile Lobos au N. E. ¼ N. & N. Nord-Eſt du compas, à ſix lieues ou environ de diſtance. Duquel point eſt pris celui du départ.

  Latitude du départ   35 = 30.
  Longitude   56 = 30.

Les Marées ont porté ſur le N. 12 min.

19.

A minuit le vent a regné de l'Oueſt-Nord-Oueſt au Sud-Sud-Eſt, petit frais, beau tems, la mer belle, gouvernant de S. E. ¼ E. à l'E. N. E. 4 deg. Nord, depuis le dernier relévement la route valant au Sud-Eſt.

  Chemin   10 lieues ⅓.

Vers les trois heures après minuit le calme s'est fait sentir, jusques sur les six heures que le vent s'est élevé à l'O. N. O. petit frais, & beau tems. Route alors au S. E. à petites voiles pour ne pas nous éloigner du Sphinx. A huit heures gouverné au S. E. ¼ S. & à midi la route a valu depuis le relévement le S. E. ¼ S. 5 d. S. 22 li. ⅔.

La hauteur prise à midi ayant donné une assez grande différence, occasionnée sans doute par les courans assez ordinaires dans les embouchures des rivieres; il a fallu corriger l'air de vent & le chemin.

  Latitude observée Sud 35 = 48.
  Longit. est. 56 = 3.
  Route corrigée le S. E. ¼ S. 5 deg. Sud.
  Chemin corrigé 33 lieues.
  Variation obs. 14 = 30. N. E.

Par les observations réitérées tant dans la Rade des Maldonnades, que le long de la côte, allant à Monte-video, l'Ile de Lobos pourroit bien n'être qu'à 35 dégrés six minutes, & la Carte Françoise la met à 35 = 30 m. ce qui peut aussi avoir occasionné la différence trouvée à midi.

Vers les deux heures, il a passé près du Navire une espece singuliere de poisson

son. Jufques à préfent nous en avons vû beaucoup; mais, comme ils étoient trop éloignés du bord, nous n'avions pu en pêcher. Voyant aujourd'hui qu'ils côtoyoient la Frégate, j'ai engagé un matelot a jetter un feau attaché au bout d'une corde, à la mer; & il a réuffi à en prendre un. Nos marins lui donnent le nom de *Galere*. C'eft une efpece de Veffie, que l'on peut mettre dans le genre de celles que les Naturaliftes nomment *Holotures*, qui fans avoir l'apparence de plante ni de poiffon, ne laiffent pas que d'avoir une veritable vie, & fe tranfportent à la maniere des animaux, par un mouvement qui leur eft propre, d'un lieu à un autre, indépendamment du fecours du vent & des ondes, fur lefquelles on voit ces veffies portées comme des petits Navires. Ceux qui n'obfervent pas avec des yeux curieux & éclairés cette apparence de veffie, la prendroient pour un limon enflé d'air qui furnage, emporté par les vagues & les vents. Mais le matelot qui l'a pêchée, me l'ayant apportée, j'eus tout le tems de l'obferver. J'y remarquai un mouvement périftaltique, tel que celui que les Anatomiftes attribuent aux inteftins & au ventricule. J'étois fur le point de l'enlever du feau avec la main, lorfque Mr. Duclos, notre Capitaine, m'arrêta le bras, en me difant de m'en donner de garde; que fi je le faifois, je ne ferois pas longtems à m'en repentir, par les cuiffons vives que je reffentirois dans tous les endroits de la main, où les filets d'un bleu-violet, qui font attachés à cette Veffie, auroient touché. Je me contentai donc d'obferver des yeux, & de peindre cette Galere.

Le dire du Capitaine s'eft vérifié dès le même jour. Un Mouffe en ayant pêché une feconde, eut l'imprudence de la prendre avec la main. Ces filets s'entortillerent au tour. Un inftant après il fe mit à crier qu'il fentoit un feu cuifant & très douloureux fur tout le deffus de la main & au poignet. Il la fecoua bien promptement, pour fe débarraffer de la Galere; mais il étoit trop tard. On accourut à fes cris; il pleuroit, trépignoit des piés, difant qu'il lui fembloit avoir la main dans un brafier ardent. On la lui trempa dans de l'huile; on lui appliqua deffus une compreffe imbibée de cette liqueur, & il reffentit encore la même douleur

leur pendant plus de deux heures; mais elle diminua insensiblement.

La Galere est une Vessie oblongue, applatie par dessous, arrondie dans son contour, mais comme émoussée par ses extrémités; desquelles partent ces filets, dont l'attouchement devient si douloureux. Une de ces extrémités est plus arrondie que l'autre: celle-ci est un peu allongée. Ce qui forme la base ou point d'appui à cette Vessie est fraizé par ses bords. Le tout est une membrane très-déliée, transparente, & approchant de la figure de ces demi-globes, qui s'élevent sur la surface des eaux en tems de pluye d'été, surtout quand elle tombe à grosses gouttes. Elle est toujours vuide, mais enflée comme un balon. Cette membrane a des fibres, les unes circulaires, les autres longitudinales, au moyen desquelles se forme le mouvement de contraction péristaltique.

A son extrémité la plus allongée, elle renferme un peu d'eau très-claire, qu'une petite cloison membraneuse empêche de s'épancher dans le reste de la concavité. La fibre qui prend de l'avant à l'arl'arriere, en paſſant ſur le dos, eſt élevé, ondée ſur les bords, pliſſée comme une belle crête, d'une couleur vive de verd bleu-purpurin, étendue en maniere de voile. Elle ſe baiſſe, ſe hauſſe, ſe tourne, comme pour s'appareiller ſuivant le vent. Des deux extrémités de la fraize, colorée comme cette eſpece de voile, ſortent des filets de différentes longueurs; deux très-courts, ſont gros comme un fort tuyau de plume, qui ſe diviſent enſuite en pluſieurs autres moins gros, mais beaucoup plus longs, & ceux-ci en d'autres encore plus longs & plus menus, au nombre de huit en tout. Leur longueur eſt d'environ un pié; mais tous ne ſont pas également longs. Ces cordons entrelaſſés ont près du corps l'apparence d'un rézeau, dont les mailles ſont inégales. Ces jambes ont des eſpeces d'articulations, formées par de petits anneaux circulaires, dans leſquelles on remarque auſſi un mouvement de contraction. Tous ces filets ſont comme des houppes pendantes, compoſées de cordons d'un azur pourpré & verdâtre, à peu près tranſparens, & de diverſes longueurs, dont les bords paroiſſent dentelés,

telés, & couleur de feu, & gris de lin, entremêlés d'espace en espace.

Les plus grosses Galeres que j'ai vûes, avoient environ sept pouces de long dans leur base, sur cinq de haut. Il seroit bien difficile de déterminer au juste la couleur de ce singulier animal. La Vessie est claire & transparente comme le cristal le plus pur; mais ses bords, son dos & ses jambes ont, pour ainsi dire, les couleurs de l'Arc-en-Ciel, ou d'une flamme sulphureuse. Nous en avons vû une grande quantité dans notre route, & surtout dans le Canal qui forme l'Ile Sainte Catherine au Bresil; & je le crois commun dans ces parages-là. Si le simple attouchement de cet animal cause tant de mal, que ne peut-on pas juger de ce qu'il produit dans le corps des poissons ou autres animaux qui l'ont dévoré? Ce qu'il y a de surprenant, dit le Pere Labat, c'est qu'il corrompt & empoisonne la chair des poissons, sans les faire mourir. C'est à peu près l'effet du fruit du Machenilier.

Ayant observé le coucher du Soleil, on a trouvé quinze dégrés de déclinaison

son Nord-Est, que la plûpart des marins nomment *variation*.

20.

Depuis hier midi on a tenu la route du Sud-Est-quart-Sud tant qu'il a été possible, le vent ayant regné de l'Ouest au Sud, bon frais, mais avec une mer houleuse. A midi la route a valu par estime le S. E.

Chemin estimé	29 lieues.

On s'est apperçu que les courans portent au S. S. O. ce qui confirme la remarque portée dans la Rélation du Voyage de l'Amiral Anson.

Lat. est. S.	37 = 13.
— obs.	37 = 14.
Longitude corrigée	54 = 57.
Chemin corrigé	33 lieues.

Jusqu'à huit heures du soir, il a fait un vent de Sud très foible, qui tenoit du calme. Alors il a passé au N. N. E. en calmiole. Les marées nous ont portés 30 min. au S. il est à croire qu'elles portent au S. S. O. comme le gissement de la Côte.

21.

A minuit, le vent a regné du N. N. O. bon frais, le Ciel serein, & la mer hou-

houleuſe. On a tenu la route du S. ¼ S. O. juſqu'à ſix heures, que l'on a été contraint d'amener les bonnettes & de faire des ris dans les huniers, pour attendre le Sphinx. Nous avons enſuite gouverné au S. S. O. juſqu'à midi.

La hauteur priſe nous a donné une différence de onze lieues plus que notre eſtime; ce qui vient des courans. Route S. O. ¼ S. 4 deg. O.

Latitude eſt. Sud	38=22.
— — obſ.	38=51.
Longitude corrigée	55=47.
Chemin eſt.	25 l.
— — corrigé	36.

Du Nord-Nord-Oueſt le vent a regné à l'O. N. O. bon frais, juſques à quatre heures du ſoir.

Dimanche 22.

Ce matin il a calmé, avec beau tems & la mer belle. Nous avons vû quantité de *Dadins*, (oiſeaux de mer que l'on trouve preſque dans tous les parages.) La brume eſt élevée du N. O. & il a fait quantité d'éclairs dans la partie du Sud-Oueſt, à quatre heures du matin. Le vent eſt venu depuis le S. à l'E. à différentes repriſes, en petit calme, & comme me des brises seulement, jusques à sept heures, qu'il a fraîchi de N. O. & N. N. O. bon petit frais, jusques à midi, que la route a valu par estime le S. E. ¼ S. 2 d. 30 E.

Latitude est. Sud	40 ⸺ 23.
⸺ ⸺ obs.	40 ⸺ 36.
Longitude corr.	57 ⸺ 30.
Chemin est.	38 l. ⅔.
⸺ ⸺ corr.	43 l.
Variation Nord-Est	17 deg. 30 min.

Nous avons vû quantité de gros oiseaux, que l'on nomme *Moutons*, ou *Quebrantehuessos*, & beaucoup de Dadins, ainsi que quelques *Alcions*, que nos marins nomment aussi *Puans*. Ces derniers, dit-on, ne se montrent gueres qu'il n'y ait le jour-même, ou le lendemain, un gros tems, & souvent des Tempêtes. En effet, peu de tems après le vent du S. S. O. qui avoit regné, a soufflé avec violence; la mer est devenue grosse, le tems brumeux, & de tems à autre un peu de pluye. Sur les neuf heures du soir, nous avons fait le second ris dans les huniers: à onze heures, le troisieme ris dans la grande voile sur laquelle on a mis le vent pendant la nuit, pour attendre le Sphinx.

23. A

23.

A huit heures du matin nous avons ferré le petit hunier, & appareillé de nouveau à dix heures. A midi la route a valu par eſtime le Sud-Eſt.

La hauteur nous a donné 25 minutes plus Sud que l'eſtime, & ſachant que les marées portent au Sud, il a fallu changer l'air de vent. On a ſondé, & point de fond.

Air de vent corrigé le S. O. ¼ S.

Latitude eſt.	41 = 25.
— — obſ.	41 = 46.
Longitude eſt.	56 = 21.
Chemin eſt.	21 li. ⅔.

La mer a été groſſe toute l'après-midi, le tems ſombre, par un vent de S. S. O. à l'O. bon frais. Il a paru quantité d'oiſeaux, & des bandes très-longues, larges & bien formées de fraî rougeâtre de poiſſons, ſur le ſoir. La plûpart s'étendoient en longueur à perte de vûe, & quelques unes avoient environ cent pieds de large. Le tems s'eſt *puré* (éclairci) & il a un peu calmé. On a ſondé, & l'on n'a pas trouvé fond à cent braſſes de ligne.

24.

Au lever du Soleil, la variation s'eſt trouvée de 19 degrés. Sur les ſix heures, venté grand frais, avec un peu de pluye. On a fait les ris dans les huniers; le tems s'eft engraiffé (devenu nebuleux, & l'air brumeux) jufqu'à midi. La route a valu par eftime le S. O. ¼ O. 4 deg. Oueft. La hauteur a donné 30 minutes plus au Sud que l'eftime; c'eft pourquoi l'air de vent n'a valu que le S. ¼ S. E.

Latitude eft Sud	42 39.
— — obf.	42 9.
Longitude	57 7.
Chemin eft.	19 li ⅔.
— — corr.	25 ⅓.

Le même tems a continué grand frais, tous les ris dans les huniers. Nous avons vû huit ou dix Baleines ou Baleinaux, beaucoup d'oifeaux, & de l'efpece de Goëmon que nos marins nommoient *Baudreu*. Sur les huit heures, on a ferré le petit hunier; à dix heures on l'a remis dehors, & défait un ris de chacun.

25.

A quatre heures du matin, le mécredi 25, le vent n'avoit fouffé que par grains, avec un peu de pluye; & a regné de l'Oueft au Sud jufques à neuf heures qu'il a retourné à l'Oueft. A midi, route corrigée S. S. O. 1 = 30 S.

La

HISTORIQUE. 419

La hauteur a donné dix-neuf minutes plus Sud que l'eſtime; la route auroit valu à peu près le Sud.

Latitude eſtimée Sud	43 = 34.
— — obſ.	45 = 53.
Longitude	56 = 47.
Chemin eſt.	23 li.
— — corr.	26 ½.

Juſqu'à cinq heures du ſoir, le vent a regné au N. O. grand frais; ce qui a obligé de faire tous les ris dans les huniers. Le roulis a été ſi conſtant & ſi fort, qu'il a fait mourir un bouc, deux moutons & trois vaches. Pluſieurs autres en ſont malades, ainſi que les chevaux que nous avons embarqués à Monte-video.

Le tems eſt devenu ſombre & pluvieux. Sur les ſix heures, le vent eſt un peu tombé, & a paſſé à l'Oueſt, enſuite à l'Oueſt-Sud-Oueſt juſqu'au Sud, petit frais. La mer s'eſt auſſi dreſſée peu à peu.

26.

A trois heures du matin, on a largué un ris de chaque hunier. A huit heures, on a ſondé, ſans fond, à cent vingt-cinq braſſes. On gouvernoit alors à l'E. S. E. on a viré de bord. A midi, la route a valu par eſtime le S. S. O. 2 = 30 Oueſt.

Mais par l'obfervation elle a été réduite au S. O.

Variation ortive N. E. 20 degrés.	
Latitude eft. Sud	45 = 8.
— — obf.	44 = 57.
Longitude	57 = 25.
Chemin corr.	21 li.

Les Marées commencent à reverfer vers le Nord. Nous avons encore rencontré beaucoup d'oifeaux & de Goëmon. Le vent a regné du S. S. E. au N. N. O. paffant par l'Eft, beau tems, la mer toujours agitée du gros houle du Sud, jufqu'à fept heures du foir, qu'elle a un peu dreffé. On a été obligé de tuer une vache & un bouc, malades des mouvemens du roulis. Sondé fans fond. Le calme a fuccédé & a duré prefque toute la nuit.

27.

Sur les cinq heures du matin, Vendredi 27, il a fraîchi; on a grayé (mis dehors) les bonnettes haut & bas; mais le vent ayant beaucoup augmenté, on les a ferrées, pour attendre le Sphinx. A midi, la route a valu par eftime le S. O. 3 dégrés O. La hauteur nous a donné neuf minutes de différence au Nord; c'eft pourquoi la route

HISTORIQUE. 421

te n'a valu que le S. O. ¼ O. 28 minutes S.

Latitude est. Sud	45 = 53.
— — obs.	45 = 44.
Longitude	61 = 18.
Variation ortive N. E. 21 deg.	
Chemin est.	34 ⅞.

Dans la soirée, nous avons vû quantité d'oiseaux, parmi lesquels beaucoup d'Alcyons. Le vent s'est élevé du N. Est & a regné au N. N. O. grand frais. Le Ciel a été assez beau pendant la nuit. La mer est devenue fort grosse après le lever du Soleil; le tems sombre & brumeux, & le vent si violent, que nous avons été contraints de serrer les huniers sur les neuf heures, ce qui a donné moyen au Sphinx de gagner un peu de chemin, & de se rapprocher de nous. Ce mauvais tems a continué toute la nuit, & il a fait périr un très-bel étalon, que nous avons jetté à la mer, ainsi qu'un bouc & une brebis.

Samedi 28.

Ce matin, nous avons vû une Baleine, deux Loups marins & deux Pinguins. On a sondé, sans fond. On a cargué la grande voile, & à midi la

route a valu par estime le S. S. O.
3 deg. O.

 Latitude est. Sud   47 = 10.
 Longitude   61 = 18.
 Variation N. E. 21.
 — — ortive N. E. 21.
 Chemin est.   28 lieues ⅔.

Après-midi, beaucoup de Dadins, de Moutons & de Moves se sont montrés; & nous avons rencontré du Goëmon à longues feuilles. Le vent a régné du N. N. O. au N. O. grand frais; le tems brumeux & de la pluye. A quatre heures la mer étoit fort grosse; & un orage survenu à cinq heures, l'a fait tellement enfler, que plusieurs vagues sont tombées sur le gaillard d'avant, & ont jetté de l'eau en quantité sur celui d'arriere. Le roulis a tué une jument. Nous n'avons pu garder que la mizaine, quelquefois-même le point du vent cargué. A sept heures, le tems s'est un peu éclairci; & à minuit, le vent a passé au S. O. grand frais.

Dimanche 29.

Le vent est un peu tombé sur les quatre heures du matin. On a appareillé les huniers, mais tous les ris dedans. A neuf heures on en a largué un; le vent étant
            à l'O.

HISTORIQUE.

à l'O. S. O. bon petit frais, & la mer encore fort grosse. A midi, le beau tems a permis de prendre hauteur, la route a valu par estime le S. S. O. 4 d. 30. m. O.

Latitude est. Sud	48 = 28.
— — obs.	48 = 25.
Longitude	62 = 15.
Chemin est.	29 l. ¼.
Variation obs. occase. 22 d. N. E.	

Le 29. quelques poissons assez gros se sont montrés à fleur d'eau, sur les trois heures après-midi. Plusieurs de nos marins accoûtumés à la pêche de Terre-neuve, ont assuré que ces poissons étoient des morues. Le vent a régné du N. O. à l'O. N. O. bon frais, beau tems, mais la mer toujours très-grosse. Sur les cinq heures sondé, sans fond. Toute la nuit nous avons fait petites voiles, pour ne pas nous éloigner du Sphinx.

Lundi 30.

Trouvé fond à 85 brasses, après avoir sondé à quatre heures du matin. Ce fond est de sable fin, brun & brillant. Alors on a tiré de l'entrepont les pieces d'un bâteau de pêche, pour les assembler & le monter. A midi, la route a valu par estime le S. O. ¼ S. 3 = 30. S.

Latitude eſt. Sud	49 ⸺ 54.
⸺ ⸺ obſ.	49 ⸺ 56.
Longitude	64 ⸺ 3.
Chemin eſtimé	36 l. ¼.
Variation obſ. occaſe	22 ⸺ 30 N. E.

La mer a été un peu moins mauvaiſe dans la ſoirée; & nous avons vû pluſieurs Pinguins & Loups marins.

A ſix heures, cargué les voiles tant pour attendre le Sphinx, que pour ſonder. Nous avons trouvé fond à cent cinq braſſes, fond de ſable gris & taches noires. Reſté enſuite en travers juſqu'à minuit, tribord au vent.

Le 31. à minuit, fait ſervir ſous les huniers tous les ris. A 3 heures, appareillé la miſaine & la grande voile; & à ſix heures du matin, nous avons vû la Terre dans l'Eſt, à la diſtance d'environ ſix lieues. Elle nous a paru être des Iles. Nous avions alors grand vent; ce qui nous a fait mettre en cap, bâbord au vent ſous la miſaine & le foc d'artimon. Ayant un peu calmé ſur les onze heures, nous avons fait ſervir & gouverner à l'E. S. E. juſques à midi, que l'on a relevé la Terre le plus au Sud, au Sud-Eſt cinq dégres Eſt, diſtance d'environ
une

une lieue, & une pointe de roche, qui restoit au S. S. Est. Elle met au large, environ cinq lieues, la pointe de la Terre la plus à l'Est, à l'Est quart Sud-Est, distance de deux lieues, toutes les Terres paroissant être des Iles. L'air de vent des 24 heures a valu le S. ¼ S. E. 5 degrés S.

Latitude est. Sud	50 = 59.
— — obs.	50 = 58.
Longitude	63 = 33.
Chemin	21 li. ⅔.
Variation est.	23 N. E.

La figure de ces Iles disposées en triangle, comme l'on dit que le sont celles que l'on nomme *Sébaldes*, & la proximité où nous pensions en être, nous a d'abord fait croire que ces trois Iles que nous voyions, étoient ces mêmes Iles Sébaldes. C'est pourquoi, suivant notre point pris à midi, nous les avons trouvées placées dans la Carte Françoise de Belin trente lieues trop à l'Ouest; & notre observation nous a d'autant plus trompés à cet égard, qu'elle étoit d'accord avec celle du Pere Feuillée, & avec une Carte Manuscrite du dépôt de la marine, donnée par Mr. de Choiseul à Mr. de Bougainville avant notre départ de Paris.

Voyez

Voyez ces Iles, comme elles se présenterent à nous à deux lieues de distance, ayant le Cap à Est-Sud-Est. Pl. VII. fig. 1.

Cette Carte de Mr. de Bougainville porte le bout de l'Est des Iles Malouïnes par 57 degrés 15 minutes de longitude, & le P. Feuillée place la même extrémité de ces Iles par 57=45. la latitude s'accorde d'ailleurs assez bien. Mr. Belin la met par 62 deg. Nous vérifierons mieux, qui a raison des deux, lorsque nous y aurons débarqué, comme nous nous le proposons.

Variation N. E.   23 degrés.

Le vent a régné l'après midi, N. O. bon frais. En cotoyant toujours la terre, nous avons sondé à 3 heures, trouvé à 45 brasses fond de cailloux. A quatre heures sondé, 40 brasses fond de cailloux, coquillages brisés de Ricardeaux: nous étions alors à une demi-lieue de deux Iles plates, qui, au premier aspect, paroissent couvertes de petits bois taillis; (mais qui ne sont qu'un grand jonc à feuilles platres & larges, que l'on nomme *Glajeux*, ce que nous avons reconnu dans la suite en abordant à des Terres,

dont

dont la côte est garnie de ces *Glajeux*, qui nous avoient parus de même.) Sondé de nouveau, & trouvé fond de roches à 24 brasses.

Ayant relevé les Terres les plus au N. E. elles nous restoient à l'Est du compas, distantes d'environ sept lieues: les trois Iles que nous avions cru être les Sébaldes, à l'O. distantes de 7 à 8 lieues. A sept heures, nous avons fait route sur le N. O. pour nous retirer de l'enfoncement. Sondé ensuite de deux heures en deux heures, en filant 80 à 90 brasses sans trouver de fond.

Mardi 31.

Fait route sur l'E. ¼ S. E. à six heures du matin, & puis à l'Est pour *accoster* la Terre, jusques à midi. Nous avons alors relevé les Terres qui nous paroissoient le plus au N. E., à l'Est & E. ¼ S. E. du compas, distantes de cinq à six lieues. Les plus au S. O. nous restoient au S. S. O. distance de sept à huit lieues: les Terres qui nous restoient entre ces deux relévemens, paroissent Terre ferme & situées au Nord-Est & Sud-Ouest; & l'air de vent rectifié des 24 heures a valu l'E. ¼ S. E. 2 deg. Est.

Singlé en route directe	12 lieues ⅔.
Latitude eſt. Sud	51 — 3.
— — obſ.	51 — 4.
Longitude	62 — 42.

Dans l'après-midi, fait route Eſt deux degrés Sud, le vent étant O. S. O. & le vent par grains, avec de la pluye. Nous *rangions* la Terre à une lieue ou environ de diſtance, quelquefois à demi-lieue ſeulement, pour mieux la reconnoître On ſondoit de tems à autre, & nous trouvions à 35 braſſes, fond de ſable gris

Les Terres ſont de moyenne hauteur, & des hauteurs les unes derriere les autres; ce qui prouve que c'eſt la grande Terre ou la plus grande des Iles. Preſque tous les bords couverts de Glajeux, qui paroiſſent comme des petits arbres. (Parce que comme nous l'avons mieux reconnu, après avoir débarqué, chaque plante de Glajeux forme une motte élevée de deux piés & demi ou environ, & éleve enſuite une touffe de feuilles vertes à une hauteur à peu près égale.) Nous n'avons point vû de bois; &, à la diſtance où nous ſommes, le terrein paroît ſec & aride: peut-être la chaleur de l'été a-t-elle deſſéché l'herbe.

A trois

A trois heures, nous avons vû un Ilot, deux lieues au large de la côte. Il préfente à peu près la figure de celui fur lequel eft bâti le *fort de la Conchée*, (Mr. de Bougainville l'a nommé la Tour de Biffy *), près de St. Malo. A cinq heures, nous avons découvert un Cap coupé, & un Ilot, qui nous paroiffoit comme le *Cap Fréhel*, fitué à quatre lieues de St. Malo. Ce Cap coupé fembloit alors terminer les Terres à l'Eft. On a gouverné au N. N. O. à petites voiles, avec un vent d'Oueft.

1 *Fevrier.*

A minuit, Mercredi premier Fevrier, on a mis en cape, bâbord au vent. A deux heures, mis en cape fous la mifaine & le foc d'artimon, jufques à quatre heures, que nous avons viré vent arriere & mis en cape, tribord au vent, jufques à fix heures: nous étions alors en cape fous la mifaine feulement au N. O. ¼ O. 5 deg. On a enfuite fait route le long de la côte, route S. E. ¼ E. vent O. S. O. de huit heures à dix, route E. N. E.

*) C'eft l'entrée du Détroit, qui partage l'Ile en deux Eft, & Oueft. Ce Détroit communique du Nord au Sud.

même vent jusques à midi, qu'il faisoit grand vent par grains, avec de la pluye. Route E. ¼ S. E. 2 d. E.

Latitude est. Sud	51 — 10.
— — obs.	0 — 0.
Longitude	61 — 10.
Chemin estimé	20 li. ¾.

On a relevé les Terres de l'Est à l'E., qui nous ont paru un autre Cap, & un petit Ilot, presque semblables à ceux qui nous avoient représenté le Cap Fréhel. Nous en avons ensuite apperçu un autre petit, tout couvert d'oiseaux.

La route rectifiée des 24 heures a valu l'E. ¼ S. E. 5 deg. 15 min. E. A midi, la route étoit Est trois degrés Sud. Le vent a régné de l'O. S. O. à l'O. & a continué grand frais par grains, avec de la pluye: ce qui occasionnoit un roulis très-violent, qui a beaucoup fatigué nos bestiaux. Nous avons même pris le parti de tuer plusieurs vaches malades, dans la crainte de les voir périr, & d'être obligés de les jetter à la mer; comme nous l'avons déjà fait du beau taureau, que nous avions embarqué à l'Ile Ste. Catherine, ainsi que de quelques boucs & de plusieurs brebis.

Sur

Sur les trois heures après-midi, le vent a passé au S. S. O. & nous avons surmonté une marée, forte comme dans un Ras, la mer très houleuse, & brisant comme sur une batture.

On a *rangé* la côte à demi-lieue de distance; mais ce *Ras* nous a obligé de prendre le large. Un Cap s'est alors présenté, lorsque nous faisions route à l'Est deux dégrés Nord; le vent O. S. O. Deux roches étoient à la tête de ce Cap, à un quart de lieue au large. Il nous a fallu une bonne demi heure pour nous tirer de ce Ras. On a ensuite *raccosté* la Terre, qui se prolongeoit au S. E. ¼ E. & E. S. E. Rangé ensuite à une demi-lieue un autre Cap, qui ressembloit à un Ilot couvert de bois. Le tems étoit beau, & petit frais, ce qui nous a déterminés, sur les six heures du soir, à mettre à la mer le bateau de pêche que l'on avoit monté. Mrs. Donat & le Roy, Lieutenant, s'y sont mis avec les Matelots nécessaires, tous bien armés. On les a envoyés à terre couper de l'herbe pour nos bestiaux; qui commençoient à en manquer. Alors nous étions environ à deux lieues sous la pointe, où il paroissoit du

bois

bois. Le calme nous a pris là jusques à huit heures. La marée nous portoit à terre, sur une batture de roches. Dans cet embarras, d'où nous ne pouvions nous tirer, faute de vent, on a sondé, dans le dessein de mouiller, si le fond s'étoit trouvé bon. Il y avoit dix-huit à vingt brasses, mais fond de roches; l'inquiétude alors a redoublé, avec d'autant plus de raison, que la marée nous avoit déjà portés vers la batture, qui bordoit une anse assez grande, & que nous n'en étions guéres éloignés que d'un demi-quart de lieue. Le Sphinx se trouvoit dans le même embarras que nous, & l'on pensoit déjà aux moyens de sauver sa vie, si nous allions faire naufrage sur ces Roches, que les marins appellent *Charpentiers*; parce qu'un Navire qui a le malheur d'y échouer, est bientôt brisé en pieces. Heureusement, sur les huit heures, il fraîchit tant soit peu de la partie de la Terre; & nos Capitaines attentifs & habiles à profiter du moindre avantage qui se présente, firent manœuvrer si adroitement, que nous nous éloignames de la Terre. L'Equipage sentoit si bien le danger où nous étions engagés,

gagés, que dans les tems les plus orageux, & pendant la tempête-même que nous essuyames auprès des Maldonnades, ils n'avoient pas manœuvré avec autant de promptitude & d'exactitude. C'étoit un spectacle curieux que celui de voir chacun à son poste, tenant à la main le cordage qu'il devoit faire jouer; tous avec une figure sur laquelle étoient peintes l'inquiétude & la crainte, mêlées d'espérance: tous dans le plus profond silence, les yeux fixés sur le Capitaine, & les oreilles attentives, pour obéir au premier commandement: les deux Capitaines & les Lieutenans, tout le monde même, occupés à regarder les uns du côté de la pleine mer, les autres vers la terre, pour observer si quelqu'un ne verroit pas la moindre *brise* s'élever, & faire frémir la surface des eaux qui étoit presqu'aussi unie qu'une glace. Celui-là présentoit la jouë, celui-ci la main, un troisieme l'exposoit mouillée du côté où ils imaginoient que le vent commençoit à soufler, afin d'en sentir la moindre impression. Enfin la brise tant desirée, quoique très-foible, s'éleva, la crainte fit place à la joye & à la satisfaction; & pour ne pas nous retrouver

E e

dans

dans le même embarras, nous nous éloignames au Nord-Eſt quart Eſt cinq degrés Eſt.

A neuf heures, nous avons mis en pan-en; & vers les onze heures, notre bateau de pêche eſt revenu à bord chargé d'herbes. On l'a rembarqué. Les Srs. Donat & le Roi nous ont rapporté qu'ils avoient vû à terre, à une petite portée de fuſil de l'endroit où ils étoient, un animal effrayant & d'une groſſeur étonnante, couché ſur l'herbe, ayant la tête comme celle d'un Lion, une criniere ſemblable, tout le corps couvert d'un poil roux-brun, long comme celui d'une chevre: Que cet animal les ayant apperçus, s'étoit levé ſur les deux piés de devant, les avoit regardés un moment, puis s'étoit recouché: Qu'eux ayant enſuite tiré un coup de fuſil ſur une outarde, qu'ils tuerent, le gros animal s'étoit levé de nouveau, les avoit encore regardé ſans changer de place, puis s'étoit recouché. Cet animal leur a paru, diſent-ils, gros comme deux bœufs enſemble, long de douze ou quatorze piés. Ils avoient deſſein de lui tirer deſſus; mais, ſoit qu'ils en ayent été effrayés, & qu'ils n'ayent pas oſé tirer,

dans

dans la crainte de ne le blesser que legèrement, & de courir des risques pour leur vie; soit, comme ils nous l'ont dit, qu'ils n'ont pas voulu perdre leur tems à cela, parce qu'il étoit tard, & qu'ils vouloient se rendre à bord.

A huit heures, nous avions relevé les Terres plus au Sud-Est, à l'E. ¼ S. E. & Est-Sud-Est cinq lieues; & la pointe la plus à l'Ouest, au N. O. ¼ O. distante d'une lieue ou environ.

Jeudi 2 Fevrier.

De neuf heures à minuit, nous avons resté en panne sous les huniers, au N. O. ¼ N. Vent d'Ouest-Sud-Ouest.

3.

De minuit jusqu'à trois heures & demie, en panne à O. ¼ N. O. 4 degrés N. les vents au S. O. & S. S. O. Alors on a fait *servir* & gouverner au S. E. ¼ S. jusques à dix heures, que le vent a été au S. ¼ S. E. & gouverné au S. O. ¼ S. jusques à midi que nous avons eu connoissance d'une ouverture de Baye, qui nous restoit dans l'O. S. O.

S. O. *) On a fait deux bords & donné dedans en fondant, 24. 22. 20 18. jufques à treize braffes, fable fin vafeux. L'entrée de cette Baye a paru fi belle, que nous y fommes entrés à pleines voiles, comme dans le Port le plus connu & le plus aifé. A deux heures, mouillé par treize braffes, fable fin, & l'on a relevé le mouillage.

Relévement.

Les deux pointes font S. S. E. & N. N. O. l'une de l'autre. La pointe la plus au N. E., qui ferme l'entrée de la Baye à tribord, au N. E. $\frac{1}{4}$ E. La pointe de bâbord à l'E. & E. $\frac{1}{4}$ N. l'Ilot ou Rocher, fitué près de cette derniere pointe, à l'E. $\frac{1}{4}$ N. E. & une pointe, qui fe trouve la plus au S. dans le fond de la Baye, à O. $\frac{1}{4}$ S. O.

Nous fommes mouillés à environ trois lieues dans l'enfoncement de la Baye.
Elle

*) Voyez l'entrée de cette baye Pl. VII. fig. 2. Elle eft fituée à la côte de l'Eft des Iles Malouïnes. On la voyoit telle à 3 lieues de diftance, le Cap a O. $\frac{1}{4}$ S. O. & O. S. O. le mondrain A. reftoit au S. O. $\frac{1}{4}$ O. B. à O. S. O. C. à O. $\frac{1}{4}$ S. O. D. à O. N. O. E. à O. F. à Nord-Oueft. Nous en étions alors éloignés d'environ deux lieues.

Elle paroit avoir au moins autant de profondeur au delà. Dans le fond on voit des Iles & Ilots, auprès desquels le bateau de pêche ayant sondé, on a trouvé 4. 5. 6. brasses & davantage, fond de vase. Le Sr. Donat y a été envoyé aussitôt après le mouillage, & a été de retour sur les dix heures du soir. Il a rapporté que par tout il y avoit au moins huit à dix brasses, & sept à huit à l'Est des Iles, fond de sable vaseux par tout: ce qui nous assure une retraite, en cas de mauvais tems du *large*, qui est depuis l'E. N. E. à l'E. S. E.

Cette Baye, dont on voit le plan & la figure pl. VIII. peut contenir au moins mille vaisseaux, & dans l'Ouest des Iles & Ilots autant, à l'abri de tous vents, plus en sureté même, disent nos marins, que dans le Port de Brest.

Dès que nous avons eu dîné, on a mis le canot & la chaloupe à la mer, & nous avons descendu au Sud de la Baye, Mrs. de Bougainville, de Nerville, de Belcourt, Lhuillier, Donat, Sirandré, & moi. Pendant le trajet une quantité prodigieuse d'une seule espece d'oiseaux noirs & blancs passoient en troupes nombreuses, à cinq ou six piés seulement au dessus de nos têtes. On en a tué quelques uns. Ceux qui tomboient blessés seulement, plongeoient lorsque l'on vouloit les saisir. Avant que d'aborder, on tira sur des outardes, des oyes, & des canards, qui ne s'envolerent pas à notre approche. Ils se promenoient auprès de nous, comme s'ils eussent été privés.

Etant éloignés de la Terre, les apparences nous avoient trompés. Nous nous étions imaginés trouver un terrain sec & aride; mais, lorsque nous avons eu mis pied à terre, nous l'avons trouvé tout couvert d'une herbe, ou espece de foin, haut d'un pied ou d'un pied & demi, jusques sur le sommet des hauteurs mêmes, où nous eumes beaucoup de peine à grimper, par l'obstacle que ce foin opposoit à notre marche.

Nous y montames en troupes, pendant que quelques uns se détacherent, pour chasser tant sur les hauteurs que le long de la côte. Nous fatiguames beaucoup à escalader ces hauteurs: point de chemin, point de sentiers à travers cette herbe, qui y est, vraisemblablement, depuis que cette Terre existe. On enfonce
dans

dans ce foin, jusqu'au genou, & le sol, qui paroit d'un brun noir, est un terreau de foin pourri d'année en année, qui fait ressort sous les piés à cause des racines qui s'y sont entrelassées. On peut juger de là, s'il est aisé d'y faire beaucoup de chemin sans être fatigué. Heureusement nous nous étions munis de pistolets de poches (petites bouteilles clissées d'eau de vie), & de quelques biscuits de mer, qui nous furent d'une grande ressource; car il faisoit d'ailleurs une chaleur très-vive.

Il y a des especes de mottes vertes, élevées quelquefois de trois piés & davantage au dessus du sol. J'observai attentivement une de ces mottes; & je reconnus qu'il en suintoit une gomme résineuse, blanche d'abord quand elle est molle, de couleur d'ambre quand elle séche. J'en amassai quelques grains, & je leur trouvai une odeur aussi aromatique & aussi forte au moins, que celle de l'encens: mais, sans pouvoir déterminer, dans le moment, le rapport précis que cette gomme a avec d'autre gommes ou résines connues. J'en emportai environ la pesanteur d'un demi-gros en grains ou larmes, les unes

de la grosseur d'un pois rond, les autres grosses comme des faséoles. De retour à bord, je la montrai à Mr. de Bougainville & à nos deux Chirurgiens. J'en exposai, sur la pointe d'un couteau, à la flamme d'une chandelle; elle brûloit comme la plus fine résine, exhalant une odeur suave, & laissant après une huile noirâtre, qui ne brûloit pas, & qui en se réfroidissant devenoit dure & cassante. J'essayai à dissoudre cette huile dans l'eau commune, mais en vain; ce qui me fait penser qu'elle seroit très propre à faire un excellent vernis. Le lendemain, en ayant parlé à Mr. Frontgousse, Chirurgien du Sphinx, il fut à terre & ayant amassé un peu de cette gomme, à son odeur & à sa saveur, il s'imagina que c'étoit de la gomme ammoniac. Les ayant confrontées, nous y trouvames même saveur, même odeur; & laissant l'une & l'autre le même résidu après avoir été brûlées. Son odeur est si tenace aux doigts, que de toute la journée, & le lendemain même, je ne pus m'en débarrasser, quoique je me fusse lavé les mains plus d'une fois, même avec de l'eau de mer. A l'esprit de vin cette gomme-
résine

résine ne se dissout qu'en partie; & le teint en couleur d'ambre. Ce qui reste devient spongieux, & brûle comme avant la dissolution: le troisiéme résidu ne se dissout pas dans l'eau commune. L'eau forte n'y mord pas.

Ces mottes sont formées par une seule plante, qui pousse des tiges legeres spongieuses, qui se dépouillent peu à peu de leurs feuilles, comme le Palmier. Ces feuilles sont découpées en trois, comme la figure 5. A de la Planche VII. la représente dans sa grandeur naturelle. Elle est grosse comme celle du pourpier, mais d'un beau verd, très-serrées les unes auprès des autres, disposées en rond, & formant un enfoncement au milieu, peu sensible. C'est une espece d'entonnoir très-applati, dont tout l'intérieur seroit tapissé de ces feuilles posées, les unes auprès, & dessus les autres, en recouvrement comme celles des Artichaux. Voyezen la figure B dans la même Planche.

Du cœur au centre, & des bords déchirés, ou égratignés seulement, de ces feuilles, ou lorsque la liqueur résineuse abonde trop, il en sort cette gomme résine, qui se congele à l'air. Il suffit, pour cela de couper, raser, ou seulement frotter la superficie. Il en sort alors une espece de crême blanche & gluante, qui file entre les doigts comme de la glu, & s'y attache fortement. Je la nommois *plante au vernis*.

L'intérieur de ces mottes est formé en voûte, comme soutenue par les tiges & les branches, dont les feuilles, qui ne sont pas à l'air, sont brunes & pourries. Quelquefois d'autres plantes poussent dans l'intérieur de la voûte, se font jour à travers la motte, & s'élevent au dessus. Lorsque ces mottes ne sont pas brisées, elles sont assez solides, non seulement pour porter un homme qui s'y asseoit, mais qui la traverse en posant les piés dessus. Cependant, d'un seul coup de pié un peu appuyé, on creve aisément cette voûte; & il est aisé d'en arracher avec la main de très-gros morceaux. La racine & les tiges rompues donnent aussi de cette résine blanche, qui en sort alors comme le suc blanc ou lait de la plante nommée Tithymale. J'en parlerai encore dans la suite.

Nos chasseurs sont revenus le soir chargés d'oyes, d'outardes, canards,

sar-

sarcelles, & d'un oiseau noir & blanc, dont j'ai déjà parlé. Je m'étois éloigné des autres, & j'avois été seul à une grande lieue le long de la côte, au dessus de l'endroit où le canot avoit abordé. Je tirai sur deux canards, à quatre ou cinq piés du bord. N'ayant osé risquer de me mettre à l'eau pour les prendre, je les y attirai imprudemment avec le bout du fusil. La quantité du gibier me fit presser de recharger, sans faire attention qu'il pouvoit y avoir quelques gouttes d'eau dans le canon. La poudre en fut assez mouillée pour ne plus prendre feu; & n'ayant pas de tire-bourre, je pris le parti d'aller rejoindre le canot. A peine eus-je fait une vingtaine de pas que je rencontrai un sentier dans l'herbe, très-battu, large de huit à neuf pouces, qui se dirigeoit le long de la côte, à dix ou douze piés du bord de la mer. J'imaginai alors que l'Ile étoit habitée, sinon par des hommes, au moins par des animaux à quatre piés, qui fréquentoient ce canton-là. Mais quels animaux? Etoient-ils feroces; ne l'étoient-ils pas? Je pouvois en rencontrer quelques uns sur ma route. J'étois seul, avec un fusil, dont

je

je ne pouvois faire ufage. J'avois un peu d'inquiétude. Je mis la bayonnette au bout du fufil, & je pourfuivis néanmoins ma route dans le fentier, curieux de fçavoir où il aboutiffoit. A deux cent pas ou environ de l'endroit où je l'avois pris, il entroit dans un bouquet d'une centaine de ces glajeux dont j'ai fait mention. Je n'ofai m'y enfoncer; mais, en paffant auprès, je m'arrêtai quelques minutes en y regardant attentivement, & écoutant fi je n'y entendrois pas remuer. Point de mouvement, point de bruit. Je continuai mon chemin en reprenant le fentier au delà, jufqu'à ce que j'eus rencontré le canot, qui, voyant que la nuit approchoit, & que les différentes bandes d'obfervateurs & de chaffeurs ne s'y étoient pas rendus, venoit au devant de nous, pour nous prendre. Il étoit prefque plein de gibier, & nous fumes obligés, à caufe de la nuit, d'en laiffer à la mer une grande partie, que l'on a envoyé chercher aujourd'hui.

4.

Dès les fix heures du matin, le Samedi 4, on a équipé le canot & le bateau de pêche, pour faire la découverte du fond

fond de la Baye, qui nous avoit paru être une grande riviere, lorsque nous l'avions observée la veille, de dessus des hauteurs.

Mrs. de Bougainville, de Belcourt, de St. Simon, L'huillier & Alexandre Guyot, sont montés dans le canot, bien armés, & munis de provisions de bouche pour quatre ou cinq jours, avec une tente, pour coucher à terre. Les Matelots-mêmes étoient armés de fusils, de sabres & de bayonnetes. Ils se proposoient de visiter la partie du Nord, & de découvrir s'il y avoit du bois. Mrs. Donat & Arcouet, dans le bateau de pêche, devoient aller à la découverte dans la partie du Sud, dans l'idée que le fond de la Baye étoit partagé en deux issues, qui se perdoient dans les vallons.

Mrs. Alexandre Guyot & Arcouet revinrent à bord dès le soir même dans le canot, ayant laissé Mr. Donat, avec le bateau de pêche, à Mr. de Bougainville & aux autres qui l'avoient accompagné. Mr. Guyot apporta des outardes, trois jeunes loups marins, ayant le poil d'un gris-brun, & cinq lionnes marines. Elles avoient environ sept piés de longueur,

sur

sur trois & demi de rondeur, quoiqu'éventrées. Ces Messieurs avoient débarqué sur un Ilot, où ils en avoient trouvé une quantité prodigieuse, & en avoient tué huit ou neuf cents à coups de bâtons. Il n'est pas besoin d'autre arme pour cette chasse. Un bon bâton de trois ou trois piés & demi de long suffit. Un seul coup bien appliqé sur le nez de ces animaux, les terrasse, & leur ôte la vie sur le champ.

Il n'en est pas tout à fait de même des Lions marins: leur grosseur est prodigieuse. Nos Messieurs en combattirent deux très-longtems, sans pouvoir en venir à bout avec les mêmes armes. On tira trois balles dans la gorge de l'un des deux, dans le tems qu'il ouvroit la gueule pour se deffendre, & trois coups de fusil à bale dans le corps. Le sang ruisseloit des blessures, comme le vin d'un tonneau percé. Il se traina néanmoins dans l'eau, & on le perdit de vue. Un Matelot attaqua l'autre, & se battit longtems avec lui, à coups de bâton sur la tête, sans pouvoir le terrasser: ce Matelot tomba même auprès de l'animal; mais il eut l'adresse de se relever au moment que le

lion

lion alloit l'engueuler. C'étoit fait de l'homme s'il en avoit été faifi ; l'animal l'auroit emporté à l'eau, & l'y auroit dévoré ; car c'eft dans l'eau qu'ils emportent ordinairement leur proye. Celui-ci, en fe fauvant à la mer, faifit un Pinguin dans fon chemin, & l'y dévora, prefque d'un feul coup de dent.

Il y a plufieurs fortes de loups & de lions marins : j'en ai vû de toutes ces efpeces. Les premiers, quand ils ont toute leur taille, ont depuis dix jufqu'à vingt piés de longueur & davantage ; & en circonférence, depuis huit jufqu'à quinze. Leur peau eft revêtue d'un poil de couleur tannée-claire, ou fauve, comme celui de la biche, & court comme celui des vaches. La tête préfente la figure de celle d'un dogue, dont les babines de la machoire fupérieure feroient fendues fous le nez, comme celle du lion de terre, & ne feroient pas pendantes ; & dont les oreilles feroient coupées rez la tête. J'en parlerai plus au long ci-après.

L'autre efpece, moins grande, préfente la même figure ; avec un mufeau un peu plus rond & moins allongé. Au lieu de pattes de devant, elle a deux nageoires, composées d'articulations, couvertes, comme d'un gand sans doigts, d'une peau ou membrane fort dure, de couleur gris-noir. A l'extérieur on ne distingue pas ces articulations; il faut disséquer la nageoire pour les appercevoir. Les deux piés de derriere sont visiblement articulés comme les doigts de la main, & d'inégale longueur, au nombre de cinq. Ces doigts sont réunis par la membrane, depuis la premiere articulation jusqu'à la troisieme. La membrane alors se sépare en découpure, pour suivre le long de chaque doigt, comme celle des pattes d'un plongeon, ou d'une poule d'eau, & se prolonge beaucoup au delà de chaque doigt. Ces piés sortent presqu'immédiatement du bas du corps. Ils y forment une espece de queue découpée, lorsqu'ils sont couchés, ou qu'ils ne marchent pas. Chaque doigt est armé d'un ongle, qui n'est pas trenchant, mais un peu saillant & noir. Voyez la fig. 1. de la Pl. VIII. Les uns & les autres ont des barbes comme les tigres, & de grands poils droits au dessus des yeux, pour former les sourcils. La femelle paroit avoir le cou proportiontionnellement plus long & plus dégagé que le mâle; & a des mammelles.

Ces animaux sont si gras qu'ils ont plusieurs pouces d'épaisseur d'une graisse blanche & mollasse entre cuir & chair. Ils abondent en sang, & quand on les blesse profondément, le sang ruisselle de la blessure, comme du bras d'un homme gras, que l'on vient de saigner.

L'animal que Mrs. Donat & le Roy virent à terre, lorsqu'ils y furent couper de l'herbe, étoit vraisemblablement un des Lions marins, dont je parlerai dans la suite; quoiqu'ils nous ayent dit qu'il avoit des oreilles pendantes, & fort longues, à proportion telles que celles des Epagneuls.

Telles est la forme & la figure des Loups marins que nous avons vûs sur quelques Ilots de la Baye où nous sommes mouillé. Ceux dont l'Amiral Anson donne la description & la figure, sont des Loups marins de la grande espece. Il leur donne le nom de Lions marins mal à propos, par la raison que je dirai dans la suite de ce Journal. Voyez la Pl. IX.

Tous ces animaux font amphibies, & paſſent aſſez ordinairement la nuit & une partie du jour à terre. Lorſque l'on pénétre dans les touffes de Glajeux, où ils ſe retirent, & où ils ſe pratiquent des eſpeces de chambres, on les y trouve preſque toujours endormis, couchés ſur des feuilles ſéches de ces Glajeux. Quand ils ſont à la mer, ils ſortent de tems en tems la tête & une partie du cou, au deſſus de la ſurface de l'eau, & reſtent dans cette attitude aſſez longtems, comme pour voir ce qui s'y paſſe. Leur cri tient beaucoup du rugiſſement du Lion: les jeunes ſemblent ſifler ſur un ton grave, quelquefois ils bêlent comme des agneaux, d'autrefois comme des veaux. Les grands & les petits ont une démarche lourde, & paroiſſent plûtôt ſe traîner que marcher; mais avec ..lez de célérité eu égard à leur maſſe. Ils vivent d'herbe, de poiſſon & d'autres animaux, quand ils en trouvent à leur portée. Dans l'Ilot où nos Meſſieurs en tuerent un ſi grand nombre, une femelle ſaiſit un Pinguin, au moment que cet oiſeau-poiſſon tomba ſous le coup de fuſil. La Louve marine l'emporta à l'eau & le dévora dans un clin d'œil, ſi

bien

bien qu'il n'en resta qu'un lambeau de la peau, surnageant. Mr. le Roi avoit apporté à bord, la veille, un de ces Pingnins, qui avoit au moins deux piés & demi de hauteur. On en trouve la description & la figure ci après.

Ce même jour, Samedi, pendant que quelques uns étoient à la chasse, Mr. Duclos notre Capitaine & Mr. Chênard de la Gyraudais monterent sur le sommet d'une espece de Montagne au Sud, qui restoit au S. ¼ O. du compas de notre Navire, planterent, tout au haut, entre deux rochers, une croix de bois d'environ trois piés de hauteur: & donnerent à cette hauteur le nom de *Montagne de la Croix*.

§. 5.

Le Dimanche matin, le tems étant assez beau & joli frais, on a envoyé la chaloupe à terre faire de l'eau & du foin, très-commodément à la côte du Sud au S. S. O. du Navire, à un petit *Briac* (petite apparence de fontaine). Eux & nos chasseurs sont revenus à bord avec une quantité de gibier des especes ci-devant nommées.

Sur le midi, Mr. de Bougainville & ceux qui l'avoient accompagné, font revenus, bien mortifiés de n'avoir pas trouvé de bois, & après avoir mis le feu à l'herbe d'une Ile, que l'on a nommé depuis *l'Ile brûlée*, & à une pointe de la terre-ferme. Ils ont apporté dix jeunes Pinguins. Mr. Duclos a apporté un gros morceau de bois, qu'il a trouvé fur le rivage.

Ce morceau de bois a reveillé l'espérance que l'on avoit d'en trouver dans l'Ile. Différens Journaux, entre autres ceux de Wood-Rogers, parlent des Iles Malouïnes, comme d'un Pays qu'ils ont vû, formé de hauteurs & de collines couvertes de bois. N'en ayant apperçu en aucun endroit jufqu'ici, nous avons lieu de penfer qu'ils n'ont vû ce terrein que de loin, & qu'ils ont été, comme nous, trompés pas les apparences. Cependant ce bois trouvé fur le rivage feroit croire qu'il y en a fur quelques côtes de ces Iles. Car d'où ce bois y auroit-il été apporté? Nous fufpendrons cependant notre jugement jufques à ce que nous ayons une connoiffance plus étendue de ces Iles.

On

HISTORIQUE.

On avoit d'abord nommé *l'Ile aux Pinguins*, cette Ile à laquelle Mr. de Bougainville avoit mis le feu, parce qu'ils avoient trouvé, fur cette Ile, une grande quantité de ces animaux. En effet, il y en avoit un fi grand nombre, que plus de deux cents ont péri dans le feu que l'on y avoit mis. Il y en eft refté encore une quantité prodigieufe; & nous en avons trouvé à chaque pas que nous y faifions. Le feu mis à cette Ile, qui a près d'une bonne lieue de longueur, fur une demie de largeur, eft, l'on peut dire, fans conféquence; parce qu'il ne peut pas s'étendre au delà: mais en eft-il de même de celui que l'on a mis à la Terreferme? Mr. de Bougainville a cru bien faire, pour confumer ce foin inutile dans l'idée que ce feroit autant de fait, quand on voudroit défricher ces terres. Je repréfentai que tout le pays étant couvert de foin femblable, le feu gagneroit de proche en proche, peut-être même toute la furface de la terre ferme, s'il n'étoit pas arrêté par quelques rivieres; que d'ailleurs ce feu détruiroit tout le gibier. On n'a pas eu d'égard à mes répréfentations; & dès le foir-même on a encore mis le feu en plufieurs endroits dela terre-ferme.

6.

Ce matin 6 Fevrier, Mr. de Bougainville a pris le parti de pourfuivre la découverte de cette Ile, pour voir fi l'on y trouveroit du bois, comme il eft dit dans le Journal d'un Capitaine Malouïn, qu'il en avoit vû à l'Eft de cette Ile. Après avoir mis notre bateau & notre chaloupe à la mer, le vent de l'O. S. O. s'eft élevé fi grand frais, que l'on s'eft déterminé à retarder cette opération; d'autant plus que Mr. de la Gyraudais a propofé d'envoyer Mr. de St. Simon avec trois ou quatre autres Officiers de fon bord, à la découverte par terre: ce qui a été agréé.

Mr. de St. Simon, Lieutenant d'Infanterie, qui a vêcu plufieurs années avec les Sauvages du Canada, homme jeune, robufte, entreprenant, & tel qu'il le faut pour une expédition de cette efpece, eft parti le foir même avec les Srs. Donat, Officiers du Sphinx & deux Matelots, pour vifiter la partie du N. N. O. de l'Ile.

La

La chaloupe du Sphinx ayant aussi été à terre, a trouvé sur le rivage une branche d'arbre séche, de quinze ou seize piés de longueur; ce qui a confirmé l'espérance d'en trouver sur l'Ile.

A cinq heures après-midi, il s'est élevé un vent très-violent. Notre ancre a *démarché*, pour avoir tombé sur le jouel. On a laissé tomber une seconde ancre, aussitôt que l'on s'en est apperçu, & l'on a fait tête. Le soir grand calme.

7.

Ce Mardi matin, le tems s'étant paré (devenu beau) on a relevé l'ancre, que l'on avoit laissé tomber la veille. On a envoyé faire du lest & de l'eau, & les chasseurs sont revenus sur le midi, chargés de gibier. Mr. de la Gyraudais est venu dîner à bord de l'Aigle, & un Matelot a apporté du rivage de la côte du Nord, une racine assez considérable, séche, qu'il y avoit trouvée. Elle paroît être d'une espece de Cédre.

Sur tous ces indices de bois, on a décidé que l'on feroit une perquisition de la côte du Sud-Ouest. Pour cet effet Mr. de Bougainville, Mr. de Belcourt, &

le Sr. Donat la Garde, Lieutenant de notre bord, sont partis dans le bateau. Ils ont pris des munitions de bouche pour trois semaines, & tous bien armés, ont pris la route du Sud-Est.

Le tems étant très-beau, on a levé l'ancre sur le midi, pour entrer plus avant dans la Baye. Un quart d'heure après, la petite brise du large a manqué; ce qui nous a obligé de remouiller par onze brasses, fond de sable & coquillages pourris. La Montagne de la Croix au Sud & S. $\frac{1}{4}$ S. E. l'Ilot de l'entrée de la Baye à l'E $\frac{1}{4}$ N. E. & à l'Est; l'Ile longue ou Peninsule du fond de la Baye à l'O. son milieu & le bout du Sud à O. $\frac{1}{4}$ S. O. le bout du Nord, O. $\frac{1}{4}$ N. O. 3 deg. Ouest; & l'Ile ronde à Ouest; le bout de l'Ouest de la batture de pierre au N. O. 3 deg. Ouest.

8.

Les fils de Mr. Duclos Guyot, notre Capitaine, s'étant avisés de tendre quelques hameçons sur le derriere du Navire, par les fenêtres de la chambre, ils ont pris une grande quantité de poissons, d'un goût très-délicat, mais de la longueur de huit à neuf pouces seulement. Ils

Ils ont les yeux rouges, les ouïes bordées d'une couleur dorée, & toutes les nageoires de même couleur; leur peau liſſe comme celle de la tanche. J'en ignore le nom.

9.

Ce matin, Jeudi neuf, à quatre heures, le vent ſoufflant de la partie du Nord, nous avons appareillé pour nous enfoncer davantage dans la Baye. Etant à la voile, le vent a paſſé au Nord-Oueſt; ce qui nous a contraint de faire pluſieurs *bords* en ſondant; & nous avons toujours trouvé depuis douze juſqu'à quinze braſſes, fond de ſable vaſeux. Sur les huit heures, voyant que le vent paſſoit à l'Oueſt grand frais, on a mouillé par quinze braſſes, fond de vaſe verte coulante; & nous avons *amené* vergues & mâts de hune. Le relévement fait, l'Ilot du Sud, à l'entrée de la Baye, nous reſtoit à l'Eſt cinq degrés Nord; la pointe du Nord à l'entrée de la Baye, à l'E. N. E. la pointe de l'Ile du fond de la Baye la plus au N. O. à O. 5 deg. S. la pointe la plus au S. O. au S. O. ¼ O. l'Ilot rond à O. la Montagne de la Croix au S. S. E.

10.

Continuation du vent du N. au N. O. grand frais, le tems brumeux, & à grains avec pluye & grêle. On a cependant envoyé notre chaloupe à la Presqu'Ile du N. O. de nous, reconnoître si l'on pouvoit y mettre nos bestiaux. On y a tué beaucoup de Gibier. J'y vis beaucoup de Loups marins de la petite espece, à poil ras & brun foncé. Ils avoient cinq ongles aux nageoires de devant, qui leur servent de piés; mais sans doigts distincts. De retour, on projetta d'envoyer les bestiaux à terre, tant pour leur santé, extrêmement affoiblie par les mouvemens du Navire, que pour n'être pas contraints d'occuper tous les jours un canot & des hommes à aller leur chercher du foin.

11.

On n'a pu exécuter le projet, parce que le vent a soufflé trop violemment de l'O. S. O. toute la journée. A six heures du soir, le canot du Sphinx est venu à notre bord, nous donner avis que leur chaloupe vient de ramener à leur bord Mr. de St. Simon & ceux qui l'avoient accompagné dans sa caravanne. Ils nous ont dit ensuite eux-mêmes, qu'ils étoient

de

de retour depuis trois jours, sur le rivage, vis à vis de nous; qu'ils avoient tiré bien des coups de fusil, pour se faire entendre. Nous n'en avions entendu aucun; ou nous les avions pris pour des coups tirés par nos Chasseurs, qui revenoient quelquefois assez tard; mais toujours chargés d'autant d'outardes, sarcelles, canards, bécassines, courlis &c. qu'ils en pouvoient porter.

Ces Mrs. du Sphinx ont ajouté que les arbres prétendus, que nous avions cru voir sur un Ilot près de la pointe du ras, quand nous passames auprès, n'étoient qu'une herbe de la nature des Joncs à feuilles plattes, que nos marins connoissent sous le nom de Glajeux, (peut-être veulent-ils dire Glajeuls,) que l'amas de mottes par les racines, servent de repaire aux loups marins, dont ils en avoient tué trois entre autres, gros & grands comme notre canot. Ils avoient tué aussi une espece de chien sauvage, qui ressemble beaucoup à un Renard de la grande espece; quelques uns le prenoit pour un loup-cervier gris. Mr. Martin, Lieutenant du Sphinx, en avoit tué deux le même jour.

Ces

Ces Mrs. n'ont trouvé aucun arbre, & ils ont découvert une grande & belle Baye, à la distance de quelques lieues de celle où nous avons mouillé.

Dimanche 12.

Sur les cinq heures du matin j'ai dit la Messe, pour expédier la chaloupe à faire du foin. Monsieur L'huillier a été, avec le canot, lever le plan de la Baye de notre mouillage, & plusieurs sont partis avec lui pour aller chasser.

Le vent étant à O. S. O. beau tems, la chaloupe du Sphinx est partie le Lundi

13.

avec trois hommes, pour aller faire de l'huile du lard des loups marins que l'on avoit tué quelques jours auparavant sur un Ilot. On pourroit aussi nommer ces animaux, *Cochons de mer*: car, outre qu'ils ont entre cuir & chair un lard ou graisse de plusieurs pouces d'épaisseur, ils grognent souvent comme les cochons, & se vautrent comme eux dans la boue & la fange, où j'en ai vû une vingtaine de couchés, surtout de l'espece que l'Auteur du voyage de l'Amiral Anson nomme lions.

Notre petit canot fut en même tems expédié pour aller fur une autre Ile voifine, chercher des Pinguins, qui y abondent, comme des fourmis dans une fourmiliere. Il revint quelques heures après avec cent foixante de ces oifeaux fans aîles, des eftomacs defquels nous avons fait une falaifon. A fept heures du matin, nous avons eu connoiffance de notre bateau de pêche, à la pointe du Sud de l'entrée de la Baye. On a auffitôt *viré* notre pavillon, & le Sphinx en a fait de même.

A midi, la chaloupe du Sphinx a ramené à notre bord le Sr. Donat la Garde, avec le domeftique de Mr. de Bougainville, que nous penfions être dans dans le bateau de pêche, dans lequel ils étoient partis. Le Sr. Donat nous a dit que Mr. de Bougainville & Mr. de Belcour étoient, depuis la veille après midi, fur la côté du Sud de la terre ferme, qui environne la Baye. On a auffitôt expédié notre grand canot, dans lequel Mr. de Nerville, Mr. L'huillier & moi, fommes embarqués pour aller les chercher. Nous les y avons trouvés extrêmement fatigués & haraffés de la Caravanne
qu'ils

qu'ils venoient de faire à pié dans un pays où il n'y a pas de chemin frayé. Nous les avons ramenés à bord ainſi qu'un Matelot, qui les avoit accompagnés. Comme ils avoient grand faim, ils ont, pour ainſi dire, dévoré le dîner qu'on leur avoit apprêté, ſans qu'il ait porté préjudice au ſouper, qui a ſuivi de près.

Ils nous ont dit avoir parcouru la côte du Sud-Eſt, juſques à une Baye auſſi belle que celle où nous ſommes mouillés, diſtante par mer d'environ huit lieues, & d'environ quatre lieues de chemin par terre. Là, diſent-ils, ils ont laiſſé le bateau, & ont été par terre juſqu'au Sud-Oueſt de l'Ile, & ils ont même vû la côte courir l'O. N. O. Ce qui n'eſt pas vraiſemblable. Car il y a grande apparence que nous ſommes à la pointe de l'Eſt de l'Ile, pointe dont les Navigateurs ont parlé dans leurs Journaux; mais qui nous ont trompés ſans doute en ſe trompant eux-mêmes, quand ils nous diſent y avoir vû ſur pié de grands & beaux arbres, dans de très-belles collines. Mr. de Bougainville nous a dit avoir trouvé dans la Baye où ils ont laiſſé le
ba-

bateau, trois arbres très secs, sur le rivage, dont un gros presque comme une barrique de vin. N'en ayant point vû sur pié dans tout le terrein qu'ils ont parcouru, il est à croire que ces arbres y ont été amenés de la Terre de Feu ou des environs, par les vagues & les courans, qui portent sur l'Est, le vent soufflant d'ailleurs le plus communément de S. O. & de l'O. Mr. de Belcourt, le Domestique de Mr. de Bougainville & un Matelot, ont été, pour ainsi dire, attaqués par un de cette espece de chien sauvage dont j'ai parlé ci-devant. C'est, peut-être, le seul animal féroce, & a quatre piés, qui soit dans les Iles Malouïnes: peut-être aussi cet animal n'est-il pas féroce, & ne venoit-il se présenter & s'approcher d'eux que parce qu'il n'avoit jamais vû d'hommes. Les oiseaux ne nous fuyoient pas; ils approchoient de nous comme s'ils avoient été familiers & privés. Nous n'avons encore vû des reptiles d'aucune espece, ni aucune bête venimeuse.

Mardi 14.

Ce matin, le calme étant très-grand, nous avons allongé environ trois-cents brasses de *touë*, avec notre ancre à jet,

pour

pour nous *haller* dans le fond de la Baye. On a aussitôt viré sur notre cable, & levé notre ancre; mais le vent s'étant élevé, & passé au N. N. O. grand frais, on a été contraint de mouiller dans l'endroit où nous nous trouvions. La brume & ensuite la pluye, avec un vent très-violent, s'étant fait sentir, on a laissé tomber une seconde ancre sous barbe. Sur les sept heures du soir il a calmé. On a levé la seconde ancre.

15.

Toute la nuit a été pluvieuse, accompagnée d'un orage très-vif. A onze heures & demie du soir, le tonnerre est tombé à deux *encablures* de nous, & a renversé le Sr. Guyot notre second Capitaine, qui commandoit le quart. Il en a été quitte pour la peur.

Le matin, notre chaloupe ayant été porter des vivres à ceux qui lavoient le linge du Navire, elle n'a pu revenir à bord, à cause du vent contraire, qui souffloit avec violence du S. S. O.

16.

Vers les six heures du matin, le vent est *tombé* & le tems est devenu brumeux.
Quel-

HISTORIQUE. 465

Quelqnes grains ont succédé, accompagnés de pluye & de grêle. Le bateau de pêche est néantmoins parti pour aller chercher du foin. La chaloupe est revenue sur les neuf heures, & le bateau à trois heures après-midi.

17.

Le Vendredi 17, le vent étant au Sud-Sud-Est bon frais, à cinq heures du matin, Mrs. de Bougainville, de Nerville, de Belcourt, Donat, de la Garde & moi, nous sommes embarqués dans le grand canot, avec une tente & nos lits, pour nous établir à terre, & camper dans une colline, presqu'au fond de la Baye.

Dès après notre débarquement, nous avons travaillé à dresser notre tente dans l'endroit qui nous a paru le plus commode, à une bonne portée de fusil de la mer. La Colline court de l'Est à l'Ouest. L'endroit ou nous nous sommes établis est exposé au Nord, qui fait le Sud du pays, rélativement à l'Equateur. Au dessous, & à une petite portée de pistolet de la tente, coule un petit ruisseau d'eau douce, très-bonne à boire. En face de la tente est un côteau semblable à celui sur la pente duquel la tente est dressée.

Gg   A quel-

A quelques pas de là on a creusé un trou en terre, pour y faire la cuisine; & l'on s'y sert de bruyere, n'y ayant pas d'autres bois. On essaya aussi ces grosses mottes vertes de Gommier résineux, dont j'ai parlé. Elles sont très-bonnes pour entretenir le feu, & le conserver; mais vertes, elles ne sont pas propres à brûler pour faire cuire quelque chose que ce soit.

Voyant l'embarras où nous mettoit le défaut de bois dans un pays où nous nous proposions d'établir une Colonie; je cherchai les moyens d'y suppléer, au moins jusques à ce que le Gouvernement ait pris des arrangemens pour envoyer dans ce Pays-ci des Flutes & des Goëlettes, qui y demeureroient, & qui feroient des voyages aux Terres de Feu pour en apporter le bois nécessaire, tant pour le chaufage que pour la construction & la charpente. J'imaginai que nous pourrions trouver du charbon de terre, ou du moins de la tourbe. Je me munis en conséquence d'une pioche, & je me mis en chemin pour en chercher. Ayant observé que les bords du ruisseau étoient assez marêcageux, je pensai que le pays n'ayant jamais été cultivé, l'herbe qui y vége-

végete, devoit, par succession de tems, avoir formé une masse de terre, mêlée de racines & de feuilles pourries, qui donneroit précisément la tourbe que je cherchois. Je donnai donc quelques coups de pioche, & je découvris en effet une tourbe, mais une tourbe rougeâtre, qui n'étoit pas au point de maturité requise pour sa perfection. Etant monté une vingtaine de pas le long du ruisseau, je bêchai & y ayant trouvé de la tourbe telle que je la desirois, j'en enlevai deux ou trois briques, que je portai à Mr. de Bougainville, pour lui faire part de cette découverte. La crainte que ce ne fut pas de la véritable tourbe, lui fit dire qu'il ne la croyoit pas telle. On la montra à tous ceux qui étoient descendus à terre avec nous, & ceux qui la connoissoient furent de mon sentiment. Mr. de Bougainville toujours en suspens, desirant que cette tourbe fût bonne, craignant qu'elle ne le fût pas, prit le parti d'en faire un essai. On en leva quelques douzaines de briques, que l'on arrangea autour du feu. L'impatience en fit jetter quelques unes dans le feu-même, & & l'on vit avec une grande satisfaction, que, l'humidité de cette tourbe étant évaporée, elle brûloit ainsi que la meilleure tourbe de France & des autres pays. On mit alors trois ou quatre Matelots à en couper & à les arranger selon l'usage, pour les faire sécher, & les rendre propres à ce que l'on se proposoit d'en faire.

Lorsque l'on en eût arrangé quelques tas, le Sr. Donat se rappella avoir vû le long de la côte, avec Mr. L'huillier, une terre noire filamenteuse, & assez séche, qui pourroit servir au même usage. Mais ayant oublié l'endroit, Mrs. *de* Bougainville, de Nerville, L'huillier *&* moi, le cherchames en vain ce jour-là.

Pendant que nous travaillions ainsi à faire notre établissement, on prenoit à bord les moyens de s'enfoncer plus avant dans la Baye, tant pour être plus à portée de nous, que pour mettre nos Frégates plus en sureté.

Aussitôt après notre départ on *guinda* notre petit mâts de hune. Lorsque l'on étoit sur le point de mettre en chef, le piton ou émerillon de la poulie de *guinderesse* cassa & accrocha le Maître Calfat

sous

sous le menton, & lui fit une estafilade considérable. La vergue de misenne hauffée, on leva l'ancre, on fila la *toue*, qui étoit sur l'ancre à jet, & l'on appareilla sous le petit hunier, le perroquet de fougue & l'artimon. Le Sphinx en fit de même, & l'une & l'autre Frégate vinrent mouiller *en dedans* de l'Ile aux Pinguins, ou Ile brûlée, & du goulet par lequel il faut passer pour entrer dans l'anse, sur le bord de laquelle nous nous sommes établis. Près du mouillage est un petit Ilot, auquel on a donné depuis le nom d'Ile aux Tonneliers; parce que les nôtres s'y sont établis pour raccommoder les tonneaux des Navires.

18.

Le Samedi 17 au matin, on a embarqué dans la chaloupe, les deux familles Acadiennes que nous avons amenées pour les établir dans cette Ile, afin de la peupler. Elles ont débarqué sur les neuf heures du matin, avec toutes leurs hardes, meubles & ustenciles nécessaires; des vivres & des tentes canonieres, pour loger ceux des équipages qui devoient rester à terre, afin de travailler à l'établissement.

Marques du nouveau mouillage.

La pointe du Nord de l'Ile brûlée, qui nous cache l'entrée de la Baye, à l'Eſt-Nord-Eſt 3 degrés Nord. Le milieu de l'Ile ronde au N. E. 3 deg. Eſt. La pointe de l'Eſt de l'Ilot de notre *travers*, N. N. E. 5 deg. Eſt. Le Morne ou montagne la plus haute dans le fond de la Baye, au Sud-Oueſt 5 d. Oueſt.

Le Sphinx eſt mouillé plus à l'entrée que nous, environ d'une encablure & demie. On a affourché Sud-Sud-Eſt & Nord-Nord-Oueſt, amené le mât de hune & vergue de miſenne.

Nous avions juſques là couché huit dans la même Tente, ſçavoir Mrs. de Bougainville, de Nerville, de Belcourt, L'huillier, Donat & moi avec les deux domeſtiques de Mrs. de Bougainville & de Nerville. Nous avions étendu nos matelats ſur du foin & de la bruyere, pour nous garantir de l'humidité. Quoique nous y fuſſions très ſerrés, & preſque les uns ſur les autres, nous y avons couché onze la nuit du 18 au 19. Mr. de St. Simon, Lieutenant d'Infanterie, Mr. Bâlé ſecond Chirurgien, & un Pilotin étant venus

nus augmenter notre bande, & n'ayant pas encore de tente pour gîter.

Dimanche 19.

On a debarqué beaucoup de vivres & des tentes, & chacun s'eft logé comme il a pû. Nous avons cependant couché douze dans notre tente, la nuit du Dimanche au Lundi

20.

Nous voyant fi ferrés, que l'on étoit tous côtes à côtes, on a pris le parti de dreffer de nouvelles tentes & de fe partager. Je fuis demeuré feul avec Meffieurs de Bougainville & de Nerville.

Pendant que quelques-uns étoient occupés à monter les tentes, d'autres ont été à la chaffe, & font tous revenus furchargés des efpeces de Gibier dont j'ai parlé. En chaffant, Mr. de Bougainville s'étant un peu éloigné, a découvert une autre anfe, formée par la même Baye, à près de trois quarts de lieue du lieu de l'habitation. Il y a trouvé tout le long du Plain (rivage) une terre feuilletée, d'un brun prefque noirâtre, fans doute celle que Mrs. L'huillier & Donat avoient vûe quelques jours auparavant. Mr. de Bougaingainville en a apporté un morceau; & me l'ayant montrée, je l'ai déclarée excellente pour le même usage que la tourbe. L'épreuve en a été faite; elle a réussi parfaitement. Tous ceux qui se proposent de demeurer dans ces Iles pour y commencer l'établissement de la nouvelle Colonie, en ont tressailli de joye, avec d'autant plus de raison que cette tourbe est dès ce moment séche & prête à brûler, & qu'étant extrêmement abondante, suivant le rapport de Mr. de Bougainville, on peut tous les jours en charger des canots, & l'amener à l'habitation.

Je me suis promené l'après-midi, le long de la côte, & j'ai amassé divers coquillages, *Lepas*, *Limas*, Moules Magellanes & Brigaux, dans des racines de Goëmon, nommé *Baudreu* par nos marins, que la mer avoit détaché de son fond, & jetté nouvellement sur le rivage.

On a débarqué aujourd'hui les chevaux, les veaux & vaches, moutons & cochons, que nous avons pris à Montevideo. Ils étoient tous si fatigués & malades qu'une jument & son poulain sont morts sur le rivage, peu d'heures après avoir été mis à terre.

21.

On craignoit beaucoup de ne pouvoir fauver un feul des chevaux, des vaches & des moutons, vû l'état miférable & malade dans lequel on les avoit débarqués. Les uns & les autres nous paroiffoient, ou eftropiés ou languiffans. On les abandonna donc à leur fort fur le rivage, & on traina à l'herbe qui n'en étoit pas éloignée, ceux qui ne pouvoient fe foutenir fur leurs piés. Ce matin, ayant été voir s'ils étoient morts ou vifs, ceux que l'on a envoyés n'ont pas été peu furpris de ne trouver aucuns chevaux ni moutons, & les vaches avec leurs veaux difperfés dans la campagne. On n'avoit pu imaginer qu'étant, la veille, fi malades, ils euffent pris, dans une nuit, affez de forces pour courir les champs; & l'on craignoit que des Loups marins ou quelques bêtes féroces à nous inconnues ne les eûffent dévorés; mais les cadavres de la jument & de fon poulain, quie l'on voyoit encore fur le rivage, diffiperent cette crainte.

Dès le Dimanche après-midi, on chercha un lieu propre à bâtir le logement de ceux qui doivent demeurer dans cette

Ile. On jugea que le même côteau, où les tentes étoient dreſſées, feroit très-convenable. Mr. L'huillier, Ingénieur-Géographe du Roi, traça les fondemens ſuivant le plan qu'il en avoit préſenté à Mrs. de Bougainville & de Nerville. Dès le Lundi matin, tous ceux qui ſe trouvoient à terre prirent la pioche ou la bêche pour en creuſer les fondemens.

J'avois vû le premier plan; & ſur mes repréſentations on avoit fait pluſieurs changemens: je crus donc pouvoir, avec la même liberté, dire mon avis ſur le choix de l'emplacement. Je repréſentai que dans les grandes pluyes, & les fontes de neige, l'eau qui deſcendroit abondamment du côteau, inonderoit le logement, & pourroit peut-être le renverſer, ſinon tout d'un coup, du moins à la longue, après avoir miné les fondemens. La pente eſt en effet un peu roide dans cet endroit. Mr. L'huillier propoſa contre cet inconvénient d'ouvrir une tranchée au deſſus, pour recevoir les eaux & les détourner; mais ce moyen ne me parut pas ſuffiſant, la tranchée n'étoit pas capable d'arrêter l'impetuoſité d'un torrent: D'ailleurs l'eau qui y auroit ſejourné, né, en se filtrant peu à peu à travers les terres, auroit porté dans les appartement une humidité très-pernicieuse à la santé de ceux qui les auroient habités, aux vivres & aux meubles. On parut d'abord ne pas se rendre à mon avis. Mr. L'huillier défendit le sien; & avoit déjà fait déblayer quelques terres, dans l'endroit auquel il avoit donné la préférence. Mais, toutes reflexions faites, il s'est déterminé pour un autre lieu, à une bonne portée de fusil, situé sur le même côteau, mais dont la pente est très-douce. Dès le moment même, on a mis des ouvriers pour creuser les fondemens. On a employé pour cela les Matelots des deux Frégates; Mr. de Bougainville payera leurs journées de travail, indépendamment de leurs appointemens de Matelots.

Le Mecredi 22, il ne restoit que dix hommes à bord de l'Aigle; tous les autres étoient occupés au bâtiment.

Le 23. On a débarqué les vivres & les ustenciles qu'on nous amenoit du bord. Quelques uns s'occupoient à la chasse, qui fournissoit suffisament pour la nourriture des deux Equipages.

Mr.

Mr. de St. Simon, l'un des plus employés à cet exercice, ayant rencontré, près de l'anse à la tourbe, un Loup marin d'une grandeur telle que nous n'en avions pas encore vûs, a eu le bonheur d'adresser bien son coup & l'a tué. A son retour, il nous a raconté, en soupant, ce qu'il a fait, & nous a dit que ce Loup marin étoit si gros & si long, qu'il ne pourroit entrer dans notre Chaloupe. Tous ont pensé qu'il y avoit de l'exagération dans son récit. Mais, sur le détail qu'il nous a donné de sa figure, j'ai commencé à croire que ce Loup marin pourroit bien être un de l'espece de ceux dont il est parlé sous le nom de *Lions marins*, dans la Rélation du Voyage de l'Amiral Anson.

24.

Dans cette idée, & curieux de vérifier la chose, je me suis déterminé à aller avec Mr. de St. Simon & deux autres sur le lieu même, aujourd'hui Vendredi 24.

Arrivés à plus de cinq cents toises de distance de cet animal, il nous paroissoit comme une petite monticule, sur le terrein plat où il étoit étendu. Mr. de St. Simon

Simon aida à tromper nos yeux, en nous montrant cette prétendue monticule, & nous difant que l'animal giſſoit mort auprès. Nous n'y reconnumes donc le Loup marin que lorſque nous fumes à portée de le voir diſtinctement. On le meſura, & nous lui trouvames dix-neuf pieds & quelques pouces de longueur. Pour la groſſeur, nous ne pumes en prendre la meſure alors, n'ayant pu le lever ni le tourner, pour paſſer une corde autour de lui.

Après l'avoir bien examiné, Mr. de St. Simon nous mena à trente pas de là, ſur le bord d'une autre anſe, où il y avoit beaucoup de Glajeux. En y entrant il tira un Loup marin, gros ſeulement comme un veau très-fort, & le tua. Nous entendimes auſſitôt, de tous côtés dans ces Glajeux, grogner comme des cochons, mugir comme des taureaux, rugir comme des lions, & ſouffler enſuite comme les plus gros tuyaux de bois d'un buffet d'Orgues. Nous ne laiſſames pas que d'en être un peu frappés. Mais, étant prévenus que ces cris différens étoient ceux de ces animaux, & que l'on peut en approcher ſans riſque;

pour-

pourvû que l'on en reste éloigné d'environ leur longueur, nous pénétrames dans ces Glajeux. Mr. de St. Simon tira sur le Loup marin, qui se trouva le plus à sa portée. Le coup porta un pouce au dessus de l'oeil, & l'animal tomba sous le coup, & mourut un moment après. Il sortoit de la blessure un jet de sang, qui sailloit aumoins d'un demi-pié. Il en sortit plus de trente pintes en près d'un demi-quart d'heure: c'étoit un ruisseau.

Une trentaine de ces gros Loups marins étoient couchés deux, quelquefois trois dans le même trou, ou creux plein de bouc & de fange, où ils se vautrent commme des cochons. Mr. de St. Simon choisit ceux qui étoient couchés à sec, afin d'avoir plus de facilité à les en retirer, après qu'ils seroient morts, moins de peine à les écorcher, & à en tirer la graisse ou le lard, pour en faire de l'hnile. Il en tua onze successivement. Deux seulement blessés, un peu plus gros que les autres, quoiqu'ils eussent déjà répandu au moins vingt pintes de sang, eurent encore assez de forces pour sortir de leurs creux, & se sauverent à la mer, où nous les perdimes bientôt de vûe. Les autres qui

qui n'étoient pas blessés, demeurerent tranquilles dans leurs trous, sans marquer aucune crainte ni fureur. Un de ceux qui avoient été blessés mortellement fut le seul qui en luttant contre la mort, s'en prenoit aux mottes de Glajeux, dont il étoit environné, & dans sa rage, les arrachoit à belles dents, & les disperfoit autour de lui; mais il ne mugissoit ni ne faisoit aucun cri.

Un Acadien, qui nous y avoit accompagné, écorcha le jeune Loup-marin, tué le premier, ainsi que deux autres petits que l'on avoit tué après les gros. Ceux-ci sont de l'espece de celui que nous avions pris pour une monticule. Ce sont précisément ces animaux monstrueux, dont l'Auteur du Voyage de l'Amiral Anson donne la description, dans l'Article de l'île de Juan-Fernandez, située à peu de distance de la Terre-ferme du Chili. Tout ce qu'il rapporte est à peu près vrai, excepté que ces Loups-marins, qu'il nomme *Lions*, ont les deux piés garnis de doigts, avec des articulations distinctes, mais unis par une membrane ou pellicule noire, & que ces doigts sont armés d'ongles, ce qui ne se voit pas
dans

dans la figure inférée page 100, dans le Voyage de cet Amiral.

Le moindre en groſſeur de ces grands Loups-marins, tués par Mr. de St. Simon, avoit entre quinze & ſeize piés de long.

Lorſqu'ils apperçoivent quelqu'un approcher d'eux, ils s'élevent ordinairement ſur leurs deux pattes-nageoires, tels qu'on les voit dans la figure 1 Pl. IX. Ils ouvrent une gueule à recevoir aiſément une boule d'un pié de diametre; & la tiennent ainſi béante, en gonflant l'eſpece de trompe, qu'ils ont ſur le nez. Cette trompe eſt formée par la peau du nez-même, qui s'affaiſſe & demeure vuide, quand ils ne mugiſſent pas, & ne la gonflent pas en ſoufflant. Alors leur tête a la forme de celle d'une Lionne, ſans oreilles.

Dans le nombre de ceux qui furent tués, j'en remarquai pluſieurs qui n'avoient pas cette trompe, dont la peau du nez étoit ſans rides, & dont le muſeau étoit un peu plus pointu. Ne ſeroit-ce pas les femelles? Tous ceux que l'on écorcha étoient mâles; mais on en abandonna ſix dans la fange, couchés ſur le ventre, ſans les avoir tournés; préciſément

ceux

HISTORIQUE. 481

ceux qui ne paroiſſoient pas avoir de trompe. Si ce ſont des femelles, il y auroit beaucoup moins de différence de grandeur entre elles & les mâles, que n'en met l'Auteur du Voyage que je viens de citer; car cette différence n'eſt pas ſenſible.

Pendant que ces animaux tenoient leur gueule béante, deux jeunes gens s'amuſoient à y jetter de gros cailloux, ou galets, que ces Loups engloutiſſoient comme nous avalerions une fraiſe. Ils ſe remuent aſſez difficilement, excepté pour la partie de la tête & le cou, qu'ils tournent à droite & à gauche, avec une aſſez grande agilité pour leur maſſe. Il ne feroit pas bon ſe trouver à leur portée; ils couperoient un homme en deux d'un ſeul coup de dent. Leurs yeux ſont les plus beaux du monde, & leur regard n'a rien de feroce. J'obſervai qu'en expirant, leurs yeux changeoient de couleur, & que le criſtallin en devenoit d'un verd admirable. Parmi ces animaux, les uns avoient le poil blanc, les autres, de couleur tannée; d'autres, & c'eſt le plus grand nombre, de la couleur de celui du caſtor, d'autres enfin ventre de biche clair.

25.

En déjeunant le Samedi 25, Mr. de Bougainville proposa aux Officiers tant de terre que de mer, de travailler à élever un Fort, sur la hauteur qui forme le côteau où l'on bâtit le logement ou habitation des colons qui doivent demeurer dans l'Ile. Tous d'une voix unanime sommes convenus de l'élever de nos propres mains, & de le conduire à sa perfection sans le secours du reste de l'équipage.

Le déjeuné fini, Mr. L'huillier & Mr. de Bougainville ont été choisir l'emplacement, & Mr. L'huillier l'a tracé sur le champ, aidé de deux Pilotins.

Pendant ce tems-là, quelques-uns ont été choisir des outils pour exécuter notre projet; d'autres sont allés à la chasse, pour fournir des vivres à tout le monde. Jusqu'à présent on a tué du gibier en si grande abondance, qu'il a plus que suffi pour la nourriture des équipages des deux Frégates. Nous avons fait plus d'une fois la réflexion, qu'il étoit bien singulier que nous fussions venus nous établir à terre, dans un pays désert

sert & inconnu, sans autres vivres que le pain, le vin & l'eau de vie, sans inquiétude pour le lendemain, & persuadés que la chasse fourniroit assez pour la nourriture de plus de cent-vingt personnes descendues & campées sous la tente. Non seulement nous n'en avons pas encore manqué, mais nous en avons été pourvûs si abondamment, qu'il n'y a pas d'apparence que nous en manquions, pendant le séjour que nous nous proposons d'y faire. On donne cependant à chaque plat, (on appelle ainsi en fait de marine, le nombre de sept hommes réunis pour manger ensemble,) au moins une outarde, & une oye, ou une oye & deux canards, ou deux oyes, ou deux outardes, & quelques uns de ces oiseaux d'eau plongeurs, que nous nommons Becsics, ou Nigauts, dont on voit la figure dans la Pl. VIII. fig. 2 & dont je parlerai dans la suite.

Sur les trois heures après-midi, nous nous sommes assemblés au lieu où l'on a tracé le le Fort, que l'on est convenu de nommer le *Fort du Roy*, ou Fort royal; chacun a travaillé de tout son cœur, & avec une ardeur incroyable, de maniere que le foir-même, on avoit déjà creufé une partie du foffé, à la largeur de fix piés & d'un pié de profondeur. L'exemple de Mr. de Bougainville animoit tout le monde.

Dimanche 26.

Les Equipages des deux Navires fe font rendus à l'habitation, pour entendre la Meffe. Il n'eft refté fur l'Aigle que trois hommes & deux Officiers, dont l'un eft bleffé à la jambe. Tous ont dîné à terre, & la chaloupe n'eft retournée à bord que le foir feulement, après que le vent, qui avoit toute la journée fouflé grand frais, a eu calmé.

Pendant le Lundi & le Mardi, les chaloupes ont fait du left pour le Sphinx. On a apporté à terre la volaille, des planches, des madriers &c. On a continué les travaux du logement & du Fort. De tems à autre, en me promenant, j'ai obfervé le terrein des environs. J'y ai trouvé du Spath & du Quartz en affez grande quantité; ce qui eft un indice de mines. J'ai même rencontré des terres rougeâtres & ochreufes, ainfi que des pierres roüillées & très ferrugi-

neu-

neufes, que je montrai à Mr. de Bougainville.

Je suis persuadé qu'il y a des mines de différens métaux dans cette Ile; avec une masse de fer, j'ai cassé un bloc de Spath mêlé de Quartz: on voyoit dans les crévasses une matiere verdâtre, que je soupçonnai tenir du verd de gris: j'y appliquai la langue; la saveur & la stipticité de ce minéral se fit si bien sentir, que je fus contraint de cracher pendant plus d'un gros quart d'heure.

Jeudi 1 Mars.

Tems brumeux & à grains, avec un peu de pluye, ce qui a retardé les travaux; mais on a fait du lest pour les deux Frégates. Mr. de Bougainville a déterminé que le Sphinx, au retour, doit relacher à la Guadeloupe, pour y vendre quelques unes des marchandises que nous avons à bord; que nous, après avoir continué de faire d'autres découvertes de terres, nous retournerions en France, au lieu d'aller à l'Ile Maurice, comme il s'étoit proposé de faire, en cas que les Iles Malouïnes ne se fussent pas trouvées propres à former une habitation commode & utile.

2 Mars.

Sur les neuf heures du matin, on a débarqué quatre pieces de canon, des dix que l'on doit prendre de l'Aigle, pour armer le Fort que nous élevons. On y en ajoutera quatre du Sphinx; deux de campagne, qui font de bronze, achetées à St. Malo deux jours avant notre départ, & six Pierriers.

Comme l'on avoit résolu d'élever une Pyramide, en forme d'Obélisque, au milieu du Fort; je proposai de placer sur la pointe, le buste de Louis quinze; & je me chargeai de l'exécuter en terre cuite. J'avois vû une terre glaise & grise sur le bord d'une anse, qui m'avoit paru propre à cela. Je partis sur les dix heures, avec Mr. Duclos, notre Capitaine, pour en aller chercher, & voir si l'on avançoit à faire l'huile de Loups marins avec la graisse ou lard des gros que nous avions tués depuis plusieurs jours, & abandonnés sur le lieu. Nous nous y rendimes dans le bateau de pêche.

Quoique tués depuis longtems, & exposés à l'ardeur du soleil, qui avoit fait cou-

couler une bonne partie de cette graisse, nos gens occupés à faire cette huile nous dirent que chaque Loup marin en avoit donné au moins deux barriques & demie; & en auroit fourni plus de quatre, si l'on s'y étoit pris à tems.

Je voulus faire arracher les deux grosses dents de leurs machoires: on ne put en venir à bout. En brisant ces machoires à coups de hache, le coup porta maladroitement sur les dents & les coupa en deux. Elles ne sont pleines & solides que vers la pointe. Toute la partie insérée dans la machoire est creuse. J'avois dabord résolu de faire une anatomie de la tête entiere; mais son énorme grandeur m'y fit renoncer, à cause de l'embarras du transport.

Je passai le reste du tems à chercher des coquillages dans les Baudreux nouvellement apportés sur le rivage par les flots de la mer. Il n'y avoit gueres que quelques Limas assez petits, à bandes de différentes couleurs, que l'on peut nommer *Limas rubannés*. Le fond du coquillage est de la plus belle nacre. J'y trouvai aussi des Burgòs & des moules tant magellanes que communes. Quelques unes de ces dernieres ont entre cinq & six pouces de long sur deux de large, dans le plus grand diametre. On chargea, sur les six heures du soir, la terre glaise dans le bateau, avec de la tourbe. L'ayant trouvé échoué, à cause de sa trop grande charge, on en ôta pour le mettre à flot. Nous avions été trompés par le reflux; parce que la mer, qui n'est pas bien réglée dans ces Bayes-là, hors le tems de la nouvelle & de la pleine Lune, n'étoit pas montée aussi haut que l'on avoit compté. Près d'une heure s'écoula avant que l'on eût mis le bateau à flot. Pous ne pas le surcharger, Mr. Duclos & moi primes le parti de nous en retourner par terre, en suivant la côte. Nous fimes près d'uue lieue sur des cailloux, galets, & roches qui bordent cette côte. Les canotiers avoient ordre de venir nous prendre au Goulet, où nous leur avions dit que nous les attendrions. Nous eumes beaucoup de peine à nous y rendre, par un tems brumeux & très-venteux. Les y ayant attendus pendant trois quarts d'heure inutilement, & dans une grande obscurité, nous pensiôhs que la mer, qui

se

HISTORIQUE. 489

se retiroit, & le vent violent, qui étoit contraire, auroient engagé les canotiers à relâcher aux Navires. Nous prenions la résolution d'achever la route par terre, en faisant le tour de la Baye, qui a au moins trois quarts de lieue, lorsque nous entendîmes le bateau qui approchoit. Nous *hélames* (appellames) ils nous répondirent. Après avoir tenté en vain d'aborder en deux ou trois endroits, ils s'approcherent enfin assez près pour nous faciliter le moyen de sauter dans le bateau. Nous comptions nous faire transporter seulement de l'autre côté du *goulet* (entrée de l'anse) & de faire le reste du chemin à pié le long du rivage. Mais, nous dit le Maître canotier, la mer monte encore, la marée est pour nous, & nous viendrons bien à bout de surmonter l'obstacle du vent: nous vous mettrons dans peu auprès de l'habitation. Notre Capitaine se laissa gagner à ce discours; & nous montames le goulet; mais à peine eumes-nous *nagé* (vogué à rames) cinq à six toises que le vent devint d'une violence extrême; les vagues s'enflerent, & la mer, qui se retiroit, aidée du vent qui nous étoit con-

trai-

traire, forma un obstacle que nous ne pûmes vaincre. En une heure & demie à peine, malgré tous nos efforts, remontames-nous dix toises. Le mer devint effrayante; chaque *lame* (vague) se brisoit, avec fureur, contre le bateau, & entroit dedans en partie: nous étions déjà tous inondés. Las de lutter en vain contre les flots, & voyant que nous étions en grand danger d'échouer sur les pierres qui bordent le rivage, où les flots & le vent nous faisoient *dériver* malgré tous nos efforts, Mr. Duclos dit qu'il falloit' retourner à la pointe du Goulet, & y aller échouer. En moins de trois minutes, malgré les rames & le gouvernail, nous nous vimes jetter vers le *plein* (rivage) éloigné de terre de quatre brasses ou environ. La mer, alors furieuse, alloit mettre le bateau en pieces, & nous courions des risques pour nous-mêmes. Notre Capitaine dit qu'il falloit se jetter à l'eau, & y sauta le premier. Je l'y suivis au moment qu'une vague très-grosse vint se briser contre le bateau, le couvrit en entier, & par la secousse me fit tomber à l'eau, lorsque je prenois pié. je me relevai si promptement que je n'eus que

que le côté gauche de trempé, & mes bottes remplies d'eau. Il n'y avoit gueres que deux piés de profondeur. Je pris auſſitôt le chemin de l'habitation, diſant à Mr. Duclos notre Capitaine, que j'allois y donner de ſes nouvelles, en attendant qu'il feroit mettre le bateau à flot, pour le mettre en ſureté. Arrivé à l'habitation, j'y trouvai bien des gens en peine à notre ſujet. Voyant le mauvais tems, les uns penſoient que nous avions été à bord de l'une de nos Frégates, au lieu de nous expoſer aux riſques qu'il y a dans un bateau, à lutter contre le vent & des flots irrités : d'autres imaginoient que, dans la grande obſcurité qu'il faiſoit, nous avions pris terre, & que nous nous étions peut-être égarés. Il étoit près de dix heures, & l'on nous attendoit encore à ſouper. On fit ſervir, pendant que je changeois de tout, & j'y officiai bien. Mr. Duclos arriva une demi-heure après-moi : & fut ſe coucher ſans avoir pris autre choſe qu'un verre de vin.

Juſques à préſen on s'étoit imaginé que les anſes & la Baye qui forment le Port de l'habitation, n'étoient pas poiſſonneu-
ſes;

ſes; que les Loups-marins & les oiſeaux d'eau qui y ſont en grande quantité, détruiſoient le poiſſon pour s'en nourrir, & ne lui donnoient pas le tems de devenir gros. Mr. de la Gyraudais nous avoit convaincus hier du contraire, par le poiſſon qu'il avoit apporté, & qui faiſoit partie des mets du ſouper. Etant à la chaſſe, au fond d'une anſe, à une lieue ou environ de notre camp, il s'eſt trouvé à l'embouchûre d'une petite riviere, lorſque la mer s'en retiroit. Là, nous-dit-il, j'ai pris à la main cette douzaine de poiſſons qui s'étoient laiſſés échouer ſur le gravier, & qui faiſoient tous leurs efforts pour regagner la mer. Les plus petits avoient environ un pié de long. On en avoit apprêtés au courbouillon & en friture. Tous les trouverent exquis.

Dès le matin, aujourd'hui Vendredi, pour profiter de cette éveille, Mrs. Duclos, de la Gyraudais, Baslé, le fils cadet de Mr. Duclos & moi, avons, ſans rien dire aux autres, arrangé un rets de trois braſſes & demi ſeulement; & nous ſommes tranſportés au lieu de la pêche. Nous avons donné deux coups de filet dans la même embouchure, à mer retirante,

rante, & y avons pris trente & quelques pieces, dont la moindre pesoit près d'une livre & demie. Nous avons été en donner un troisieme à l'embouchure d'un petit ruisseau à deux cents pas de là, & nous en avons pris une douzaine de semblables.

Samedi 3.

Animés par le succès, nous sommes retournés aujourd'hui à la pêche. Mais, comme la mer étoit retirée, nous n'en avons pas pris un seul. On a fait alors réflexion que ce poisson montoit sans doute dans l'eau douce avec la marée, & se retiroit aussi avec elle. Comme nous y en avions vû une assez grande quantité s'échapper à travers les trous de notre mauvais filet, ou sauter par dessus, on résolut d'y aller pêcher avec la seine, à la grande marée de la nouvelle Lune qui devoit arriver le lendemain. En conséquence, Mr. Duclos se rendit à bord, & fit préparer la seine. Mr. le Roy la porta dans le canot, à l'entrée de l'anse, dès le matin, & vint nous en donner avis. Nous partimes d'abord après-dîner, une troupe de 16. Mrs. de Bougainville & de Nerville à la tête. On donna un coup

coup de feine feulement, dans laquelle nous trouvames plus de cinq cens gros poiffons, & des milliers d'autres longs d'un demi-pié; dont nous jettames à la mer plus des trois quarts. Des petits, nous ne gardames qu'une efpece, nommée *Pajes* par les Efpagnols, & *gras-dos* par nos marins. Ce poiffon eft prefque tranfparent, & d'une extreme délicateffe. Il eft excellent en friture & à la fauffe au pauvre homme. La Lote ne lui eft pas préférable.

Le filet étoit fi plein que, malgré les efforts de feize perfonnes, nous eumes toutes les peines du monde de le tirer fur le rivage. Il en fautoit beaucoup par deffus, & une grande quantité s'échapperent encore tant par les bouts, qui ne pouvoient joindre les bords, que par les trous qui fe firent dans le filet. Cependant on en chargea le canot, qui ne put arriver au camp que le lendemain. On en diftribua abondamment aux équipages des deux Frégates, pendant trois jours; ou ou en mangea à toutes les faulces: & pour ne pas perdre le refte, ou er. fala un plein tierçon.

Ce poiffon a la forme de celui que l'on nomme *Meuille* en Saintonge, & a

le

le goût du *Surmulet*. Dans le nombre, il y en avoit de quatre livres & demie.

Ce même jour, lorsque nous finissions de souper, Mr. Martin, Lieutenant du Sphinx, arriva surchargé de gibier. Il avoit été en chassant, pour découvrir la source de la riviere à l'embouchure de laquelle nous avons fait une pêche si abondante. Il nous a dit qu'à trois ou quatre lieues du camp, au Nord-Ouest, il a trouvé une Baye immense, dont il n'a pu découvrir l'entrée, ni le fond même de dessus les hauteurs: Que cette Baye lui paroissoit avoir au moins huit à dix lieuës d'enfoncement dans les Terres; que de distance en distance il y avoit vû des Rivieres & des Iles. On a été charmé de cette découverte, & l'on a résolu d'en prendre connoissance.

Lundi 5.

L'abondance du poisson que l'on avoit pris a fait naître envie de tenter aujourd'hui une seconde pêche. On y est retourné; mais, soit que le poisson aît été effarouché, soit que la mer ne fut pas assez montée, ou n'a pris que de la menusaille, avec une douzaine de gros.

Pen-

Pendant cette pêche, d'autres ont été à la chasse & ont rendu visite à la Baye découverte. Moins fatigués sans doute que Mr. Martin, ils ont trouvé le chemin moins long que lui, & l'ont abrégé de deux lieues: ce qui a déterminé Mr. de Bougainville & plusieurs autres à s'y rendre le Mécredi suivant, Jour des Cendres, 7 du mois de Mars.

Tout le monde étant de retour, sur les quatre heures après-midi, & le Fort, auquel les Officiers seuls ont travaillé, étant achevé, Mr. de Bougainville a proposé d'y monter aussi les canons, qui étoient sur leurs affûts marins au bas de la colline. Dès l'instant même on s'est mis en devoir de l'exécuter. On a, pour cet effet, étendu des planches sur le terrein, pour faire ce que l'on appelle *un pont*, & empêcher les roues des affûts d'enfoncer dans la terre. A force de bras seulement, & sans autres instrumens ou machines que des pinces, des leviers & des cordages, nous sommes venus à bout de monter un canon, malgré la hauteur & la rapidité du côteau. L'ayant mis en place, comme il étoit à peu près l'heure de finir le travail de la journée, on a chargé & tiré

tiré ce canon, pour servir de signal. On a ensuite crié sept fois *Vive le Roi*, les ouvriers qui étoient occupés aux travaux des logemens, répondant aussi *Vive le Roi*.

Tous les matins à cinq heures, & le soir à sept & demie, depuis que l'on a commencé ce travail de l'habitation, on a tiré un coup de canon de campagne d'une livre de balle, & l'on a sonné la cloche pour appeller aux travaux, & pour les faire cesser. A huit heures on a sonné le déjeuner, à une heure le dîner. Indépendamment de ces repas, Mr. de Bougainville a fait donner de tems en tems quelques rations d'eau de vie de gratification. Aussi l'ouvrage est-il avancé actuellement, comme si l'on y avoit employé deux cents ouvriers.

Pendant que nous étions ainsi occupés à terre, le peu de monde qui étoit à bord des Frégates, ne demeuroient pas oisifs. Tous les jours ils embarquoient quelque chose pour le Camp, des canons, des boulets, des vivres, des ustenciles &c.

6.
On a commencé *l'arrimage* du lest des cailloux, & nous avons monté, dans

le cours de l'après-dîné, sept canons, comme nous avions fait le premier. Il faut avouer que les marins peuvent le disputer à tout le monde pour l'adresse à remuer de gros fardeaux.

Cette opération finie, j'ai fait mettre dans des paniers la terre-glaise, corroyée avec de l'argile faute de sable propre à cet effet. Et j'ai fait mes arrangemens pour aller demain à bord, travailler plus tranquillement au Buste du Roy, que je n'aurois pu faire à terre, où j'aurois été obligé de l'exécuter dans notre tente, dans laquelle on entroit à chaque quart d'heure de la journée,

Mardi 7.

Aujourd'hui à sept heures du matin, jour des Cendres, je suis monté dans la chaloupe, pour retourner à bord de l'Aigle. Je me suis établi de nouveau dans ma *Dunette*. Dès l'après-dîner j'ai commencé à modéler le buste dans celle de Mr. de Bougainville; & n'ayant pas de barre de fer, pour soutenir la terre, sur le dez, j'y ai suppléé par un rouleau de bois. Le soir même, la tête a été grossièrement ébauchée.

8. J'ai

8.

J'ai travaillé toute la journée à perfectionner l'ébauche, qui a déjà pris figure. Deux ou trois Officiers qui l'ont vûe en cet état, m'ont encouragé a finir le buste, & j'efpérois y réuffir.

9.

Dans cette confiance, dès les fix heures du matin, j'ai couru à l'ouvrage, & je n'ai pas été peu déconcerté d'y voir des crévaffes & des fentes au front & en différens endroits, quoique la terre fût très bien corroyée. Mr. Guyot & Mr. Baslé, étant venus un quart d'heure après, n'ont été gueres moins mortifiés que moi, de ce que cette terre ne fe trouve pas propre à ce que je me fuis propofé d'en faire.

J'ai demandé à Mr. Guyot s'il n'avoit pas vû, le long de la côte, du fable bien fin, afin de corriger le défaut de cette terre, en la corroyant de nouveau avec ce fable. Ils partirent une heure après pour le Camp, & rendirent compte à Mr. de Bougainville de l'embarras où me mettoit la mauvaife qualité de cette terre.

Je comptois en être quitte pour recommencer avec de nouvelle terre, corroyée avec du sable; mais Mr. de Bougainville craignant une nouvelle tentative inutile, résolut de substituer une fleur de Lys à ce Buste. Mr. Guyot revint dîner à bord, & me fit part de cette résolution. J'abandonnai donc l'ouvrage; & je fus avec Mr. Mauclair, passer la soirée sur l'Ile brûlée, où nous tuames dix outardes: la veille il en avoit tué seize. Pendant notre chasse, deux de nos Officiers s'amuferent à pécher à l'hameçon par les fenêtres de la chambre, & prirent affez de poissons, pour en faire une friture trois repas de suite. Presque tous les jours l'hameçon en fournissoit autant, pourvû que l'on s'y prît une heure seulement avant le repas.

Ces poissons étoient de trois espèces. L'une a la forme presque semblable à celle du brochet, la chair comme transparente, avec une raye bleue d'une ligne de large, qui regne depuis les ouies jusques à la queue, entre deux rayes jaunes. Les Espagnols du Chili le nomment *Rovalos*. La seconde espèce peut être mise dans la classe des *Lottes*, que quelques-uns

uns appellent L r. Celle dont il est ici question, a la tête platte & beaucoup plus large que les Lottes de France. La troisieme espece est aussi délicate, & a autour des ouies, des traits jaunes, comme si on y avoit mis de l'orpin ou de la gomme gutte avec le pinceau.

Ces trois sortes de poissons, les seuls que l'on a pêché du bord, n'ont pas plus de neuf à dix pouces de longueur; ordinairement de six à sept. Mais ils sont tous excellens, surtout celui qui a la tête, & à peu près la forme du brochet. Ils mordent si promptement à l'hameçon, qu'il ne faut que le jetter pour en prendre. Ce poisson est notre ressource, lorsque le tems ne permet pas de chasser.

10.

Je suis retourné sur l'Ile brûlée, comptant y amasser des *Lépas*; mais la mer s'est trouvée trop haute, & après avoir tué quatre oyes sauvages, & trois becfiques, le fils cadet de Mr. Duclos & moi, nous sommes retournés à bord, sur les cinq heures.

Le mâle de ces oyes est d'une blancheur éblouissante: son bec est court & noir,

noir, comme celui des outardes: ſes piés ſont jaunes. La femelle a le bec & les piés ſemblables à ceux du mâle, mais ſon plumage eſt gris ſur le dos. Le bord des plumes blanches qui lui couvrent l'eſtomach & le ventre, eſt noir & y forme une tache qui ſuit l'arrondiſſement de la plume. Les aîles de l'un & l'autre reſſemblent à celles des outardes; & ont auſſi un bouton dur comme de la corne, à l'articulation de l'aîleron. Après avoir arraché les grandes plumes du corps de la femelle, on trouve un duvet gris, extrêmement fin & très-ſerré. Le duvet du mâle eſt au moins auſſi beau que celui du cigne. L'un & l'autre feroient de beaux manchons *).

Les Cercelles ſont ici d'une beauté bien ſupérieure à celles d'Europe. Elles ont le bec & les piés bleus, les aîles d'un verd doré, & le reſte du corps bien plus

---

*) Leur beauté a engagé pluſieurs de nos Officiers de faire écorcher un grand nombre de ces oyes & des outardes, pour en emporter les peaux en France; mais n'en ayant pas eu tout le ſoin qu'elles exigeoient, elles ont été preſque toutes perdues. Les miennes l'ont été auſſi faute d'avoir eu aſſez d'eſpace dans ma Dunette, pour les loger.

plus brillant & plus beau que celui des *Poules Pintades*. J'en ai écorché une en lui conservant la tête & les piés, & lui ai donné son attitude naturelle après avoir rempli de mousse fine toute la robe. Je l'ai donnée à un Curieux de St. Malo. J'ai apporté aussi en France, & mis dans le Cabinet d'histoire naturelle de l'Abbaye de St. Germain des Prés à Paris, la tête & les piés d'un gros oiseau d'eau, carnacier, dont j'ai parlé sous le nom de *Mouton* ou *Québrante-Ueffos*: la singularité de son bec m'a déterminé à en donner la figure, Pl. VIII. fig. 3.

J'aurois désiré avoir un secret pour conserver les yeux de ces animaux dans leur état naturel. Les diamans & les rubis n'ont rien qui égale le feu, la beauté & l'éclat des yeux d'une espece de poule d'eau, ou Plongeon, qui se trouve assez fréquemment sur le bord de la mer.

Ces yeux ont, autour de la prunelle, un cercle du plus beau rouge de cinabre carminé. La tête est noire; mais, depuis l'œil jusques à l'occiput, les plumes sont d'un blanc éclatant mêlé de quelques filets noirs.

On trouve aussi dans ces Iles une quantité prodigieuse d'une espece de petites aigles, ou Faucons bruns, grands comme les plus gros coqs; mais dont les aîles développées ont au moins trois piés d'envergûre; les grandes plumes des aîles font d'un fauve-clair mêlé de brun, par bandes transversales. Il y a aussi une autre espece d'aigle, de la grandeur & de la couleur des poules-d'Inde blanches & rousses, ou fauves. Cette espece d'aigle a autour de la racine du bec une peau d'un très beau rouge, parsemée de poils noirs assez longs. Lorsque cet oiseau est mort, cette couleur rouge s'éteint, & la peau devient d'un couleur de rose très-pâle. Ses pattes sont écailleuses & d'un blanc gris, ainsi que celles de quelques-unes de la petite espece dont j'ai parlé. Les autres ont les pattes jaunes. Les serres de ces dernieres sont aussi fortes & aussi grandes que celles de la grande espece. On y voit encore des Eperviers & des Emouchets dont le ventre & le cou sont blancs; d'autres panachés de blanc, de gris & de roux.

11.

Les moules sont très communes le long de la côte. On avoit essayé d'en manger plus d'une fois; mais on les trouvoit si remplies de perles que l'on ne pouvoit en mâcher; parce que ces perles étant très-dures exposoient au risque de se casser les dents; & quand elles s'écrasoient, elles laissoient un espece de sable fort désagréable dans la bouche. Dans l'idée que ces perles sont l'effet d'une maladie de ce coquillage, je pensai que la cause de cette maladie pouvoit bien être le défaut d'eau, dont cet animal souffroit pendant que la mer est retirée. J'imaginai donc qu'en pêchant celles qui sont abreuvées sans cesse, elles pourroient n'avoir pas de perles. Je fus confirmé dans cette idée par des moules que je trouvai dans les racines de Goëmon. J'en ouvris quelques-unes: elles se trouverent sans perles & excellentes; tant les communes que les magellanes. J'en portai deux ou trois douzaines au camp; elles furent du goût de tous ceux qui aiment ce coquillage, & nous en avons depuis mangé souvent.

Depuis le onze jufqu'au Jeudi 22 Mars, il ne s'eſt rien paſſé de particulier. On a tranſporté des vivres & les autres choſes que l'on ſe propoſe de laiſſer à ceux qui reſteront pour l'établiſſement de cette nouvelle Colonie. On a poſé le 21 la premiere pierre de la Pyramide.

Une choſe cependant a mérité l'attentention, & a été la ſource de bien des réflexions à tous ceux qui en ont été témoins. On me l'a racontée à mon retour au Camp.

Jeudi 22 Mars.

J'ai voulu la vérifier, & j'en ai été convaincu depuis, plus d'une fois, par mes propres yeux. Nous avions tranſporté environ une douzaine de pourceaux, mâles ou femelles. Dans ce nombre étoit un pourceau coupé. Après les avoir débarqués tous, ils s'en alloient chercher leur vie dans la campagne, & ne manquoient pas de revenir, tous les ſoirs, paſſer la nuit enſemble tout auprès du Camp. Au commencement on leur avoit fait une eſpece de litiere avec du foin, & ils s'y trouvoient bien ſans doute, quoiqu'à la belle étoile, puiſqu'ils s'y ren-

rendoient exactement. Quelqu'un remarqua que le pourceau coupé devançoit ordinairement le retour des autres d'environ demi-heure, alloit roder autour de la litiere, & en arrangeoit le foin; qu'il en arrachoit avec les dents, pour le porter au gîte, & en remplissoit les endroits où il en manquoit. Les autres étant arrivés se couchoient ensemble, & lui ne s'y mettoit que le dernier. Lorsque quelqu'un d'eux ne se trouvoit pas à son aise, il se levoit & s'en prenant au pourceau coupé, il le mordoit & l'obligeoit à coups de dents d'aller chercher du foin, & d'en fortifier la litiere. Les femelles surtout étoient fort délicates sur cet article. Pendant notre séjour une mit bas onze petits, & une autre douze. Outre ces petits, on y a laissé huit truyes & un verrat. On peut juger combien ils auront multiplié.

J'étois retourné au camp, dans le dessein de n'y rester que trois jours, & en partir le lendemain

23.

Pour aller par terre à une Baye située au Sud-Est de l'Ile. Mr. de Bougainville l'ayant visitée dans le cours de la
ca-

caravane qu'il fit quelques jours après notre arrivée, la trouva charmante, & la nomma *Beau-port*, comme très-propre à en faire un très-commode. Je devois y accompagner Mr. L'huillier & deux ou trois autres, pour en lever le plan. Mais, dès que Mr. de Bougainville & moi fumes arrivés au Camp, Mr. L'huillier dit qu'il falloit renvoyer le voyage de Beauport au Jeudi suivant, parce que sa présence étoit absolument nécessaire pour la continuation de la bâtisse. Mr. de la Gyraudais retourna seul à bord du Sphinx. Mr. de Bougainville coucha dans son *cadre*; j'étendis un matelas sur un peu de foin, dans la même tente, & j'ai couché ainsi neuf nuits. Je passois le jour à visiter les environs, à botaniser, & à d'autres recherches sur l'histoire naturelle.

24.

Aujourd'hui, Samedi 24 Mars, on a proposé d'aller chercher les trois chevaux qui se sont échappés, de les investir avec des cordes, & de les amener au camp. On est parti au nombre d'une trentaine de personnes, & on les a en effet trouvés & investis. Ils se sont même

HISTORIQUE.

me laiffé approcher de fi près que Mr. de Saint Simon en a faifi un par la criniere; mais la jument qu'il tenoit s'en étant débaraffé en le renverfant par une violente fecouffe, elle a fauté, comme les deux autres, par deffus les cordes, dont on les avoit environnés. Ils fe font fauvés fi loin que l'on a renoncé à les pourfuivre.

On a été plus heureux à l'égard des vaches & des geniffes. Elles s'étoient également répandues & difperfées dans la campagne, mais ayant pris un petit veau, on l'a conduit auprès du Camp; on l'y a attaché à un piquet, & fa mere l'ayant entendu beugler le foir, eft revenue lui donner à tetter, & les autres l'ont fuivie. Après être ainfi revenus deux ou trois jours de fuite, ces animaux en ont pris l'habitude, & fe font rendus exactement tous les foirs dans l'étable qu'on leur avoit pratiquée.

27.

Mr. de Bougainville & Mr. L'huillier ont fait porter leurs cadres dans la chambre du nouveau logement, deftinée à Mr. de Nerville. Ils m'avoient propofé d'y tranfporter mon lit; mais je préferai férai de demeurer dans la tente; parce que les murailles ayant été crépies le jour-même, l'humidité qui en fuintoit, pouvoit occafionner quelqu'incommodité.

28.

Peu s'en eft fallu que je n'aye eu fujet de m'en repentir la nuit même. Il s'eft élevé un vent de Sud-Oueft, fur les dix heures du foir, qui a continué, avec de la pluye toute la journée par *foutreaux*, avec tant de violence, qu'il fembloit, à chaque bouffée, devoir enlever la tente, ou la faire tomber fur moi. J'y ai néantmoins couché encore la nuit derniere, mais j'ai été obligé d'en déloger aujourd'hui

29.

On a démonté les tentes, pour en employer le bois à la bâtiffe, j'ai cédé la mienne, & je me fuis tranfporté au gite de Mr. de Nerville.

Dès le 21. Mrs. de Bougainville & de Nerville avoient fait pofer la premiere pierre de la bafe qui foutient la Pyramide, ou façon d'Obélifque, que l'on vouloit élever au milieu du Fort. On a mis dans la maçonnerie du fondement, une pla-

HISTORIQUE. 511

plaque d'argent ronde, du diametre d'environ deux pouces & demi, sur laquelle est gravé à l'eau forte, d'un côté le plan de la partie de l'Ile où sont le Fort & l'habitation, dans le milieu l'Obélisque avec ces mots pour exergue, *Tibi serviat ultima Thule.* Sur l'autre est ce qui suit:

avec ces mots pour exergue: *Conamur tenues grandia.*

> Découverte.
> Etablissement des Iles Malouines, situées au 51 d. 30 m. de latit. Austr. & 60 d. 50 m. de long. Oc. Mer. de Paris E. par la Frégate l'Aigle, Capitaine P. Duclos Guyot, Capit. de Brûlot, & la Corvette le Sphinx, Cap. F. Chênard Gyraudais, Lieutenant de Frégate, armées par Louis de Bougainville Col. d'Infanterie Cap. de Vaisseau, Chef de l'expedition G. de Bougainville de Nerville Volontaire, & P. Darboulin Administrateur géneral des Postes de France. Construction d'un Fort, & d'un Obélisque décoré d'un Medaillon de S. M. Louis XV sur les plans d'A. L'huillier de la Serre Ingenieur-Géographe des Camps & Armées servant dans l'expédition; sous le Ministre d'E. de Choiseul, Duc de Stainville. En Fevrier 1764

Cette espece de Médaille est enchassée entre deux plaques de plomb, & le tout dans une pierre creusée. Auprès on a placé une bouteille de verre double, bien bou-

JOURNAL

bouchée avec un maſtic qui réſiſte à l'eau, dans laquelle on a enfermé un papier roulé, ſur lequel ſont écrits les noms, ſurnoms, qualités & pays de tous ceux qui compoſent les équipages des deux Navires employés à cette expédition, & de ceux qui y ſont Volontaires: En cette forme

ROLLE DE L'ETAT-MAJOR, des Officiers Matelots, qui compoſent les équipages de la Frégate du Roy l'Aigle, commandée par le Sr. Duclos-Guyot, Capitaine de Brûlot, & de la Corvette le Sphinx, commandée par le Sr. François Chênard de la Gyraudais Lieutenant de Frégate, armées à St. Malo par Mrs. le Chevalier de Bougainville, de Bougainville Nerville, & Darboulin, Adminiſtrateur général des Poſtes de France, aux ordres de Mr. de Bougainville, Colonel d'Infanterie, & Capitaine de vaiſſeau; leſquels ont reconnu & établi les Iles Malouïnes au mois de Fevrier 1764.

ETAT MAJOR
de la Frégate l'Aigle.

Le Chevalier *Louis-Antoine de Bougainville.*
* *G. de Bougainville-Nerville,* Volontaire,
L'un & l'autre Armateur, de Paris.

Etienne

HISTORIQUE. 513

Etienne de *Belcourt*, Capitaine d'Infanterie.
N. de *St. Simon*, Canadien, Lieutenant d'Infanterie.
L'huillier de la *Serre*, Ingenieur-Géographe des Camps & Armées du Roy.
Dom *Antoine-Joseph Pernety*, de Rouanne en Forez, Bénédictin de la Congrégation de St. Maur, Passager, envoyé par le Roy.

Equipage.

Mr. *Duclos-Guyot*, de St. Malo, Capitaine de Brûlot.
Alexandre Guyot, de St. Malo, Capitaine en second.
Pierre-Marin Donat, de St. Malo, premier Lieutenant.
Michel Sirandré, de St. Malo, premier Lieutenant.
Pierre-Marine le Roy, de St. Malo, second Lieut.
Antoine Semon, de St. Malo, second Lieutenant.
René-Jean Hercouet, de St. Malo, Enseigne.
Pierre Guyot, de St. Malo, Enseigne.
Alexandre Guyot, de St. Malo, Enseigne.
René-André Oury, de Genêt en Norm. Ecrivain.
Pierre Montclair, de St. Malo, premier Chirurgien.
Guillaume Baslé, de St. Malo, second Chirurgien.

Pilotins.

Charles-Felix-Pierre Fêche, de Paris.
Michel Seigneurie, de St. Malo.
Charles-François Auger, de St. Malo.
Louis Alain, de St. Malo.
Jean-Baptiste Carré, de St. Malo.

Matelots.

Germain Bongourd, de St. Servant, premier Maître.
François Tennebuit, de St. Malo, second Maître.
Pierre de St. Marc, de l'Ile d'Orléans en Canada, premier Pilote.

Artur Fleury, de Bréhat, Pilote-Côtier.
Joseph Couture, de St. Servant ⎫
Jean Poret, dit Paliere, de St. Servant ⎬ Contre-Maîtres.
Pierre Feuillet, de St. Servant, Maître Canonier.
François Hamel, de St. Servant, second Canonier.
Mathurin Toupé, de St. Servant, Maître Charpentier.
Etienne le Breton, de Pleurthuit, second Charpentier.
Pierre Houzé, de Pleurthuit, Maître Calfat.
Jacque Houzé, de Pleurthuit, second Calfat.
Louis Cantin, de St. Servant, Maître de Chaloupe.
François-Jean Macé, de St. Malo, Maître de Canot.
Gilles Ferrand, de St. Malo, Maître Voilier.
Joachim Feuillet, de St. Servant, second Voilier.
Mathurin Guerlavas, de St. Malo, Dépensier.
Michel Argouel, St. Malo, Maître Tonnelier.
Guillaume Chauvin, de St. Malo, second Tonnelier.
Jean du Feu, de St. Servant, Armurier.
* François Perrier, de Coutances, Forgeron Taillaudier.
* Antoine Guillard, de Rennes, Menuisier.
Honoré Garsin, Provençal, Tambourin.
Matthieu Méance, de Rézé en Dauphiné, Boulanger.

Simples Matelots.

Marc Julien, de St. Malo.
* Julien Brord, de St. Enogat.
Henry Laisné, de St. Malo.
* Jean Berbuel, de St. Servant.
Antoine-Louis Mallet, de St. Coulomé.
Barthelmy Guichard, de Pleurthuit.
Julien le Bret, de Pleurthuit.
Jacques le Mesnager, de Pleurthuit.
Pierre Gillet, de St. Servant.
* Claude du Caisson, de St. Servant, Charpentier.

HISTORIQUE. 515

Laurent Bâquet, de St. Servant.
Felix Bros, de l'Acadie.
Laurent Roucé, de St. Coulomé.
Louis Ozanne, de Pleurthuit.
François Fouquet, de St. Servant.
François Saffray, de St. Servant.
* André Vaudelet, de Pleurthuit.
Nicolas Bureau, de St. Malo.
* Guillaume Guichard, de Pleurthuit.
Jean Renouard, de Pleurthuit.
François Duval, de St. Malo.
* François Gouclo, de St. Malo.
Gilles Labbé, de St. Malo.
Jean-Baptiste le Bas, de St. Malo.
Joseph le Mer, dit le Maire, de St. Malo.
Jean Bayer, de Paramé.

Mousses.

* Joseph Talbot, Acadien.
Jean Jugan, de St. Malo.
Louis Dupont, de St. Servant.
Pierre Montclair, de St. Malo.
Pierre-Léonard-Julien Jorès, de St. Malo.
Joseph Couture, de St. Servant.
Jean Houzé, de Pleurthuit.
François Guerlavas, de Pleurthuit.
* Louis-Noel le Roy, de St. Servant.
* Etienne Pontgirard, de St. Servant.
* Julien Beguin, de St. Servant.

Domestiques.

* Michel Beaumont, de Normandie, Maître d'Hôtel.
Henry Dallon, de St. Servant, Cuisinier en chef.

Jean Guerinon, de St. Malo, second Cuisinier.
* *Michel Evard*, de St. Malo, second Cuisinier.
Bernard Denis, dit Montmirel, de Valogne.
* *Jean-François Henrion*, de Bleid, près Luxembourg.
Eustache le Contour, de St. Pierre de Sirville.
Jean Meir, de Munich en Baviere.

PASSAGERS,
qui s'établissent dans l'Ile.

Guillaume Malivain, dit Boucher, Acadien.
Anne Bourneuf, Acadienne, son épouse.
Jean leur fils, âgé de trois ans & demi.
Sophie leur fille, âgée d'un an.
Jeanne Bourneuf, leur Tante, Acadienne.
Sophie Bourneuf, leur Tante, Acadienne.
Augustin Benoît, Acadien.
Françoise Terriot, son épouse, Acadienne.
N. leur fils.
Geneviève Terriot sa Tante, Acadienne.

EQUIPAGE
de la Corvette le Sphinx.
Officiers.

Mrs. *Chénard de la Giraudais*, Capitaine Lieutenant.
  de Frégate, de St. Malo.
Charles-Malo Tifon, de St. Malo, second Capitaine.
Henry Donat, de St. Malo, premier Lieutenant.
Jean-Bapt. Guyot, de St. Malo, second Lieutenant.
Joseph Donat, de St. Malo, second Lieutenant.
Charles Martin, de Rennes, second Lieutenant.
Joseph Laurent, de St. Malo, Enseigne.
Augustin-Antoine Frongousse, de Guyenne, Chirurg.

HISTORIQUE.

Pilotins.
Jean-François *Oury* de *Genêt*, en Normandie.
Charles *Martin*, de Rennes, fils du Lieutenant.

Matelots.
François *Blanchard*, de St. Malo, premier Maître.
Jean-François *Maguaire*, de St. Malo, second Maître.
Nicolas *Vinet*, de St. Malo, Maître Canonnier.
Laurent *Lucas*, de St. Servant, Maître Charpentier.
* Jean *Clanzier*, de St. Servant, second Charp.
René le *Moine*, de St. Servant, Maître Calfat.
Servant *Dauplé*, de St. Malo, second Calfat.
Pierre-Thomas *Fecquent*, de St. Malo, Maître de Canot
François *Vinet*, de St. Malo, Maître Voilier.
Jean-Bapt. *Blondeau*, de St. Malo, Tonnelier.
Jean *Mazures*, de St. Malo.
Pierre *Nicole*, de St. Servant.
Jean *Saunier*, de St. Malo.
François *Hue*, de St. Malo.
Jean le *Monier*, de St. Malo.
Louis le *François*, de St. Malo.
François-Jean le *Maire*, de St. Malo.

Mousses.
Jean *Lautier*, de St. Servant.
Jean *Martin*, de St. Malo.
Jean-Pierre-Louis *Renaud*, de St. Servant
Claude-Jean *Hamon*, de St. Servant.
René *Boessier*, de St. Malo.

Domestiques.
Servant-Nicolas *Launay*, de St. Servant, Maître d'Hôtel.
Jean *Feuillet*, de St. Servant, Cuisinier.
Jean-François *Laisné*, de Brie.

Ceux qui sont demeurés dans cette Ile pour former la Colonie, sont marqués par une *.

Ce Fort a été nommé *Fort de St. Louis*. Il est situé sur un terrein élevé, qui n'est pas dominé par les hauteurs voisines; parce qu'elles en sont éloignées au moins de deux bonnes lieues. Il bat tous les environs, & surtout l'entrée de l'anse, au fond de laquelle est la nouvelle habitation. Cette entrée est nommée le *Goulet* avec raison; car, en mer haute, elle n'a qu'une forte portée de pistolet d'ouverture.

Mr. Baslé & moi avions été le 28 voir la grande Baye. J'y ramassai une grande quantité des plus beaux Limas nacrés & rubannés, avec des Lépas applatis, & d'une finesse extrême. Le lendemain 29, il a venté grand frais en tourmente, comme je l'ai dit ci-devant, & il est tombé beaucoup de gresil, par grains, à peu près comme ce qu'en France on appelle *Giboulées* de Mars.

Samedi 31.

Hier & toute la nuit derniere, il a 'fait un vent très-froid, avec un tems brumeux & sombre, contre l'ordinaire du pays, au moins depuis notre arrivée jusques à ce jour. Le Ciel a presque toujours été beau & sérein. Il a gelé en blanc

blanc deux ou trois fois, & une fois seulement une crême de glace s'est montrée sur les eaux dormantes; mais, depuis plusieurs jours, les matinées & les soirées ont été d'un frais, que, dans les pays chauds, on nommeroit *froid.* Cependant, depuis dix heures du matin jusques à cinq heures du soir, on ressent une chaleur du mois de May, dans les endroits à l'abri du vent.

Dimanche 1 *Avril.*

Toute la nuit, & la matinée, le tems a été brumeux. Le vent a chassé le brouillard sur les dix heures, & a passé au Nord-Nord-Ouest, assez grand frais; mais ayant calmé sur les quatre heures après midi, je suis retourné à bord, avec presque tous les Officiers qui ne doivent pas hyverner dans la nouvelle Colonie. Mr. de Bougainville & Mr. L'huillier sont les seuls restés pour faire continuer le travail de la couverture du logement, qui est presque achevée.

Laurent Lucas, Charpentier du Sphinx, a fini aujourd'hui de sculpter en pierre la fleur de Lys double, qui doit être posée sur la pointe de la Pyramide, & a très-avancé les deux médaillons en bois, l'un repréfentant le bufte de Louis XV. l'autre les armes de France, qui feront appliqués fur deux côtés oppofés de la Pyramide. Tous les vivres & les autres chofes que l'on fe propofe de laiffer dans l'ile, y font débarquées, & mifes à couvert dans le Magafin.

Ludi 2.

Mr. Duclos-Guyot a été ce matin dans le petit canot, fonder la Baye autour de la petite Ile, couverte de Glajeux, la plus proche de notre mouillage, à laquelle ou a donné le nom d'*Ile au Tonnelier*, parce que notre Tonnelier s'y eft établi, pour travailler à ce qui concerne fon métier. Mr. Duclos y a trouvé bon fond par tout, & a jugé par la profondeur, que le véritable canal ou *Chenal* de la marée eft au côté de cette Ile oppofé à celui de notre mouillage. L'après-midi a été très-venteufe.

3.

Calmiole toute la journée du Mardi 3, avec beau tems. Mr. de Bougainville s'eft tranfporté à l'habitation, pour difpofer tout à la prife de poffeffion de

ces

ces Iles, dont il a fixé le jour à Jeudi prochain.

Nous avons passé, Mr. de Nerville & moi, toute l'après-dîné, sur l'Ile brûlée, où nous avons cueilli une forte salade de cresson & de célery, sur les bords de l'étang qui est à la pointe de l'Est. La seconde de ces plantes est très commune dans tous les endroits de l'Ile que nous avons parcourus.

4.

Du Sud-Sud-Ouest le vent a été variable, bon frais, à Ouest-Nord-Ouest, avec un très beau tems, & la mer très-mâle: ce qui n'a cependant pas empêché nos chasseurs d'aller tuer des outardes. Quelques jours avant, quatre Officiers du Sphinx y en ont apporté cent trois. Les nôtres, encouragés par cette réussite, se sont déterminé à y aller, & en ont tué quatre vingt trois. Aujourd'hui deux de nos Officiers n'en ont tué que 36, & quatorze tant canards que cercelles. On a donné 18 outardes au Sphinx, à cause des préparatifs de leur départ, fixé au lendemain. Le Fort a tiré vingt-un coups de canon, pour annoncer la prise de possession que nous devons faire demain

Jeudi 5.

A quatre heures du matin, aujourd'hui cinq Avril, notre chaloupe avec notre *Grelin* & notre ancre à jet a été à bord du Sphinx, pour le faire appareiller dessus. Il a ensuite levé ses deux ancres, & appareillé sur les sept heures & demie. Le vent étant à l'O. N. O. bon petit frais & beau tems.

Dès le point du jour, le Fort a fait une salve de 21 coups de canon.

Au moment du départ du Sphinx, nous nous sommes tous embarqués dans nos canots & un bâteau de pêche, pour nous rendre au Fort. A notre débarquement au Goulet, le Fort nous a salué de plusieurs coups. Une troupe des habitans, déterminés à demeurer dans la nouvelle colonie, étoient en armes au Goulet. Ils nous ont conduits au Fort au bas duquel nous avons trouvé tous les autres sous les armes. Après avoir fait la parade, ils nous ont accompagnés au Fort, au son du Tambourin.

Tout le monde assemblé au Fort, on a découvert la Pyramide; alors j'ai entonné

tonné solemnellement le *Te Deum*, que l'on a chanté à deux Chœurs; ensuite le Psalme *Exaudiat*, puis trois fois *Domine salvum fac Regem*. J'ai dit, après cela, le verset: *Fiat manus tua, Domine, super virum dexteræ tuæ;* l'on a répondu: *& super filium hominis quem confirmasti tibi:* ensuite l'oraison: *Quæsumus, omnipotens Deus, ut famulus tuus Ludovicus Rex noster &c.* pour la prospérité de son regne. On a crié sept fois *Vive le Roy*, & l'on a tiré vingt-un coups de canon. On a crié derechef sept fois, *Vive le Roy*. Alors Mr. de Bougainville a montré le Brévet du Roy, qui établit un Commandant dans la nouvelle Colonie, & l'a remis à Mr. de Nerville, qui a été aussitôt reçu & reconnu pour tel. Mr. de Bougainville a proclamé aussi au nom du Roy les autres Officiers, qui ont été également reconnus de tous.

On avoit dressé un Autel dans le Fort, au pié même de la Pyramide. Je comptois y dire la Messe, pour rendre la cérémonie de la prise de possession plus auguste & plus solemnelle. Mais le vent y souffloit avec tant de force, malgré la tente que l'on y avoit montée, que

que l'on a jugé à propos de s'en tenir à la cérémonie dont je viens de parler. Nous nous sommes ensuite rendus au logement de l'habitation, où, sur les onze heures on a fait un déjeuné copieux, pour lequel on a doublé la ration à tout l'équipage.

Le déjeuné fini, on a été voir les différens terreins où l'on avoit semé diverses sortes de graines, huit à dix jours auparavant; ou les a trouvées croissantes, vigoureuses & très-bien prospérantes.

Au retour, je me suis arrêté dans un endroit, où j'avois remarqué une plante assez commune, excellente en infusion: j'en parlerai ci-après. N'ayant eu que le tems d'en amasser peu, nous avons fait nos adieux, & nous sommes rendus à bord.

6.

Dès les six heures du matin, aujourd'hui Vendredi six, Mr. de St: Simon & deux autres, ont été à terre dans la chaloupe, qui alloit faire de l'eau, & ont tué soixante-dix outardes, douze canards, quelques cercelles & plusieurs beccassines. On a mis ces outardes en barils, comme l'on l'on avoit fait d'un grand nombre de celles que l'on a tuées jusqu'à préfent; de maniere, que nous en avons deux tierçons, & quelques barils, pour notre retour en France.

Le calme & le beau tems qu'il a fait dès le lever du foleil, ont favorifé l'exécution du projet que Mr. de Bougainville avoit, d'obferver & de lever les plans de la grande Baye, où nous fommes mouillés, de fes anfes & des environs. Pour cet effet, nous nous fommes embarqués dans le grand canot, Mrs. L'huillier, Duclos, fes deux fils, Mrs. de St. Simon, Donat, le Roy & moi, & nous avons été débarquer au fond de la Baye, dans un enfoncement, qui fe prolonge beaucoup dans les Terres. On le voit dans la Carte du Port Pl. IX. lettre D. Mrs. de St. Simon, Donat & le Roy, ont été à la chaffe, pendant que Mrs. L'huillier, Duclos, Seigneurie, quelques autres & moi faifions les obfervations fur la hauteur, ou Montagne E. Les obfervations faites, & le plan de la Baye levé avec le Graphometre, nous nous fommes amufés à obferver un bouleverfement, produit, felon les apparences, par quelque tremblement de terre. Il préfentoit un fpectacle fi horriblement beau que j'ai été extrémement mortifié de n'avoir pas affez de tems, ni les inftrumens néceffaires, pour en deffiner la répréfentation en entier. Un peintre y trouveroit de quoi faire un tableau de ruines des plus beaux. On en voit une idée dans la Pl. XIII. fig. 1. ainfi que d'une efpece d'Amphithéatre, qui fe trouve à cent pas de là fig. 2.

Nous n'avons pas été moins faifis d'étonnement à la vûe de l'innombrable quantité de pierres de toutes grandeurs, bouleverfées les unes fur les autres, & cependant rangées, comme fi elles avoient été amoncelées négligemment pour remplir des ravins. On ne fe laffoit pas d'admirer les effets prodigieux de la Nature. J'effayai en vain de graver un nom fur une de ces pierres, qui formoit une table d'un grand pié & demi d'épaiffeur fur dix piés de longueur & fix de largeur; elle étoit fi dure que mon coûteau, ni un poinçon, ne purent l'entamer. J'en effayai ainfi plufieurs, égale dureté. En frappant fur un angle avec une autre pierre, j'en fis éclater un morceau, &
tou-

HISTORIQUE. 527

toutes celles que je fis éclater, me préfenterent une efpece de grais porphyrifé.

Ce grais y eft partout taillé en tables de diverfes grandeurs & épaiffeurs, dans fes lits pofés en tous fens; mais comme fi l'art y avoit été employé.

Ces ruines fig. 1. femblent préfenter en différens endroits des portes de ville dont il ne refte aucun ceintre; mais feulement des murailles à droite & à gauche, élevées encore de vingt ou vingt-cinq piés dans les angles paralelles qui forment l'entrée. Ce font comme des murs de ville, dont les affifes des pierres auroient été obfervées pour le niveau & la perpendiculaire, telles qu'on les voit dans nos murs de pierres de taille. On y voit même des angles rentrans & des faillans, des avant-corps de plus de quinze piés, & des faillies à droit fil, comme des corniches, ou cordons faillans au moins d'un demi-pié, & qui regnent à même hauteur tout le long tant des parties enfoncées ou retraites, que des avant-corps. Il n'y manque que des moulures.

Sur la route de l'endroit où nous avions pris terre, on rencontre à gauche
la

la hauteur où les pierres font rangées comme les voûtes d'un Amphithéatre: c'eſt celui dont j'ai donné la figure. Au delà de ces ruines eſt une vallée profonde de plus de deux cents piés, large d'environ un petit demi-quart de lieue, dont le fond eſt couvert de pierres bouleverſées, & qui ſemble avoir ſervi de lit à une riviere, ou à quelque large torrent, qui auroit coulé dans les fonds formés par ces hauteurs, pour ſe perdre vraiſemblament dans la grande Baye de l'Oueſt, dont j'ai parlé. La hauteur A, qui eſt au delà de la Vallée, paroît être couverte de ruines ſemblables à celles qui ſont ſur la hauteur en deçà. Avant que d'arriver à celles-ci, on trouve une eſplanade, ou Terre-plein large d'environ dix ou douze toiſes, & qui regne depuis le bas de l'Amphithéatre juſqu'au delà de la premiere couverture de ces ruines, que j'ai dit reſſembler à l'entrée, ou à la porte d'une Ville. Les décombres de ces eſpeces de murs empêchent la continuation de cette eſplanade où l'on voit deux pieces d'eau, ou réſervoirs, l'un à peu près rond, l'autre ovale, à peu de diſtance l'un de l'autre,

le

le premier d'environ vingt-cinq piés de diametre, l'autre de trente. Une pente douce, d'une cinquantaine de piés de large, mene de l'Esplanade aux ruines.

Depuis le bas de la Colline, on trouve des especes de ravins absolument comblés de ces pierres bouleverſées. Entre ces ravins ſont des terreins irréguliers de douze, quinze, vingt & vingt-cinq piés de large, ſur 20, 30, & juſques à cinquante au moins de long, couverts d herbes & de bruyere, ſauvés pour ainſi dire du bouleverſement. Les pierres jettées pêle-mêle les unes ſur les autres, laiſſent partout entre elles des vuides ou interſtices, dont on ne peut conjecturer la profondeur. Les moins groſſes de ces pierres, dont il n'y en a pas une d'angulaire, mais dont les carnes ſont arrondis, ont deux piés de longueur ſur un de largeur, ou environ, ſans que leur forme cependant ſoit réguliere. Elles ſont auſſi une eſpece de grais très-dur. Le chemin du lieu de notre débarquement aux décombres, eſt d'une heure de marche, toujours en plaine juſqu'au bas de la hauteur où l'on trouve ces ruines.

Au retour j'amaſſai un petit ſac plein de la plante, dont je parlerai ci-après ſous le nom de *Lucé musqué*, ou *Thé des Iles Malouïnes*, & je mangeai une vingtaine de fruits d'une petite herbe, que nos marins nomment *Plat de bierre*; & nous retournames à bord chargés de gibier.

Mr. de Nerville nous avoit invités, après la cérémonie de la priſe de poſſeſſion, à un dîner qu'il ſe propoſoit de nous donner le Dimanche ſuivant, pour nous faire ſes adieux, & nous ſouhaiter un prompt retour en France. On étoit convenu de s'y rendre. Mais Mr. Duclos-Guyot, notre Capitaine, ayant repréſenté à Mr. de Bougainville que, plus nous retarderions notre départ, plus nous courions riſque de trouver des mauvais tems & une mer orageuſe, à cauſe de l'approche de l'hyver du pays; que deux jours de plus ou de moins étoient de conſéquence, ſurtout dans l'idée qu'avoit Mr. de Bougainville de rendre, le plûtôt poſſible, compte à la Cour de ſon expédition, il étoit donc néceſſaire de profiter du premier tems favorable pour mettre à la voile: on ſe détermina, dès le le Samedi au soir, à appareiller le lendemain si le tems nous favorisoit.

Dimanche 8 Avril.

Dès le grand matin, le vent étant à l'Ouest, bon frais, nous avons guindé nos mâts de hune & nos vergues, ensuite levé nos deux ancres d'affourche, & resté sur notre grande ancre, jusques après avoir tenu nos *grayes* virés sur elle, à laquelle il a fallu *grayer* un *franc filin* pour la lever. On a mouillé notre ancre à jet plus au vent, pris le grélin en croupiere, & appareillé sur les quatre heures & demie après-midi, le Fort nous ayant salué de vingt coups de canon. Mr. L'huillier & quelques autres avoient été dépêchés de bon matin à l'habitation, tant pour faire nos adieux, que pour en rapporter deux cochons & deux douzaines de poules, pour faire du bouillon à ceux qui auroient le malheur de tomber malades.

Parvenus dans la grande Baye, c'est-à-dire, après avoir dépassé les Iles qui y sont, nous avons mis en panne, pour attendre notre chaloupe, qui est arrivée sur les six heures avec notre grande ancre. Après les avoir mis à bord, ainsi que le canot, on a fait route sur les sept heures & demie. A neuf & demi, nous étions Nord & Sud de l'Ile de l'entrée de la Baye. Depuis ce tems jusques à minuit, on a fait route à l'Est, route valant trois lieues deux tiers.

A cinquante-un dégrés & demi de latitude & à soixante de longitude, méridien de Paris, je n'aurois pas cru trouver un climat aussi tempéré que celui des Iles Malouïnes. Nous avons débarqué à la pointe de l'Est, terrein vraisemblablement le plus exposé de tous ceux de l'Ile au froid, aux frimats, aux autres incommodités que doit occasionner une situation presque toute environnée de mer, ou de Bayes, qui en font une presqu'Ile, battue par les vents de Sud-Ouest & d'Ouest, qui y regnent le plus souvent. Nous avons eu lieu de le présumer pendant le séjour de plus de deux mois que nous y avons fait, dans la saison même d'Automne, où le froid, dans cette latitude, auroit du se faire sentir de très-bonne heure; & par l'herbe de tous les terreins que nous avons parcourus, panchée au Nord-Est & à l'Est. Cependant, excepté le foin, dont la plus grande partie avoit été des-
sé-

séchée par les chaleurs de l'été, comme il arrive dans tous les pays, les autres plantes, & les foins même de la seconde pousse, étoient encore très-verds lorsque nous en sommes partis.

Dans la partie de l'Ile que nous avons vûe, le terrein présente partout un aspect très agréable. Des Montagnes, ou plûtôt des hauteurs, que nous appellions Montagnes, environnent des plaines à perte de vûe, coupées par des petites élévations, & des collines qui se communiquent par des pentes douces. Au bas de chacune coule & serpente un ruisseau plus au moins grand, qui se rend dans la mer, par les anses multipliées des Bayes. Celle où nous avons mouillé, (que l'on pourroit nommer, *Baye de St. Louis*, à cause du Fort de ce nom, élevé sur le terrein qui la termine, ou encore mieux *Baye Royale*, à cause de la Pyramide dédiée à Louis XV. notre Monarque bienaimé,) pénetre plus de six lieues dans les terres, & forme naturellement un bon Port pour mouiller plus de deux mille Navires. On trouve un bon fond partout, des Iles, des Ilots, des presqu'Iles au nombre d'environ une douzaine, qui mettent à l'abri des vents les plus violens; au point même de n'y avoir peut-être jamais de grosse mer.

L'entrée de cette Baye a au moins deux lieues d'ouvertures, & se trouve resserrée par un Ilot assez considérable, assez éloigné de la pointe du Sud-Est, comme on le voit dans la Carte.

Cette grande Baye, que l'on découvrit une quinzaine de jours avant notre départ de l'Ile, a été examinée & suivie en partie par Mr. de Belcourt & Mr. Martin, qui y firent une caravanne de deux ou trois jours & autant de nuits. Comme nous desirions une connoissance plus complette de son étendue, Mrs. de St. Simon & Donat partirent quelques jours après le retour des deux que je viens de nommer. S'étant d'abord rendus à l'endroit où elle se rapproche le plus de l'habitation, c'est-à-dire, à deux petites lieues, ils longerent ensuite sa côte jusqu'à son fond. Ils passerent à la rive opposée, & la suivirent une dixaine de lieues. Les ruisseaux & une riviere considérable ayant formé un obstacle à la continuation de leur marche, par la difficulficulté de la traverser, ils prirent le parti de grimper sur la montagne qui leur parût la plus élevée, d'où ils pensoient qu'ils pourroient découvrir l'entrée de cette Baye, & le reste de son cours. Ils jugerent alors qu'elle enfonçoit dans les terres quinze lieues au moins, & qu'elle formoit une presqu'Ile de la partie du terrein où nous avons fondé l'établissement.

La côte de cette Baye offre, disent-ils, un terrein excellent, & un aspect agréable. Elle est arrosée de quart de lieue en quart de lieue par des ruisseaux, des petites rivieres dont une, venant de l'Ouest, leur parut avoir une soixantaine de pieds de largeur. Ils ont rencontré une quantité prodigieuse d'outardes en troupes de 20 ou 40, & beaucoup d'autres oiseaux. Ils ont enfin compté vingt-six Iles assez considérables dans la partie qu'ils ont vue de cette Baye.

Y a-t-il réellement un détroit qui partage ces Iles, & qui communique du Nord au Sud, comme l'ont imaginé quelques Navigateurs. Cette Baye ne les auroit-elle pas induit à le conjecturer? Peut-être n'en ont-ils apperçu que l'entrée

trée; ou n'ayant pas osé s'y avancer, à cause de son grand enfoncement dans les terres & de sa grande largeur, ils auront jugé qu'elle formoit un détroit. *)

Après avoir beaucoup examiné le terrain de l'habitation, & celui des environs, je crois pouvoir assurer qu'il est très-mineral. Les terres ochreuses, rouges, jaunes, le Spath, le Quartz, que l'on rencontre partout, en sont une preuve évidente. Les rochers d'ardoises de couverture, la grise & la rougeâtre, qui paroissent très-communes, montrent assez que le souphre y est très-abondant. Ayant brisé à coups de masse & de pics des têtes de rochers de Quartz, qui sortoient de terre, je trouvai dans les crévasses des indications d'une matrice vitriolique, & cuivreuse. J'y reconnus même une matiere verdâtre, ayant la stipticité & l'acidité du vert de gris: J'en appliquai un peu sur le bout de la langue, & je fus contraint de cracher beaucoup, & pendant plus d'un grand quart-d'heure.

*) Dans le second voyage, on a reconnu que ce détroit existe en effet; & que son entrée du côté du Nord est à l'endroit que nous avions nommé *la Conchée*.

re. On y rencontre fréquemment des pyrites rondes, sulphureuses, & d'autres de figures irrégulieres, que l'on jugeroit être de la mine de fer, tant par leur pesanteur, que par leur couleur brune, mêlée d'une terre ochreuse, d'un jaune rougeâtre, ou couleur de rouille. Dans les terres enlevées en creusant pour jetter les fondemens des habitations, Mr. de Bougainville apperçut divers morceaux de Quartz brisés, qui présentoient à l'œil des paillettes brillantes comme l'or. Il les prit, me les apporta, & j'imaginai au premier aspect que ce pouvoit être du *mica*, ou du talc jaune. Cependant comme le talc ne se produit pas ordinairement dans le Quartz, je pensai que ce pourroit être du souphre, tel que celui qui brille dans les pyrites. Malheureusement nous n'avions avec nous rien de propre à faire des essais, point de charbons, point de bois, aucun fourneau, pas même d'eau régale, & trop peu d'eau forte, pour en composer. Les creusets que j'avois portés, me devinrent inutiles. D'ailleurs, ces petits grains brillans étoient en trop petite quantité, & nous avions bien autre chose à penser qu'à fouiller la terre pour faire un amas de ces grains suffisant à un essai. Je me contentai donc de me transporter sur le lieu des fouilles, & d'observer les terres que l'on en tiroit. J'apperçus dans un trou, à six pieds de profondeur ou environ, un lit de terre, posé obliquement, large de dix pouces dans quelques endroits, de largeur inégale dans le reste, & qui s'enfonçoit dans la terre en suivant la même direction. Ce lit étoit composé de Quartz couvert d'une terre rouillée, d'ochre jaune, d'ochre rouge, & d'une espece de cailloux creux, pleins les uns d'une espece de bol fin, couleur de chair ou de rose dans l'un, couleur de lacque fine dans l'autre; & dans quelques-uns une terre très fine, presque semblable à du brun rouge d'Angleterre. Ordinairement l'enveloppe, ou croute pierreuse, qui couvre ces terres fines, est de la même couleur que le contenu. J'en ai trouvé de grises très ressemblantes à de la mine d'argent. Au feu, leur couleur est devenue un peu plus foncée; ce qui m'a fait juger qu'elles tiennent de l'ochre, & que le fer y domine. De retour en France j'ai montré quelques uns de ces morceaux de Quartz à des personnes accoutumées à faire re des essais: ils ont décidé aussi que c'étoit mine de fer.

N'ayant donc aucune espérance de faire des découvertes à cet égard, je tournai mes observations sur les plantes du pays. Je n'en ai reconnu que quatre ou cinq espèces de celles qui croissent en France. On y trouve abondamment du cellery rouge & du blanc, d'une saveur douce & agréable, quoique sans culture. Nous en mangions en salade & dans la soupe, tous les jours. Quelques-uns de nos marins le nommoient *Persil de Macedoine*, & n'osoient dabord en manger; mais dans la suite ils n'en firent aucune difficulté, surtout n'ayant aucun autre légume dans le pays.

Mr. Duclos, Capitaine de l'Aigle, trouva de la corne de cerf, ou Roquete, qu'il nommoit *cressonnete*, & en apporta au camp. Nous la goutames, & la trouvames un peu trop piquante. En me promenant le long d'un étang, avec Mr. de Nerville, nous rencontrames du cresson alenois, très-bon, & nous en avons mangé souvent, mêlé avec le cellery. J'y ai vû, le long d'un petit ruisseau, la *Grenouillette* ou *Ranunculus* à griffe, comme me la Renoncule que l'on cultive dans les Parterres, à cause de la beauté de sa fleur.

Nos Pilotins nous ayant vûs mâcher avec plaisir une plante assez singuliere, en gouterent aussi. Elle a une acidité plus douce & plus agréable que celle de l'oseille, même ronde. Ils la trouverent si bonne que, dès le jour même, ils en mirent dans leur soupe, & voyant qu'ils n'en étoient pas incommodés, nous en fimes mettre aussi dans la nôtre.

Cette plante pousse des feuilles assemblées en rond, au nombre quelquefois de dix-huit ou vingt, au bout d'une queue couleur de cerise, grosse comme le tuyau d'une plume d'aile de corbeau, ronde, haute communément de sept à huit pouces, mais s'élevant toujours au dessus des plantes dont elle est environnée. La couleur de la feuille est d'un verd clair.

Elle ne pousse qu'une tige, presque semblable à celle des feuilles, & qui porte une seule fleur blanche, composée d'un calice à cinq feuilles, ayant la forme d'une très-petite Tulipe; s'ouvrant
de

de même, & exhalant une odeur d'amande très-suave. La feuille de la plante est faite en cœur dont la pointe seroit très-allongée: chaque feuille est attachée à la queue ou tige par cette pointe, & forme une espece de houpe. Voyez la figure 4 de la Planche VIII. Je n'ai vû aucune de ces feuilles entierement ouverte: elles sont presque toujours pliées en canal. Ces feuilles ou tiges feuillées sortent dix, douze & souvent davantage, d'un point ou oeil d'une racine longue, formée en chapelet, couverte de petites écailles pointues, & d'un rouge tirant sur le cinnabre, couchées horisontalement à deux ou trois doigts de profondeur. Cette plante est très-commune. On la nommoit *Vinaigrette* à cause de son goût. Ne pourroit-ou pas la ranger dans la classe des Alléluyas?

La plante, dont la figure se trouve fig. 5. à côté de celle de la Vinaigrette, pourroit être mise au nombre des *Satyrions*; sa feuille semble le faire présumer au premier coup d'oeil; cependant comme les Orchys n'ont ordinairement que deux tubercules à leur racine, & celle-ci ayant douze racines, & davantage; &
ses

ses racines faites comme celles du Salsifix, & fort allongées, je ne pense pas que l'on doive la ranger dans la classe des Orchys. C'est, je crois, l'Epipactis, dont parle le Pere Feuillée page 729, pl. 29. qu'il nomme *Epipactis amplo flore luteo*, vulgo *gravilla:* la racine de l'Epipactis des Iles Malouïnes ressemble cependant davantage à celle de l'*Epipactis floribus uno versu dispositis*, vulgo *Nuil*, dont il parle page 726, & représentée dans la pl. 17. Elle croît dans les lieux secs & arides du Chily, & l'Epipactis *flore luteo* aux lieux humides du même pays, comme celle des Iles Malouïnes, croît aussi dans les lieux bas, & humides. La racine de celle-ci est composée de plusieurs navets, disposés en botte. Je les ai trouvés jusqu'au nombre de dix à douze, quelquefois davantage. La longueur moyenne est de trois pouces, & leur épaisseur passe six lignes dans quelques-unes. Il sont couverts d'une petite peau mince, qui couvre une substance cassante, tendre, aqueuse, d'un gout d'abord un peu douceâtre, qui laisse dans la bouche, en se développant, une saveur, ou retour si fort ambré,

HISTORIQUE. 543

bré, qu'il tient un peu de l'urine de chat.

Je n'ai pu découvrir les fleurs de cette plante, quoique j'en aye trouvé de toutes grandeurs. Les plus avancées avoient, au haut de la tige, des capsules à graines, & une espece de houpe au bout, ressemblant à une houpe de pétales desséchés, de couleur roussâtre, sans odeur déterminée.

La graine est une poussiere rousse, très fine, qui remplit la capacité de la capsule, divisée en quatre ou cinq loges. Quelque soin que j'aye pris à l'examiner, je n'y ai pu découvrir aucune autre sorte de semence.

La plante pousse une tige haute de sept ou huit pouces au plus, revêtue de feuilles assez longues, qui forment souvent un canal applati; quelques-unes sont tout à fait applaties: toutes sont lisses, & d'un verd semblable à celui de la feuille des Orchys.

On trouve dans tous les endroits abbreuvés d'eau une espece de Céterach, qui y vient en motte, & qui porte une tige avec des feuilles creuses, où la graine ne est renfermée; ce qui n'est ordinaire à aucune des especes de Capillaires, dont la semence est une poussiere attachée sous la feuille, le long de la côte. Dans celle-ci, la tige portant graine s'éleve seule, droit de la racine, pendant que les feuilles sont couchées en rond, ou verticales. Cette tige même, ou, si l'on veut, cette feuille unique de toute la plante, portant graine, a proportionnellement près d'un pouce de longueur de plus que la feuille la plus longue de celles qui sortent de la même racine. Cette graine est cependant, comme dans les Capillaires, une poussiere grosse & rousse.

Dans les champs, parmi le foin, qui couvre presque toute la surface du terrein de l'Ile, s'éleve une plante assez commune, dont la fleur est blanche, & radiée comme celle du pissen-lit, mais les petales sont pointus. Les feuilles, qui ont, les plus grandes jusques à trois pouces de longueur, sont d'un verd un peu cotonneux, ainsi que la tige, haute d'un pied, ou environ. La fleur unique sur chaque tige, a une vraie odeur de Benjoin.

Une autre plante, dont la tige & les feuilles sont semblables à celles de la pré-
cé-

cédente, porte des fleurs jaunes en bouquet, également radiées, au nombre de douze ou quinze, très agréables à la vûe & à l'odorat. Cette fleur est soutenue par un calice écailleux. La racine est un amas de petits filamens, aboutissant tous au pied de la plante.

On voit deux plantes, l'une & l'autre produisant un fruit rouge, dont un ressemble tellement à une framboise, que, séparé de sa plante, il est aisé d'y être trompé: sa saveur tient un peu de celle de la meure, mais beaucoup plus agréable. La plante est rampante, prend racine à chaque nœud, & a une petite feuille semblable à celle du charme.

Le seconde plante a sa feuille un peu velue, presque semblable à celle de la mauve. La tige qui porte son fruit s'élève si peu, qu'il est souvent en terre en partie. Il est fait comme une meure, mais d'un rouge vif de cinnabre: le grain est sec & presque sans saveur.

Dans le foin & les bruyeres croît une plante, pour le moins aussi remarquable que celles dont j'ai parlé. Son fruit est charmant à la vûe & des plus agréa-

agréables au goût. Infusé simplement dans de l'eau de vie avec du sucre, il fait une liqueur excellente, parce qu'il porte un parfum très gracieux d'ambre & de musc, qui ne répugneroit pas, même à ceux & à celles qui ont de l'aversion pour ces deux parfums, & plairoit infiniment à ceux qui les recherchent. Les Indiens des parties méridionales du Canada préferent l'infusion de cette plante à celle du meilleur thé. Ils la boivent pour le plaisir & pour la santé; elle réjouit, disent-ils, le cœur, rétablit & fortifie l'estomac, dégage le cerveau, & porte un baume dans le sang. Mr. Duclos notre Capitaine, un Canadien & quelques Officiers de notre Frégate, qui, pendant la derniere guerre, avoient fait un assez long séjour dans ce Pays-là, me l'ont assuré, & se sont empressés d'en faire une provision copieuse. Ils nomment cette plante *Lucet musqué*. Elle a l'odeur douce & suave du myrthe. Ses branches ligneuses se tiennent couchées par terre, rampent ainsi que celles du serpolet auquel cette plante ressemble par ses tiges & ses feuilles, qui n'en différent qu'en ce qu'elles sont un peu

peu moins pointues. Je me l'ai pas vûe en fleur; aucun même de nos Officiers ne s'eſt ſouvenu d'en avoir vû; mais à cette fleur, telle qu'elle ſoit, ſuccede un fruit, preſque ſemblable à celui du myrthe, mais plus gros dans ſa maturité. Il ſe montre d'abord rouge, & blanchit pour la plus grande partie en meuriſſant. Il devient alors ovale, & couronné de quatre pointes vertes, qui s'évaſent comme celles de la grenade. Il renferme quelques grains en petite quantité, comme le *Vitis Idæa*, ſon jus eſt doux. Le plus grand nombre de ces fruits ſont gros comme celui de l'Epine blanche, mais j'en ai trouvé du volume d'une Prunelle. Voyez la Pl. 7. fig. 7.

Une autre plante, dont j'ignore le nom & les propriétés, croit ſur la côte de la mer, dans les lieux ſablonneux: elle n'eſt pas commune. Lui ſoupçonnant des vertus, qui pourroient ſe découvrir, pour l'avantage du genre humain, j'en ai cueilli de la graine. Ses feuilles, qui reſſemblent à un fer de lance raccourci & preſque ovale, ſont portées ſur une longue queue, qui prend dès la racine même. Elles ſont cotonneuſes plus que celles du *Verbascum*, appellé *bouillon blanc* ou *molaine*. Ses fleurs sont jaunes, radiées, disposées en bouquet, soutenues par un calice qui s'arrondit comme celui de l'artichaut, & qui, lorsque la fleur est tombée, renferme une graine angulaire, longue & approchant beaucoup de celle de la chicorée.

Nous n'avons trouvé dans le canton que nous avons parcouru, qu'une seule espece d'arbuste. On le rencontre dans les terres humides, dans les collines, par lesquelles s'écoulent les eaux qui descendent des hauteurs. Cet arbuste vient de la hauteur du Romarin, aux feuilles duquel celles de cet arbuste ressembleroient parfaitement, si celles-ci n'étoient plus courtes, & tant soit peu moins larges. Ses fleurs sont blanches, approchant beaucoup de celles de la Pâquerette, ou Marguerite des champs. Elles ne sont pas rangées en épies comme celles de Romarin, mais chaque fleur au bout de chaque menue branche, de façon que l'arbuste en paroit tout couvert. Les fleurs & les feuilles n'ont presque pas d'odeur; & le peu qu'elles en ont n'approche pas de celle du Romarin. Sans doute ce n'est pas

pas le même arbuste dont parle Frézier dans sa Relation de la Mer du Sud, sous le nom du P.... nom Indien, & que l'Auteur du Voyage de l'Amiral Anson dit être fort commun au Port St. Julien, sur la côte des Patagons, située presque au même degré de latitude que les Iles Malouïnes, où l'arbuste dont je parle est aussi très-commun; mais il dit qu'il ressemble au Romarin & qu'il en a l'odeur. L'écorce de celui des Iles Malouïnes est grisâtre, assez lisse, & le bois est jaune.

On pourroit mettre au nombre des arbustes une plante ligneuse de ces Iles, qui croît pour l'ordinaire dans les lieux arrosés d'eau vive. A quelques pas de distance, on la prendroit pour un rosier de la petite espece; mais en l'examinant de plus près, sa feuille, qui vient par paire, a plus de ressemblance avec celle de Pimprenelle. Elle est seulement un peu plus longue, & a un goût qui en approche, ainsi que la tête qui porte la graine; cette tête est ovale, ne représentant pas mal l'enveloppe extérieure de la chataigne, ou une de ces têtes rousses, que l'on trouve en automne, sur l'églantier, ou Rosier sauvage. La tige de cet arbuste est rampante, quelquefois grosse comme le pouce, & longue de quatre ou cinq piés. De cette tige s'élevent des branches de la hauteur de huit ou dix pouces, au sommet desquelles viennent la fleur & la semence. Je n'ai vû aucune de ces fleurs, la saison en étoit passée.

Les terreins moins humides produisent deux ou trois especes de Bruyeres à fruit rouge, & bien différentes de la Bruyere d'Europe. Elles ont toutes une odeur de résine. Une autre plante assez grande a le gout décidé des jeunes pousses du pin, que l'on nomme dans le Canada *Sapinette*, avec lesquelles on y fait une boisson fermentée, très-salubre, que l'on appelle du même nom. Nous avons essayé à en faire une semblable; tous ceux qui avoient été en Canada, ont assuré qu'elle a le même goût. Nous en avons bu plusieurs fois, & nous en sommes bien trouvés. Ce sera une grande ressource pour ceux, qui, dans la suite, iront s'établir dans ces Iles, car cette plante se trouve abondamment par tout, & la boisson que l'on en fera, pourra tenir lieu de Bierre. Cette plante a la
tige

tige & les feuilles d'un verd pâle jaunâtre, & peut être mise au nombre des plantes rampantes, dont la tige est ronde, très souple, & de la grosseur quelquefois du tuyau d'une plume d'aigle, plus communément du tuyau d'une plume d'oye. Les feuilles viennent par paire le long des branches, attachées à une queue très courte, & ont presque la forme de celles du gommier, dont j'ai parlé ci-devant: cette plante vient également bien dans les bas & dans les lieux élevés & plus secs. Sa fleur herbeuse laisse après elle une houpe blanche, en forme de pinceau évasé, & ne porte point de fruit.

Des deux especes de bruyeres qui en produisent, la plus grande a des feuilles rondes, d'un verd blanchâtre, si abondantes & si serrées autour des branches, qu'elles les cachent entierement. Son fruit est gros comme un pois, rouge & d'un assez bon goût.

L'autre a ses feuilles rangées de même autour des branches, mais plus petites, finissant en pointe, & d'un très-beau verd. Son fruit a une espece de noyau, comme celui de l'Epine blanche; mais la couleur de ce fruit est celle d'un beau carmin; plus petit que celui de la Bruye-re précédente. La plante est aussi bien moins grande: on la trouve assez communément dans les gommiers au travers desquels ses branches se font jour, de façon que l'on croiroit que c'est une branche de la même plante, dont les feuilles seroient différentes, & qui en porteroient le fruit.

Ce gommier ne forme qu'une tête verte, parce que ses feuilles ne se passent pas l'une l'autre d'un quart de ligne. Il faut les regarder de très-près pour pouvoir les distinguer. Elles sont pour ainsi dire, collées l'une sur l'autre, disposées en rose. La fleur ressemble tellement à la capsule de la semence, qu'il est facile de s'y tromper. Cette capsule ressemble beaucoup à celle de l'anis, mais elle est d'un gris de terre. J'ai vû de ces mottes de gommier avoir plus de dix piés dans leur plus grand diametre, sur quatre à quatre & demi de haut. Ordinairement elles sont à peu près rondes; mais les plus grosses ont la forme d'une pomme de terre, coupée par la moitié.

Parmi les plantes qui croissent dans la mer, je n'en ai gueres trouvé de remar-qua-

quable que celle que nos marins appelloient *Baudreux*. Elle éleve ses tiges jusques à la surface de eaux, sur laquelle elles s'étendent fort au loin, & s'y soutiennent au moyen d'une espece d'ampoule pleine d'air, qui forme la naissance de la queue de la feuille.

On trouve ces Baudreux en abondance le long de la côte, & à une distance même d'une grande lieue de terre, dans ces endroits où il y a quinze à dix huit brasses de profondeur; de maniere que, pour monter à la surface, & s'y étendre aussi spacieusement, la tige doit avoir une vingtaine de brasses de longueur. Je me suis une fois amusé à en mesurer une prise au hazard, que les flots avoient detachée & jettée sur le plein; je croyois n'en pas voir le bout.

Les racines de ces Baudreux sont jaunes comme la tige de la plante, entrelassées l'une dans l'autre, formant un gros paquet, dans lequel se retirent les plus belles moules, tant magellanes qu'unies & communes. On y trouve aussi des pourpres, des burgaux & divers autres coquillages. Les Limas nacrés & rubanés vivent le long des tiges & des feuilles.

Ces feuilles ont jusques à deux piés & demi de long, sur quatre pouces dans leur plus grande largeur. Elle sont d'un jaune-roux, tel que celui d'une feuille d'arbre morte, qui commence à se pourrir. Leur superficie est inégale, comme si la feuille avoit été goffrée. Voyez la figure 5 de la Pl. IX.

Cette plante pousse une trentaine de tiges d'une seule racine attachée au fond de la mer par un bout, ayant la forme du pavillon d'une trompette, ou d'un entonnoir évasé. Il en sort comme un fagot de racines, ou tiges entrelassées, où l'on trouve souvent des pierres avec les coquillages dont j'ai parlé. Les feuilles poussent le long de la tige de distance en distance. Des tiges suinte une humeur mucilagineuse & baveuse, qui sert de nourriture aux coquillages qui s'y attachent. Lorsque les flots ont détaché ces paquets du fond, & les ont jetté sur le rivage, & que les feuilles desséchées par l'action de l'air & des rayons du soleil, en sont séparées, nos marins les appelloient du Goëmon. Si l'on n'a pas soin d'en tirer les coquillages, dès que la mer, qui les a portés sur le rivage, s'est s'eſt retirée, ces coquillages ne valent plus rien à conſerver: le ſoleil les calcine, mange leurs plus belles couleurs, les réduit en chaux; de maniere qu'ils deviennent friables ſous les doigts. Ainſi, pour en amaſſer qui méritent de tenir place dans les cabinets des Curieux, il faut ou arracher ſoi-même, par la Drague, ces Baudreux du fond de la mer, ou prendre ces coquillages dans ces Baudreux dès que la mer les a jetté ſur le rivage.

Les Lépas, en François Patelles, des Iles Malouïnes ſont d'une beauté bien ſupérieure à tous ceux de France. Ceux-là ſont ovales pour la plûpart. La ſurface intérieure préſente la plus belle nacre; ſouvent le fond du creux eſt tapiſſé d'un rouge brun d'écaille de Tortue, qui paroît doré. La ſurface extérieure eſt ſtriée & cannelée, les parties ſaillantes ſont couleur d'écaille brune & le fond varié de nacre & d'écaille dorée.

J'en ai vû de trois pouces & quelques lignes dans leur plus grand diametre. On en trouve de cinq ou ſix ſortes, plus ou moins ovales, les unes conſidérablement profondes, les autres, quoique d'un diametre ſemblable, ont trois quarts

quarts de moins de profondeur. J'en ai, qui fur un pouce & demi de large dans leur petit diametre, n'ont pas trois lignes d'enfoncement, & d'autres, qui fur un pouce de large, ont un pouce de creux. La furface interieure de ceux-ci eft plus communément d'un beau blanc de porcelaine, & le fond du creux d'une écaille dorée.

On en trouve de très grands, & très-beaux de l'efpece dont le point d'élévation eft percé d'un trou ovale, blancs en dedans, colorés de bandes pourprées & violettes, qui vont en s'élargiffant du centre à la circonférence.

La quatrieme efpece eft celle que quelques-uns appellent *Bonnet de Dragon*; le plus large d'ouverture que j'ai pu trouver, n'a pas plus de neuf à dix lignes de diametre, & fix ou fept de profondeur; fa furface extérieure eft grife, prefque unie, quelquefois à bandes un peu brunes; l'intérieure eft ordiairement couleur de lie de vin rouge, un peu rembrunie.

Beaucoup de ces efpeces de Lepas n'ont pas leur centre d'élévation, ou de con-

convexité placé au milieu; mais un peu avancé vers un des bords du grand diametre. Une entre autres l'a tout proche de l'une des extrémités. Ce Lépas est très-applati; son écaille est si fine qu'il faut la manier avec beaucoup de délicatesse & d'attention, pour ne pas la briser. Ses deux surfaces sont unies & argentées, quand l'extérieure est depouillée de son épiderme, ou envelope couleur de feuille morte. On y trouve aussi un Lépas chambré, petit & blanc tant dedans que dehors; je n'en ai vû que sur le rivage, & toujours sans l'animal. Enfin on y trouve cette espece, que nos marins appelloient *gondole*, ou *nacelle*, parce qu'il en a la figure, quand il est renversé; mais à l'extérieur, il ressemble à la cuirasse d'un cloporte. Elle est composée de huit piéces, qui rentrent l'une dans l'autre, de maniere que l'animal peut se replier sur lui-même, s'arrondir comme une boule, & se renfermer dans son écaille. Tout autour regne un bourrelet de chair hérissée de poils longs de trois ou quatre lignes. L'écaille est variée d'un beau verd bleuatre, de blanc de lait, & de brun noirâtre, par bandes ou rayons.

Quatre sortes de moules sont en abondance aux Iles Malouïnes; les communes, les Magellanes, ou Reines de moules, & deux autres especes, dont la forme est différente des communes & des Magellanes. Parmi celles-ci j'en ai vû dont l'écaille a cinq à six pouces de long sur trois pouces de large. Celles que l'on détache des rochers, qui restent à sec, quand la mer se retire, sont commuunément remplies de perles, dont quelques-unes sont assez jolies. Celles que l'on trouve adhérentes à l'écaille, ou dispersées dans le corps même de la moule, ont une couleur d'une bleu violet tirant sur le noir; sont souvent inégales, & ressemblent beaucoup à des graines de navet. Les perles de Magellanes de la grande espece, sont blanches; mais rarement d'une belle grandeur, & d'une couleur nette. D'ailleurs on est sujet à les briser, quand on les sépare de l'écaille. Celles qui se trouvent dans le corps, ne sont proprement que des semences. Il est très-vraisemblable que ces perles sont l'effet d'une maladie de l'animal; puisqu'il est rare d'en trouver dans les Moules qui sont toujours baignées de de l'eau de mer. Ce défaut d'eau pendant que le soleil darde vivement ses rayons leur cause sans doute une altération, & une langueur qui les altere, & les obstrue; obstruction de laquelle résultent ces perles.

Des deux autres especes de moules l'écaille de l'une est blanche, transparente, & si legere, que le moindre soufle l'enleve de dessus la main. L'autre, quoique plus grande, est d'un rouge brun doré des plus éclatans, surtout lorsqu'elle est dans l'eau & que le soleil y porte sa lumiere. Vuide, elle n'est guere plus pesante que la précédente; car le vent seul la fait rouler sur le rivage. Fig. 4 de la Pl. IX.

Les grandes & les petites Moules Magellanes sont d'un blanc nacré, partagé de bandes purpurines, qui suivent la forme arrondie de l'écaille. L'épiderme qui couvre la surface extérieure est d'un brun sale; mais quand cette robe est enlevée, elle découvre un beau bleu céleste, veiné de bandes purpurines, qui suivent la forme des stries. Les cannelures se perdent insensiblement jusqu'au bout pointu, qui est d'une belle nacre, & duquel
elles

elles partent, comme de leur centre. Voyez les fig. de ces Moules, Planche IX. fig. 2 & 3.

Beaucoup d'autres différens coquillages se présentent aux Curieux sur la côte de ces Iles. Des Buccins feuilletés, des Buccins armés, des vis de différentes sortes, des pourpres, des limas rubanés, des limas chambrés, des nérites, des cames unies, des cames à stries, des Ricardeaux ou coquilles de St. Jacques; des Petoncles & des Oursins, des Etoiles de mer, & des Poulettes ou Coqs, que nos marins appellet Gueule de Rayes. (Ce dernier coquillage n'étoit connu que dans le genre des coquillsges fossiles, & l'on doutoit qu'il en existât en nature.) Dans les voyages suivans faits aux mêmes Iles, on en a amassé une si grande quantité. que l'on en a distribué dans les Cabinets de Paris; de maniere, que d'unique qu'étoit celui que j'ai mis, à mon retour, dans le Coquillier de notre Abbaye de St. Germain des Prés, il n'est plus rare aujourd'hui.

Peut-être y a-t-il divers autres coquillages le long de la côte de la grande mer; je n'ai pu le voir, parce que le

lieu

HISTORIQUE.

lieu de uotre mouillage étoit environ à six lieues, dans le fond de la Baye; & l'endroit où nous avions établi nos tentes, & formé notre habitation, étoit encore à près de deux lieues plus avant. Dans toute cette Baye, je n'ai vû que les especes de Coquillages dont j'ai parlé. Nous n'avons trouvé d'autres poiſſons, que ceux dont j'ai fait mention, ſi l'on en excepte quelques Marſouins blancs & pluſieurs Baleines.

Trois ſortes d'Amphibies ſont très-communs dans ces Iles: les Loups marins, les Lions marins & les Pinguins. J'ai dit quelque choſe des uns & des autres; mais, au ſujet des ſeconds, je dois ajouter que le nom de *lion marin* convient moins à ceux dont j'ai donné la deſcription & la figure, & deſquels l'Auteur du voyage de l'Amiral Anſon parle aſſez amplement, qu'à une autre eſpece, dont le poil qui couvre le derriere de la tête, le col & les épaules, eſt au moins auſſi long que le poil d'une chevre. Il donne à cet amphibie un air de reſſemblance avec le Lion ordinaire des forêts, ſi l'on en excepte la groſſeur. Les Lions marins tels que ceux dont je parle, ont jusques à vingt-cinq pieds de long, & dix-neuf à vingt pieds de circonférence dans leur plus forte grosseur. Voyez la Pl. X. D'ailleurs ils ressemblent aux Lions marins dont j'ai donné la figure. Ceux de la petite espece ont la tête ressemblante à celle d'un dogue, dont on auroit coupé les oreilles tout ras.

Les dents des Lions marins à criniere sont beaucoup plus grosses, & plus solides, que celles des autres. Les dents de ceux-ci sont creuses dans toute la partie enchassée dans la machoire. Ils n'en ont que quatre grosses, deux à la machoire inférieure & deux à la supérieure. Les autres ne sont pas même si grosses que celles du cheval. J'en ai apporté une d'un vrai Lion marin, laquelle a au moins trois pouces de diametre sur sept de longueur, & ce n'est pas une des plus grandes. Nous en avons compté vingt-deux telles que celle-ci dans la machoire d'un de ces Lions, à laquelle il en manquoit encore cinq ou six. Elles étoient solides dans toute leur longueur, & ne sailloient gueres plus d'un pouce ou d'un pouce & demi, hors de leurs alvéoles. Leur solidité est presqu'égale à celle du
cail-

caillou, & elles sont d'un blanc ébouissant. Plusieurs de nos marins les prenoient pour des cailloux blancs, quand ils en trouvoient sur le rivage. Je ne pus même les persuader que ce n'étoit pas de vrais cailloux, qu'en les frottant l'une contre l'autre, ou en cassant quelques morceaux, pour leur faire sentir qu'elles exhaloient la même odeur que les os & l'yvoire, frottés ou raclés.

Ces Lions marins à criniere ne sont pas plus méchans ni plus à craindre que les autres. Ils sont également lourds & pesans dans leur marche; & cherchent plûtôt à fuir qu'à courir sus à ceux qui les attaquent. Les uns & les autres vivent de poissons, d'oiseaux d'eau, qu'ils attrappent par surprise, & d'herbe. Ils font leurs petits & les allaittent dans les Glajeux, où ils se retirent la nuit, & continuent même à les allaitter après qu'ils sont assez grands pour aller à la mer. On les voit accourir sur le soir ou aborder par troupes sur le rivage, & y appeller leurs meres par des cris si semblables à ceux des agneaux, des veaux & des chevreaux, que l'on y seroit aisément trompé, si l'on n'en étoit pas prévenu.

La langue de ces animaux eſt un excellent manger; nous l'avons préférée à celles de bœuf & de veau. Pour en faire l'eſſai on coupa le bout d'une, qui ſortoit de la gueule d'un de ces Lions, que l'on venoit de tuer. Nous en mangeames au nombre de ſeize à dix-huit un aſſez gros morceau, chacun, & nous la trouvames unanimément ſi bonne, que nous étions fâchés de n'en avoir pu couper davantage.

Leur chair, dit-on, peut ſe manger, ſans dégoût: je n'en ai pas goûté. Mais l'huile que l'on tire de leur lard ou graiſſe, eſt d'un grand avantage. On tire cette huile de deux manieres: l'une en coupant ce lard en morceaux, & le faiſant fondre dans de grandes chaudieres, ſur le feu. L'autre conſiſte à dépecer auſſi cette graiſſe ſur des clayes, ou dans des caiſſes de planches, & à les expoſer au ſoleil, ou ſeulement à l'air; cette graiſſe fond d'elle-même, & coule dans les vaſes que l'on a mis deſſous pour la recevoir. Quelques-uns de nos marins prétendoient que cette derniere huile, encore fraîche, eſt fort bonne pour les uſages de la cuiſine; on s'en ſert communément

ainſi

ainſi que de l'autre pour l'appreſt des cuirs, pour les Navires, & pour brûler. On la préfere à celles de Baleines; elle eſt toujours claire, & ne dépoſe point de lie.

Le grand uſage des peaux de Loups marins eſt pour faire des porte-manteaux, & pour couvrir des malles. Tannées, elles ont preſque le grain du maroquin. Elles ſont moins fines, mais elles ne s'écorchent pas ſi facilement & ſe conſervent plus longtems fraîches. On en fait de bons ſouliers, & des bottines qui ne prennent pas l'eau, quand elles ſont bien préparées.

Le Pinguin eſt un animal ſi ſingulier, que l'on ne ſçauroit dire de quel genre, ou de quelle eſpece il eſt. Il a un bec comme les oiſeaux, des plumes, mais des plumes ſi fines & ſi peu ſemblables aux plumes ordinaires, qu'elles ont proprement l'apparence de poil, & d'un poil fin comme la ſoye; ſi près même qu'on le regarde, & quand on le touche. On n'en eſt déſabuſé qu'en l'arrachant; alors ou découvre le tuyau de la plume & ſes barbes. Au lieu d'aîles ce ſont deux nageoires, ayant les mêmes articulations que les aîles des oiseaux, & revêtues de très petites plumes que l'on prendroit pour des écailles. Il paroît dabord dépourvû de cuisses, & ses pieds pattus comme ceux des oyes, semblent sortir immédiatement du corps, aux deux côtés de sa queue, qui n'est qu'un prolongement des plumes, à peu près comme celle des canards, mais beaucoup plus courte. Le cou, le dos & les nageoires sont d'un gris bleuâtre, mêlé par tout d'un gris perlé: le ventre depuis le cou est blanc. Les vieux ont autour des yeux une bande blanche mêlée de jaune, qui ne ressemble pas mal à des lunettes. Cette bande s'étend ensuite des deux côtés, le long du cou, où parfois elle est double, & passant auprès des nageoires, va aboutir aux piés, qui sont d'un gris noirâtre, & dont les doigts sont fort gros. Quand il crie, on diroit un âne qui brait. Son maintien & sa démarche n'imitent pas ceux des oiseaux. Il marche debout, la tête & le corps droits comme l'homme. A le regarder de cent pas, on le prendroit pour un Enfant de chœur en camail. Le plus gros que nous ayons pris, pouvoit avoir environ deux pieds dix pouces de haut.

Ils se logent dans les Glajeux, comme les Loups marins, & se terrent dans des tannieres, comme les Renards. On les approche de si près, sans qu'ils fuyent, qu'on les tue à coups de bâtons. A mesure que vous en approchez, ils vous regardent, en penchant la tête sur la droite, puis sur la gauche, comme s'ils se moquoient de vous, & disoient ironiquement tout bas: *le beau Monsieur que voilà*. Quelquefois ils fuyent, quand on en est à cinq ou six pieds de distance, & courent à peu près comme une oye. S'ils sont surpris, & que vous les attaquiez, ils courent sur vous & tachent de se défendre, en vous donnant des coups de bec aux jambes; ils rusent-même pour y réussir, & feignant de fuir à côté, ils se retournent prestement, & pincent si serré, qu'ils emportent la piece, quand on a les jambes nues. On les voit ordinairement en troupes, quelquefois d'une quarantaine, rangés en bataille, qui vous regardent passer à une vingtaine de pas. Leur chair est noire, & a un goût tant soit peu musqué. Nous en avons mangé plusieurs fois en civé, on l'a trouvée aussi bonne que celle du Lievre. Nous en avions écorché beaucoup, pour conserver les peaux, mais on les a trouvées si huileuses, qu'on les a jettées à la mer; d'ailleurs ils étoient en mue. J'en ay empaillé une d'un jeune, qui s'est très-bien conservée; je l'ai déposée dans le cabinet de Curiosités naturelles de l'Abbaye St. Germain des Prés. La fig. se voit dans la Pl. VII. fig. 3.

Dès qu'en fuyant à l'eau, ils en trouvent assez pour couvrir seulement le col & les épaules, ils s'y enfoncent, & nagent avec tant de vitesse, qu'aucun poisson ne va plus vîte. S'ils rencontrent quelque obstacle, ils s'élancent quatre ou cinq pieds hors de l'eau, & replongent ensuite, pour continuer leur route. Leur fiente ne présente qu'une terre extrêmement fine, d'un rouge jaunâtre, mêlée de petits points brillans comme du mica; on diroit de l'aventurine.

Quant aux oiseaux de ces Iles, ceux de terre sont en assez petit nombre. Il y en a sur le rivage de gros comme de petites grives, d'un gris brun; si familiers,

liers, qu'ils venoient voler presque sur le doigt. En moins d'une demi-heure j'en tuai dix avec une petite baguette, & presque sans changer de place. Ils grattent dans les goëmons, que la mer jette sur le rivage, & y mangent les vers & les petites crevettes, que l'on appelle *puces de mer*, parce qu'elles sautent sans cesse, comme les puces.

On y trouve aussi des merles, & une espece de grive dont le ventre est jaunâtre. Ils se nourrissent comme l'oiseau dont je viens de parler. Nous avons tué, dans les champs, une espece de sansonnet, qui a le dessus du cou, le dos, les aîles, marqués & tachetés des mêmes couleurs à peu près que ceux de France, son bec est aussi fait de même; mais il a le dessous de cou & le ventre d'un très beau rouge, qui tient cependant un peu de la couleur de feu; ce rouge est parsemé de quelques taches noires. Je n'ai pu l'imiter au vrai, qu'en employant le minium clair, ou plomb brûlé. Voyez en la fig. Pl. VII. fig. 4.

Des Roitelets semblables à ceux de France, y sont en très grand nombre, ainsi que les Bécassines, les Courlieux &

les Alouettes de mer. On y voit auſſi, mais rarement un petit oiſeau, ſemblable à ceux qui hantent les troupeaux de moutons. Tous ces oiſeaux ſont excellens à manger.

Il y a preſque toujours ſur le rivage, une eſpece de canard, qui va par paires, quelquefois en troupe, dont les plumes des aîles ſont très courtes; auſſi ne s'en ſert-il que pour ſe ſoutenir en courant ſur l'eau, & ne vole pas. Il a le plumage gris, le bec & les piés jaunes. Si on ne le tue pas roide, il fuit à la ſurface tant qu'il lui reſte un ſoufle de vie. Sa chair eſt huileuſe & ſent le marécage: les gens de nos équipages en mangeoient cependant, quand on ne leur donnnoit pas des outardes. Chacun de ces canards peſe ordinairement de 19 à 20 livres au moins. On les appelloit oyes griſes, ou oyes du plein, pour les diſtinguer, des oyes à manchon, qui fourniſſent un ſi beau duvet. Elles ne ſont pas meilleures à manger que ces canards; leur chair a même une odeur déſagréable, que leur peau huileuſe conſerve aſſez longtems, même expoſée à l'air. Cette raiſon nous a dégoutés d'en faire des amas.

HISTORIQUE. 571

amas. Ce pourroit bien être celles que l'on nomme *Cahuitahu du Para.* *)

Les canards sauvages qui ressemblent à ceux de France, y sont très fréquens, mais bien moins bons: ils ont, pour la plûpart, un goût de moules; mais les sercelles y sont excellentes, ainsi que les plongeons, qui n'y sont pas moins abondans.

On trouve une quantité prodigieuse d'une autre espece de plongeons qui sont assez

---

*) Elles ont les grandes plumes des aîles couleur de gris de fer, les petites verd doré changeant comme celles des canards sauvages, & le reste du corps blanc. L'articulation de l'aîle est armée d'un ergot dur comme de la corne, peu pointu, mais arrondi en cone long d'environ un demi-pouce. Leur bec & leurs piés sont noirs. Les coups d'aîles qu'elles donnent pour se défendre, sont si fermement appuyés qu'ils meurtrissent la chair dans l'endroit où le coup porte. Les outardes sont aussi armées d'un ergot pareil. J'en reçus un coup sur la main, d'une qui étoit cependant mortellement blessée d'un coup de fusil; la douleur que j'en ressentis fut très-vive pendant un bon quart d'heure, & la marque de la contusion y demeura plus de deux jours.

assez bons quoiqu'ils sentent un peu l'huile. Nos marins les nommerent d'abord Becfics, & dans la suite *Coyons* & *Nigauts*, parce qu'ils se laissoient tuer à coups de pierre; & qu'ils ne s'envoloient que quand la pierre les avoit atteints, sans les tuer. Ils se posent en troupes quelquefois de cent & davantage sur les rochers du bord de la mer. Lorsque nous allions à terre dans le canot, il en passoit des bandes de deux ou trois cents à huit ou dix pieds seulement au dessus de nos têtes. Il y en a de trois sortes; toutes trois de même grosseur ou peu s'en faut. Les uns sont absolument noirs, les autres ont le devant du col & tout le ventre blanc; la troisieme sorte a le ventre & la poitrine blancs, & tout le reste noir. Leur bec est aussi long que leur tête, noir & pointu comme celui des oiseaux qui ne vont pas à l'eau. Leurs pieds sont d'un gris noir & palmés; mais ils ne sont armés que de trois doigts au lieu de quatre, faits différemment des autres oiseaux aquatiques. Voyez en la figure dans la Planche VIII. fig. 2. Nos marins les préféroient aux canards sauvages; leur goût en effet étoit beaucoup moins répugnant.

HISTORIQUE.

Les Chevaliers, les Pipeliennes & les Pies de mer y font très-bons ; mais les outardes furtout y font exquifes, foit bouillies, foit rôties, foit en ragoûts. Il eft prouvé que, de compte fait, nous en avons mangé quinze cents. Auffi eft-il à peine concevable que cent cinquante hommes, qui compofoient les équipages de nos deux Frégates, ayent trouvé dans environ deux ou trois lieues de terrein affez de ces fortes d'oifeaux, pour vivre pendant plus de deux mois que nous y avons féjournés, tous en bonne fanté, & de grand appétit.

Voila à peu près toutes les fortes d'animaux que nous avons vûs dans la partie de l'île où nous étions campés, fi l'on en excepté deux ou trois fortes de petits oifeaux, dont les uns reffemblent à des Tarins, d'autres à des Linotes, & une efpece de Bergeronnetes, qui n'a pas la queue longue, ni les bandes noirâtres de celles de France. On y voit encore une efpece de Goëlan blanc, & un oifeau carnacier, de la groffeur d'une poule commune, & d'un plumage gris-rouffâtre. Les gens de nôtre équipage les appelloient des *Cagnards gris*. Ils appro-

approchoient de nous de très-près, & quand nous étions à la chasse, ils voloient si ras de nos têtes, qu'ils ont enlevé plus d'une fois les bonnets & les chapeaux de nos gens. Ils ont un cri qui tient beaucoup de celui du canard; & quoiqu'ils volent à l'eau, ils n'ont pas les pieds palmés: mais ils saisissent leur proye avec avidité au moyen de serres très-pointues, dont leurs doigts sont armés; & lorsque leur proye n'est pas assez considérable pour les soutenir sur la surface, ou qu'elle est trop pesante pour être emportée, ils la depecent à coups de bec & de serre, en battant toujours des aîles. Ils se posent néantmoins sur l'eau: & y restent comme les canards; mais je n'en ai vû aucun plonger. On ne s'amusoit pas à les tuer, dans l'idée qu'ils feroient un fort mauvais régal.

On y trouve aussi un petit Héron à aigrette; son plumage est d'un gris-cendré-bleuâtre: l'aigrette est composée de trois plumes blanches, longues de trois pouces, ayant la forme de l'aigrette du Paon. Il a sur l'estomach, autour du cou, sous les aîles, au bas du dos, sous les deux cuisses, un duvet partie blanc &

par-

partie d'un jaune citronné, long d'un pouce au moins, ressemblant parfaitement à la bocrure de soye decruée la plus fine. Dans le second voyage, on y a vû des Perruches, & une espece de Cygne à bec rouge, ayant tout le cou du plus beau noir, & le reste du plumage blanc.

Le pays, & l'air que l'on y respire, ont paru si bons que tous ceux qui nous y avons laissés, y sont restés de plein gré, & logent tous dans les chambres qu'on leur a pratiquées sous le même toit du bâtiment que l'on a élevé auprès du Fort St. Louis, & y seront nourris tant de leur chasse, que des vivres dont on a fourni abondamment leur magasin pour deux ans. Des deux familles d'Acadiens que nous y avons transportées, l'une consiste dans le mari, sa femme, deux enfans, l'un garçon âgé de trois ans & demi, l'autre fille d'environ un an, & de deux filles sœurs de la mere, l'ainée âgée de 19 ans, la cadette de 18. La seconde famille est composée du mari, de sa femme enceinte, prête d'accoucher d'un petit garçon leur enfant, âgé de 4 ans, & d'une fille de 16 ans sœur de la mere.

Des

Des ouvriers de toutes sortes y sont restés, Forgerons, Taillandiers, Charpentiers, Menuisiers, Maçons, Couvreurs, Cordonniers, Boulangers, Maître de Navire, Matelots &c. Le terrein promettant beaucoup, il y a grande apparence que ces ouvriers mettront en œuvre les outils & les grains de toutes espèces qu'on leur a laissés, & que cette colonie prospérera, si le Ministère prend à cœur de la faire fleurir. Outre les vivres, on a laissé sept genisses & deux jeunes taureaux, huit truyes & deux verrats, quelques brebis, un chevreau & deux chevaux avec une jument, qui errent dans la campagne.

Nous n'y avons vû aucune espece de reptiles ni d'insectes malfaisans, seulement quelques petites mouches communes, quelques petites araignées des champs, que l'on appelle *faucheuses*, & quelques Grelots. Point d'autre quadrupedes que l'espece de petit Loup, ou Renard, dont j'ai fait mention. Mais on n'en sera pas surpris, si l'on fait attention que les Voyageurs nous assurent, qu'on ne trouve non plus aucuns repetiles ni insectes dans la partie méridionale du Chili,

HISTORIQUE. 577

Chili, qui fe trouve à peu près dans la même latitude, & prefque vis-à-vis les Iles Malouïnes. Voyez la Carte de la côte que nous avons parcourue, depuis notre atterriffement aux trois Iles que nous primes d'abord pour les Sebaldes, jufqu'au port ou Baye de l'Eft, où nous avons mouillé. Pl. VII. fig. 1.

Dans le fecond voyage & le troifieme, on a longé la côte du Sud de ces Iles en revenant du Détroit de Magellan, comme on le verra dans l'extrait des Journaux de M. Alexandre Guyot, & de Mr. de Bougainville; & ils en ont levé la Carte, telle qu'on la voit Pl. XII.

Lundi 9 Avril 1764.

Les vents ont regné de l'O. S. O. au S. S. O. grand frais, beau tems & la mer groffe. Les diverfes routes que nous avons faites, ont valu à midi le N. E. ¼ N. 2 deg.

Variation	23 deg. N. E.
Latit. eft. du point du départ	50⎓53.
Longitude eft. & corrigée fuivant notre atterriffage	60⎓40.
Latit. eft. du point de midi, obf. douteufe	50⎓43.
Long. eft. mérid. de Paris	59⎓24.
Chem. depuis minuit	21 lieues.

Oo Du

Du S. O. le vent a regné au S. S. O. grand frais, le tems à grains mêlé de gresil; mais ayant calmé le matin du

Mardi 10.

Nous avons mis nos bonnettes & perroquets, & à midi la route a valu le N. N. E. 3 deg. E. Plusieurs Baleines se sont montrées, ainsi que beaucoup d'oiseaux, entre lesquels quelques Damiers, ainsi nommés de ce que leur plumage est marqué de noir & de blanc par bandes. La tête & une partie du cou sont noirs, le bout & le milieu des aîles le sont aussi; le reste du corps n'est pas blanc; mais il paroît tel à la portée du pistolet. De près, on apperçoit que l'extrémité des plumes est noire; elles présentent comme des écailles arrondies, bordées de noir. Il est de la grosseur d'un fort pigeon.

Latitude est. Sud	48 = 33.
— — obs.	48 = 32.
Longitude est. mér. de Paris	57 = 44.
Chemin estimé	45 lieues.

Continuation de grand frais & de beau tems, quoique par-fois quelques petits grains, avec tant soit peu de pluye comme dans les orages. Les vents ayant regné

regné du S. O. au S. nous avons toujours fait bonnes voiles; mais avec un roulis continuel & si fort, que l'on ne pouvoit voir un moment les plats sur la table, sans que quelqu'un ne les y tînt assujettis, & tous obligés de tenir l'assiette d'une main & la fourchette de l'autre. Malgré toutes les précautions que l'on a pu prendre, il y a eu pendant le dîner, une soupiere, des assiettes & des gobelets de verre cassés. Pendant la nuit ce roulis a été si violent, que ceux qui ne couchoient pas dans un branle ou dans un cadre suspendu, n'ont pu rester dans leurs lits. Même tems toute la matinée du

11.

A midi la route a valu le N. E. ¼ N. 1 deg. Nord.

Latitude est. Sud	46 = 32.
— — obs.	46 = 33.
Longitude est.	55 = 50.
Variation	21 N. E.
Chemin	47 l. ⅓.

Vû l'après-midi plusieurs oiseaux & Baleines. Le vent a regné du S. S. O. au S. puis du S. au S. E. beau tems, jusqu'au soir. Tems sombre pendant la nuit, avec des grains accompagnés de pluye,

pluye, toujours grand frais & la mer très grosse. Nous avons continué à être bercés à toute outrance par le roulis, de maniere à ne pouvoir presque se tenir sur le gaillard. Il a paru une quantité d'oiseaux, & une très-grande Baleine qui s'est promenée assez longtems à une petite portée de fusil du Navire. Nous avons continué notre route du N. ¼ N. E. & à midi du

Jeudi 12.

La route a valu le N. E. ¼ N. 2 d. N.

Latitude est. Sud	44 = 21.
— — obs.	44 = 19.
Longitude	53 = 56.
Chemin estimé	51 L

Du S. E. le vent a passé à l'O. par le S. bon frais, le tems un peu brumeux, & quelques grains de pluye, la mer un peu moins grosse.

13.

Bonnettes haut & bas ce matin jusques à midi, que la route a valu par estime le N. E. 3 deg. 15 min. N.

Latitude est. Sud	42 = 59.
— — obs.	42 = 35.

En corrigeant l'air de vent, il ne vaut que le N. E. 5 deg. N.

Longitude corrigée	52 = 8.
Chemin corrig.	40 l. ¾
Variation	19 = N. E.

HISTORIQUE. 581

Sur le soir vû plusieurs oiseaux, mais aucun Damier. Vent du S. O. au S. S. O. bon frais jusques à sept heures du matin qu'il a fraîchi grand frais du même vent.

14.

On a été contraint de serrer les bonnettes & le grand perroquet. Vû quantité de Mouettes grises, & quelques Moutons blancs, ou Quebrante-Uessos. La route suivant l'estime a valu le N. E. 4 deg. N.

Latitude est. Sud	40 — 30.
— — obs.	40 — 34.
Longitude	49 — 55.
Chemin	55 l. ⅓.
Variation	18 — N. E.

Dimanche 15.

Depuis hier midi les vents ont regné du S. O. au S. E. grand frais, la mer toujours grosse, le tems couvert. Route du N. N. E. continuée. A midi elle a valu le N. E. 5 deg. 3 min. N.

Latitude est. Sud	38 — 22.
Longitude est.	47 — 38.
Chemin estimé	56 ⅔.

Toujours beaucoup d'oiseaux dans l'après-midi, & le vent a passé du S. S. E. au S. S. O. variable, mais bon frais, avec un tems sombre, la mer grosse, & un violent roulis. La route au N. N. E. a valu a midi aujourd'hui

16.
Le N. E. ¼ N. 4 deg. Est.

Latitude est. Sud	36 — 31.
— — obs.	36 — 27.
Longitude est.	45 — 51.
Chemin	47 l.
Variation	17. N. E.

Tems sombre dans l'après-midi avec un vent du S. S. O. à l'O. bon frais, quelques grains, la mer toujours grosse, & le roulis très-fort, même à bonnes voiles. Encore beaucoup d'oiseaux, route au N. N. E.

17.
Elle a valu à midi le N. E. ¼ N. 3 d. 15 min. E.

Latitude est. Sud	34 — 37.
— — obs.	34 — 34.
Longitude	44 — 10.
Chemin	46 l.
Variation	14. N. E.

Moins d'oiseaux qui ci-devant; grand frais de l'O. S. O. Jusques à six heures du soir; la mer très-grosse. Le vent a passé alors au S. & S. S. O. où il a été constant jusques à sept heures du matin,

que

que le vent eſt tombé; mais la mer a continué d'être très-groſſe.

18.

Le vent a paſſé au S. E. petit frais, avec un tems ſi ſombre, qu'à midi l'on n'a pas pu prendre hauteur. La route des 24 heures a valu par eſtime le N. E. ¼ N.

Latitude eſt. Sud	32 — 58.
Longitude	42 — 54.
Chemin	39 l.
Variation	13. N. E.

Juſques à onze heures du ſoir le tems a continué d'être ſombre, avec un bon frais de l'E. S. E. à l'Eſt: alors on a ſerré le perroquet.

Jeudi 19.

Ce matin à 8 heures, le vent ayant augmenté, on a fait des ris dans les Huniers, & à midi la route a valu le N. E. 5 deg. N.

Latitude eſt. Sud	31 — 20.
Longitude	41 — 21.
Chemin	41. l. ¼.
Variation	12. N. E.

Après midi on a remis les Huniers; mais peu de tems après le vent ayant paſſé à l'E. S. E. grand frais, avec un tems ſombre, & à grains, on a été obligé de faire tous les ris dans les Huniers, & de les carguer de tems à autre. Notre écoute du grand Hunier nous ayant manqué pendant la violence d'un grain au vent, la poulie d'écoute du bout de la Vergue a caſſé; mais on y a rémédié ſur le champ. Calmé un peu ſur les dix heures du matin.

20, *Vendredi Saint*.

On a largué un ris du grand Hunier, & à midi la route a valu par eſtime le N. E. ¼ N. 3 deg. 30 min. N. Nos marins ont imaginé, qu'il y a toujours un coup de vent le Vendredi Saint, & en conſéquence ils ſe tiennent, diſent-ils, ſur leur garde avec beaucoup d'attention. La proximité de l'Equinoxe pourroit bien en être la cauſe.

Latitude eſt. Sud	29 = 9.
— — obſ.	28 = 40.
Longitude	39 = 54.
Chemin	51 l.
Variation	11 N. E.

Juſques à préſent les nuages avoient empêché d'obſerver le lever & le coucher du ſoleil, pour prendre la variation, ce qui avoit obligé de s'en tenir à l'eſtime; mais aujourd'hui le Ciel s'eſt montré ſerein, & l'on a obſervé le coucher, où l'on a trouvé

Va-

HISTORIQUE. 585

Variation occase   6 degrés

Vents de l'E. S. E. au S. S. E. bon petit frais; la mer néantmoins toujours grosse avec un roulis très-fort.

21.

Notre Utague du grand Hunier a rompu ce matin, & l'on en a largué les ris. A midi la route a valu le N. E. ¼ N. 4 deg. E.

Par la hauteur prise, on s'est trouvé plus nord de 16 minutes que l'estime; ce qui a fait corriger la route estimée.

Latitude est. Sud	26 — 46.
— — obs.	26 — 30.
Longitude	47 — 58.
Route corrigée le N. E. ¼ N.	
Chemin	37 ⅔
Chemin corrigé	53 l.

Jusques à minuit le vent a regné du S. à l'E. S. E., assez bon frais; alors il a beaucoup calmé; mais la mer est demeurée très-houleuse, venant du S. E. Nous avons fait bonnes voiles toute la matinée du

22, Jour de Pâques.

La route a valu à midi, le N. E. ¼ N. mais corrigée elle n'a valu que le N. E. ¼ N. 2 deg. E.

Latitude eſt, Sud	25 ⸗ 13.
— — obſ.	25 ⸗ 9.
Longitude	37 ⸗ 2.
Variation obſ.	7 ⸗ N. E.
Chemin corrigé	32 ⅓.

Vent de l'E. S. E. à l'E. N. E. aſſez beau tems; la mer toujours battue d'un gros houle venant de l'E. S. E. A midi aujourd'hui.

23.

Route eſtimée a valu le N. N. E. 1 d. 30 min. N.

Latitude eſt. Sud	24 ⸗ 46.
— — obſ.	24 ⸗ 43.
Longitude	37 ⸗ 2.
Variation obſ.	5 ⸗ 3 N. E.
Chemin	8. l. ¾.

Petit vent du Nord juſques à ſix heures du ſoir, qu'il a fraîchi, & les vents ont varié du N. au N. N. E. Nous avons reſté bâbord amure juſques à dix heures que nous avons pris l'amure à ſtribord, le Cap au N. O. mais voyant que la bordée ne valoit rien, nous avons remis à minuit l'amure à bâbord, le Cap du N. E. au N. E. ¼ E.

24.

Vers les ſept heures du matin, ayant fraîchi, on a ſerré le grand foc & fait un ris dans chaque hunier. Peu à près un poiſſon volant s'eſt montré.

Quel-

Quelques-uns ont donné à ce poisson le nom d'*Adonis*, je ne sçai trop pourquoi. Il y en a de diverses especes. Les uns différent par la couleur, d'autres par la longueur des nageoires, qui leur servent d'aîles. Une troisieme espece a quatre aîles au lieu de deux, qu'on leur voit communément. Tous ceux que nous avons pris entre les Tropiques n'avoient que deux aîles, les uns plus grandes, les autres moins. Ils étoient tous d'un beau bleu, foncé & argenté sur le dos jusques à la moitié de la largeur du corps, & tout le ventre d'un bleu très-clair également argenté. Le plus grand qui soit tombé dans notre Frégate avoit huit pouces de long, comprises tête & queue. Les aîles des uns n'avoient que la longueur de deux pouces; celles des autres s'étendoient jusques à la queue.

Peu d'animaux ont autant d'ennemis à fuir que le poisson volant. Il sort de la mer, pour éviter d'être dévoré par les Thons, les Dorades, les Bonites, les Requins &c. & il trouve dans l'air des oiseaux, qui en sont très-friands. Il s'éleve assez haut; puisque dans son vol

il

il va heurer dans les voiles & les haubans des Navires, dans lesquels il tombe; seule pêche que l'on en fasse. Leur chair est bonne & délicate. On les voit s'élancer hors de l'eau par centaines, comme des volées d'Alouetes; leurs aîles alors les font paroître blancs.

A midi la route a valu l'E. ¼ N. E. 3 deg. E.

Latitude est. Sud	24=35.
— — obs.	24=40.
Longitude	35=50.
Chemin	19 lieues.
Variation	5 deg. N. E.

Il a continué de venter grand frais du N. au N. N. O. sur le soir le tems s'est *engraissé*, & le vent a tellement augmenté, que l'on a été contraint de faire tous les ris dans les huniers. Le tems ensuite à grains avec de la pluye. Sur les neuf heures du soir, on a débordé les huniers. Dans un grain, les vents ont passé tout d'un coup au S. S. O. petit frais; mais la mer toujours grosse. On a mis le cap au N. N. E. & à 10 heures ½ défait les ris du grand hunier.

25.

Dès la pointe du jour on a *grayé* le grand perroquet & les bonnettes haut & bas.

HISTORIQUE. 589

bas. Nous avons vû trois ou quatre oiseaux. A midi la route a valu le N. E. 2 deg. 30 min. N.

Latitude eſt. Sud	23=36.
— — obſ.	23=28.
Longitude	34=43.
Chemin	30 l. $\frac{2}{3}$.
Variation eſtimée	4 deg. N. E.

Le 25. Dans la matinée nous avons paſſé le Tropique du Capricorne, & nous ſommes dans le climat des calmes & de la chaleur. Auſſi dès Dimanche dernier, jour de Pâques, tous ont pris leurs habits les plus legers. Depuis hier midi, le vent a regné du S. S. O. au S. O. petit frais, beau tems, mais avec un houle aſſez fort du S. O.

Jeudi 26.

Au lever du ſoleil, la variation 4=0. N. E. Nous n'avons vû qu'un ſeul des oiſeaux, que nos marins nomment Dadins. A midi la route a valu le N. N. E. 2=30. Eſt.

Latitude eſt. Sud	22=21.
— — obſ.	22=24.
Longitude	34=15.
Chemin	24 l.

Un houle du S. O. a continué de nous tourmenter, quoique les vents ayent regné

gné du S. S. O. au S. bon petit frais, & beau tems. Continué la route au N. N. E. jufques à cinq heures & demie ce matin

27.

Alors on a eu connoiffance de terre devant nous, & gouverné au N. E. ¼ N. puis fait route pour en paffer à demi-lieue. Sur les fix heures & demie premier relévement: cette terre eft l'Ile de l'Affençaon, qui fe montroit à nous comme on la voit dans la fig. A de la Pl. XIII. Nous eftimions en être éloignés d'environ fix lieues. A fept heures & un quart, relevée par le milieu au N. ¼ N. E., comme dans la fig. B. A mefure que nous avons approché de cette Ile, elle m'a paru un compofé de plufieurs rochers réunis, ou d'une feule roche à diverfes pointes, entre lefquelles il y a un peu de terre, ou de fable, couvert par-ci par-là d'un peu d'herbe, qui y préfente une petite verdure fur le penchant d'une defcente, qui va jufqu'à la mer, du côté du N. E. & de l'E. N. E. Sur les neuf heures & demie, plufieurs ont imaginé y voir des arbres, mais le tout bien confidéré avec

les

HISTORIQUE. 591

les lunettes de longue vûe, on a jugé que ce qui avoit paru des arbres n'étoit que quelques bruyeres ou arbustes, ou quelques touffes de buharets. Au bas de la descente dont j'ai parlé, on voit une espece de plage sabloneuse, un peu couverte de verdure sur le rivage & au N. N. E. de l'Ile. Relevée à huit heures & demie telle que dans la fig. C. Nous en étions à deux lieues ou environ.

Sur les huit heures, on avoit découvert une autre Ile à l'Est $\frac{1}{4}$ N. E. environ à six lieues de celle d'Assençaon; peu à peu se sont montré trois Ilots près de la derniere apperçue. Relevés tels qu'ils sont dans la fig D.

Cette Ile avec ses Ilots pourroit bien être celle que quelques-uns, passant à l'Est un peu au loin, & n'ayant pas apperçu l'Ile de l'Assençaon, auront nommée *l'Ile de la Trinité*; puisque beaucoup de Navigateurs prétendent que l'Ile de l'Assençaon, & celle de la Trinité, ne font qu'une seule & même Ile; au moins trouve-t-on une Ile & trois rochers ou Ilots à l'Est $\frac{1}{4}$ N. E. de celle de l'Assençaon, tels qu'ils sont marqués dans les Cartes. Alors l'Ile de la Trinité seroit la plus
grosse

grosse Ile, ou, si l'on veut, le plus gros Ilot des 4 que je viens de représenter. Il est vrai que la latitude où l'on place l'Ile de la Trinité, & la latitude celle de l'Assençaon, ne s'y trouveroient pas conformes: mais les Cartes, si défectueuses dans d'autres positions, pourroient bien l'être dans celles-ci. Le gros Ilot, que j'ai dit pouvoir être l'Ile de la Trinité, nous paroissoit à cinq lieues ou environ de distance, mais moins étendu que celle d'Assençaon, observée dans le même éloignement. Les deux Ilots ou rochers *a. b.* ressembloient d'abord si bien à des Navires à la voile, qu'il eût été aisé de s'y méprendre, s'ils n'avoient paru avoir la bande au vent.

Nous avons passé entre ces deux Iles sans changer de route; & nous n'y avons apperçu que des rochers escarpés, dont plusieurs coupés comme à pic. Il ne paroît pas qu'il y aît d'autres habitans que des oiseaux de mer; ayant côtoyé la terre de si près, nous aurions vû quelques tortues, s'il y en avoit eu dans ces Iles. Quatre jours auparavant, un de ces animaux, d'un pied ou un peu moins de diametre dans sa longueur, passa le long
du

du bord de notre Frégate; mais nous étions alors trop éloignés de ces Iles, pour préfumer qu'elle en foit venue.

A onze heures, j'avois relevé l'Ile de l'Affençaon, telle qu'elle paroît dans la fig. C. Nous en étions à la diftance de deux lieues, le Cap au N. N. E.

La route depuis hier midi a valu le N. N. E. 2 deg. Eft.

Latitude eft. Sud	20 ⎓ 31.
— — obf.	20 ⎓ 22.
Longitude	33 ⎓ 8.
Chemin corrigé	45 li. ⅓.
Variation eftimée	20 ⎓ 0. N. E.

Sur le foir, nous avons eu quelques grains avec de la pluye; mais cependant nos voiles ont toujours été hautes, & notre route continuée au N. N. E. a valu à midi le N. N. E. 1 deg. Eft.

28.

Latitude eft. Sud	18 ⎓ 10.
— — obf.	18 ⎓ 11.
Longitude	32 ⎓ 15.
Chemin	47 l.
Variation	30 m. N. E.

L'après-midi les vents ont regné du Sud-Eft à l'E. S. E., bon frais & beau tems. Même vent le lendemain

Dimanche 29.

Dans la matinée nous avons vû quelques poiſſons volans, des oiſeaux nommés *Couturiers*, d'autres nommés *Frégates*, & des *Paille-en-cul*, autrement dits *Flêche-en-cul*, & *Fêtu-en-cul*. Les marins, qui donnent des noms aux choſes, conformément à leur maniere de penſer & d'enviſager les objets, ont nommé ainſi cet oiſeau, de deux plumes de ſa queue qui s'allongent beaucoup. Ceux de ces oiſeaux qui ont voltigé aſſez long-tems au deſſus de notre Navire, m'ont paru de la groſſeur d'une bonne perdrix rouge. Le Paille-en-cul a la tête petite & bien faite, le bec d'environ trois pouces de longueur, aſſez gros, fort, tant ſoit peu courbé, mais pointu & rouge ainſi que les piés, qui ſont palmés. Les aîles ſont beaucoup plus grandes que le corps ne ſemble le demander; mais auſſi cet oiſeau vole très-bien & très-haut. Il s'éloigne des terres de trois ou quatre cents lieues, ſe repoſe ſur l'eau, & vit de poiſſons.

Tout ſon plumage paroît blanc. Nos marins, qui en ont vû de près, m'ont aſſuré qu'il eſt mêlé de blanc & de bleu.
La

La queue est composée de douze ou quinze plumes de cinq à six pouces de longueur. Du milieu s'avancent deux plumes longues de quinze à dix-huit, accollées de manière qu'elles ne paroissent en faire qu'une.

Ceux de nos Officiers qui avoient été à l'Ile Maurice, ou Ile de France, m'ont dit que l'on y avoit fait une remarque singuliere; que les Pailles-en-cul ne paroissent dans le Port de cette Ile que le même jour, ou douze heures environ, avant qu'il y arrive quelque Navire de France. Aussi, dès que l'on y apperçoit un de ces oiseaux, on est comme assuré d'y voir aborder un vaisseau peu de tems après.

29. A midi la route a valu le N. N. E. 1 deg. N.

Latitude est. Sud	16 = 7.
— — obs.	15 = 58.
Longitude	31 = 21.
Chemin	47 1 ⅓.
Variation obs.	0 = 0.

Beau tems & même vent l'après-midi; au lever du soleil la variation a donné 1 deg. N. O.

30.

Le même vent toute la matinée, & à midi la route a valu le N. N. E. 1 deg. 30 min. N.

Latitude eſt. Sud	14 — 18.
— — obſ.	14 — 18.
Longititude	30 — 40.
Chemin	36 li.

De l'Eſt le vent a regné à l'E. S. E. avec beau tems, interrompu par quelques grains legers, qui rendoient le vent très variable; on n'a cependant pas changé de route, ayant toujours gouverné au N. N. E. toutes voiles hautes. Vû pluſieurs poiſſons volans, & une Dorade. Un grand quart d'heure après le ſoleil couché, nous avons vû deux Arcs en ciel, dont la durée a été au moins de ſix minutes.

Mardi 1 May.

Aujourd'hui à midi, la route des 24 heures a valu le N. N. E. 2 deg. N.

Latitude eſt. Sud	13 — 5.
Longitude	30 — 12.
Chemin	26 l.
Variation obſ.	2 deg. N. O.

Sur les dix heures du ſoir, le vent qui avoit regné de l'E. au S. O. en paſſant par le S. petit frais, a paſſé à l'E. N. E. où il eſt reſté environ 3 heures.

HISTORIQUE. 597

2.

Vers les une heure & demie, il est venu au Sud, ensuite à l'E. de là à l'E. ¼ N. E., par des grains, qui se succédoient assez promptement. Un Paille-en-cul s'est montré assez longtems ; & à midi la route a valu par estime le N. ¼ N. E. 30 min. N.

    Latitude est. Sud   11⎯51.
    — — obs.   11⎯46.
    Longitude   29⎯57.
    Chemin   25 l. ⅔.

3.

Depuis hier midi jusqu'à aujourd'hui midi, les vents ont regné de l'E. ¼ N. E. petit frais, beau tems, la mer belle & toutes voiles hautes : la route a valu le N. ¼ N. E. 3 deg. 30 min. E.

    Latitude est. Sud   10⎯15.
    — — obs.   10⎯20.
    Longitude   29⎯32.
    Chemin   31 l. ⅓.
    Variation   3 deg. N. E.

4.

Continuation du vent à l'E. ¼ N. E. avec beau tems, & la route a valu à midi le N. 3 deg. E.

    Latitude est. Sud   8⎯12.
    — — obs.   8⎯9.
    Longitude   29⎯13.
    Chemin   43 l.
    Variation obs. ortive   2⎯50. N. O.

Vû beaucoup de Poiſſons volans pendant la ſoirée, & de l'E. ¼ N. E. les vents ont paſſé à l'E. ¼ S. E. bon frais, beau tems, & la mer belle. Sur le ſoir, un grain nous a obligés de ſerrer le grand perroquet.

5.

A midi la route a valu le N. ¼ N. E. 1 deg. N.

Latitude eſt. Sud	5 = 47.
— — obſ.	4 = 48.
Longitude	29 = 53.
Variation obſerve ort.	4 N O.
Chemin	48 l.

Toujours beaucoup de poiſſons volans, & les vents ont varié du S. E. à l'E.

Dimanche 6.

Malgré les grains mêlés d'un peu de pluye, on a toujours conſervé les voiles hautes juſques à midi, que la route a valu le N. ¼ N. E. 15 m. N.

Variation obſ. occaſe	4 = 0. N. O.
Latitude eſt. Sud	3 = 31.
Longitude	28 = 30.
Chemin	46 l. ⅓.

7.

Pendant les 24 heures, les vents ont regné de l'E. N. E. à l'E. petit frais, réveillé par quelques grains avec un peu de pluye. La route a valu à midi le N. O. ¼ N. 4 deg. N.

HISTORIQUE. 599

Variation obf.	4—30. N. O.
— — obf. ortive	5—0. N. O.
Latitude eft. Sud	2—13.
Longitude	28—39.
Chemin	26 l.

Jufques à minuit vent variable de l'E. à l'E. N. E. bon frais, toujours mêlé de grains & d'une pluye fine.

8.

Ce matin il a paffé au S. E., & l'on a gouverné toutes voiles hautes. Un grand nombre de marfouins ont paffé tout auprès de notre Navire; on a tenté d'en harponner, mais inutilement. La route a valu le N. 1 deg. O.

Paffage de la Ligne.

Latitude eft. Nord	00—50.
— — obf.	00—0.
Longitude	28—42.
Chemin	46 l.

Encore beaucoup de marfouins l'après-midi,

9.

Le vent a toujours regné de l'E. au S. E. joli frais, beau tems & la mer belle. A midi la route a valu le N.

Latitude eft. Nord	2—7.
— — obf.	2—17.
Longitude	28—42.
Chemin eft.	42 l. $\frac{1}{3}$.
— — corrigé	45 $\frac{1}{3}$.
Variation eft.	5—30. N. O.

A une

A une heure après-midi, un grain a obligé de carguer tout, excepté la grande voile & la misene. Le vent a ensuite passé au N. E. avec de la pluye, d'où il a soufflé pendant une heure; peu à peu il est passé à l'E. N. E., & E. ¼ N. E.

Jeudi 10.

A cinq heures, le vent s'est élevé du S. E. mais si leger qu'il tenoit du calme. Il a paru quelques Thons, & à midi la route a valu le N. N. O. 5 d. N.

Variation obs. ortive	5 = 0. N. O.
Latitude est. Nord	3 = 18.
—— —— obs.	3 = 27.
Longitude	29 = 2.
Chemin	23 l. ⅓.

Dans la soirée, nous avons pris un Requin & vû quantité de Marsouins, quelques Thons & plusieurs Bonites: petit vent presque calme de l'E. S. E. Nous avons cependant été plus d'une fois menacés d'orage jusques à minuit, que le calme est venu tout plat.

Vendredi 11.

Tems couvert, un peu de pluye; quelques grains d'une ou deux minutes se sont fait sentir, auxquels succédoit la calme plat. A 6 heures du matin, nous
avons

HISTORIQUE.

avons pris un Requin. On a tenté de prendre des Thons; mais il ont rompu deux ains ou hameçons, plus gros que des tuyaux de groſſe plume à écrire. Un de ces Thons en a rompu deux attachés à la même ligne. Les Bonites n'y ont pas mordu. A midi la route a valu le Nord.

Variation obſ.	5 = 0. N. O.
Latitude eſt. Nord	3 = 53.
Longitude	29 = 2.
Chemin	8 l. $\frac{2}{3}$.

Les vents ont varié & ont été ſi foibles du N. au S. paſſant par l'E. que le calme a été preſque continuel depuis hier midi juſqu'à aujourd'hui à la même heure.

12.

Il y a eu cependant quelques grains; mais qui ne nous ont donné que de la pluye, de façon que la route, qui a valu le Nord 2 deg. 30 min. O. n'a été eſtimée que de deux lieues un tiers. Pris un ſeul Marſouin de la quantité prodigieuſe que nous en avons vûe; pris auſſi un Requin.

Latitude eſt. Nord	3 = 58.
Longitude	28 = 22.
Variation eſt.	6 = 0. N. O.
Chemin corrigé	1 l. $\frac{2}{3}$.

Toujours vent variable avec des grains qui s'élevoient du Nord au Sud, accompagnés de pluye; & le calme leur succédoit auſſitôt.

Le 12, ſur les trois heures, nous avons pris une Bonite, dans la ventre de laquelle on a trouvé un Poiſſon nommé *Cornet*, qu'elle venoit ſans doute d'avaler; car il étoit encore tout entier, avec ſes couleurs naturelles. Je l'ai peint ſur le champ; & l'on en voit la figure, Planche II. fig. 6.

On ne doit pas juger de la grandeur de ce poiſſon par celle de la figure que l'on trouve ici. Au ſentiment des marins de la Mer du Sud, le Cornet eſt le plus gros poiſſon de la Mer. Il ſaiſit ſa proye au moyen des barbes mobiles, qu'il a au bout du muſeau. Ces marins diſent auſſi qu'il s'attache & s'accroche aux Navires par ces mêmes barbes, & grimpe le long des manœuvres: Que s'il le fait la nuit, ſans que l'on s'en apperçoive, il fait pancher le Navire ſur le côté, par ſon poids énorme, juſqu'à le renverſer; ce qu'ils appellent *ſouſſoubrer*. Auſſi a-t-on grand ſoin de faire bonne garde, avec des haches & autres inſtrumens

mens tranchans, pour couper les barbes de ce poisson, dès que l'on apperçoit qu'il les pose sur le Navire. Notre Capitaine, & son frere Alexandre Guyot, qui ont fait plusieurs campagnes dans la Mer du Sud, m'ont assuré ce que dessus; mais ils ont ajouté qu'ils n'en avoient pas vû de cette grandeur démesurée; qu'ils en avoient mangé de cent cinquante pesant ou environ; & que c'est un excellent poisson. A en juger par ce petit dont j'ai donné la figure, il doit être très-délicat. Le Cornet, qui lui sert d'étui, & le poisson même, étoient presque diaphanes.

13.

Pendant la matinée du Dimanche 13, nous avons continué de voir beaucoup de Marsouins, & un gros Requin, qui n'a pas voulu mordre à l'appât. A midi la route a valu par estime l'O. N. O.

Latitude est. Nord	4⸗27.
— — obs.	4⸗25.
Longitude	29⸗28.
Chemin est.	9 l.
— — corr.	8 $\frac{1}{3}$.

Toute la soirée le vent a été variable, suivant les grains de N. N. E. à l'E. petit frais & calmiole; de la pluye par fois.

Sur

Sur les dix heures ils ont paſſé au S. E. joli frais. Le tems s'eſt enſuite déclaré à l'orage, avec tonnerre & pluye abondante.

14.

Ce matin, vû pluſieurs Bonites, des Thons & beaucoup de poiſſons volans, dont pluſieurs, tombés dans le Navire, nous ont procuré un bon plat à dîner. Sombre vers le midi, de maniere à ne pouvoir prendre hauteur. Route des 24 heures eſtimée a valu le N. O. ¼ N. 4 deg. Nord.

Latitude eſt. Nord	5 = 13.
Longitude	29 = 56.
Chemin	19 l.
Variation eſt.	6 = 30. N. O.

Vent au S. S. E. juſques à 6 heures du ſoir, tems toujours ſombre, avec beaucoup de pluye, & quelquefois de l'orage.

15.

Au lever du ſoleil, le tems s'eſt éclairci; le vent eſt devenu variable du N. E. au N. N. E., à cauſe des grains fréquens; mais avec un petit frais. Sur les huit heures, la pluye eſt tombée en abondance, & n'a pas ceſſé juſqu'à midi; que la route a valu le N. O. ¼ N. 4 deg. N.

HISTORIQUE.

Latitude eft. Nord   5═54.
Longitude   30═21.
Cuemin   16 l. ⅔.

Du N. E. le vent a paffé au N. N. E. bon frais, & le tems toujours fombre jufques à fix heures du foir, qu'il s'eft un peu éclairci.

Le 15, vers les quatre heures, on a pris au harpon deux Thons & deux Bonites.

Le Thon eft un poiffon affez connu dans la Méditerranée. Mais, foit que la defcription qu'en donne Mr. Valmont de Bomare, dans fon Dictionnaire d'Hiftoire naturelle, d'après celui de Lémery, ne foit pas exacte, foit que le poiffon dont je donne ici la figure, Pl. XIV. fig. 1. ne foit pas le Thon, ou que celui qui fe prend entre les Tropiques, différe de celui de la Méditerranée, la defcription de Mr. Valmont ne convient pas à celui-là. Ceux que nous avons pris n'ont pas de grandes & larges écailles, ni le dos noirâtre, mais d'un beau bleu foncé, qui s'éclaircit infenfiblement jufques aux nageoires, formées en fauls & placées près des ouies. Ces deux nageoires, ainfi que les deux petites au bas du ventre, font d'un gris très foncé, ou d'un noir bleuâtre, qui

qui tire fur le gris. Celle du dos & les deux du ventre placées aux deux tiers du corps, font dorées, ainſi que des eſpeces de dents de ſcie, diſtribuées depuis les nageoires juſques à la queue, qui eſt faite en arc. Ils n'ont pas, à l'extérieur, des ouies doubles apparentes: leur muſeau eſt pointu, & non épais, avec des petites dents très-aigues. Mr. Valmont dit que ce poiſſon meurt peu de tems après qu'il eſt hors de l'eau. Celui dont je donne la figure, vécut près d'une demi-heure, ſuſpendu par la queue, auprès du grand mât. Il auroit vécu peut-être beaucoup plus longtems, ſi, à force de ſe donner des ſecouſſes, pour ſe dégager, il n'avoit vomi ſon cœur, qui tomba, moi préſent, ſur le gaillard, & que je conſervai encore près d'un quart d'heure toujours palpitant dans ma main. En le vomiſſant, il rendit beaucoup de ſang par la gueule, dont j'ai repréſenté quelques goutes ſur la ſurface de la machoire inférieure. Sa chair tient de celle du veau; mais elle eſt plus ſéche & plus ſolide.

La Bonite eſt un poiſſon gros & rond depuis la tête juſqu'aux trois quarts de ſa longueur. Là elle commence à s'applatir un un peu, & forme une queue assez épaisse & fourchue, disposée comme l'est ordinairement celle des autres poissons. Elle a, au défaut du cou, deux nageoires assez longues, mais peu larges proportionnellement à la grosseur de la Bonite. Une empenure sur le dos, en descendant vers la queue, semble y former, ainsi que sous le ventre & vis-à-vis, des élévations triangulaires d'un jaune doré. Deux autres empenures bleues sont placées aux deux côtés, & se terminent en pointe à la queue. On lui voit deux petites nageoires, ou ailerons, sous le ventre. Son dos est d'un bleu très-foncé, qui s'éclaircit vers le milieu du corps. Le ventre est d'un blanc jaune-verdâtre, marqué de différentes bandes grisâtres, jettées, ce semble, irrégulierement. Son oeil est large, avec un cercle doré autour de la prunelle. Sa tête est moins allongée que celle du Thon. Pour remédier à la sécheresse de sa chair, on la pique de gros lard. Voyez en la figure, Planche III. fig. 6

Nous avons toujours vû ce poisson en troupe; la mer en paroît quelquefois toute couverte. On le prend au trident, à la fouine, à l'hameçon amorcé avec le
simu-

simulacre d'un poisson volant. On dit que la chair de la Bonite pêchée sur les côtes du Royaume d'Angola, est pernicieuse. Nous avons trouvé une espece de vers vivans dans le milieu des chairs de quelques-unes. Ces vers étoient blancs, gros comme le tuyau de la plume d'une aîle de poule, & longs d'environ quatre lignes.

Pendant la pêche de ces poissons, nous avons apperçu plusieurs Dorades; mais elles ne se sont pas assez approchées pour tenter de les pêcher.

16.

Le beau tems étant enfin venu, nous avons couru à bonnes voiles au plus près du vent, jusques à aujourd'hui midi; que la route a valu le N. O. ¼ N. 1 deg. O.

Latitude est. Nord	7 = 17.
— — obs.	7 = 42.
Longitude	31 = 44.
Chemin est.	39 l. ¼.
Chemin corr.	43 ¾.
Variation est.	6 = 30.

La hauteur prise nous ayant donné une différence de 25 min. on a jugé que les marées portent au N. O.

Tou-

HISTORIQUE.

Toujours beaucoup de poissons volants, & le vent toujours du N. E. au N. N. E. bon frais, beau tems, mais la mer très houleuse jusques à présent

17.

La route a valu le N. O. 1 deg. O.

Latitude est. Nord	9 = 0.
— — obs.	9 = 12.
Longitude corrigée	33 = 29.
Chemin	43 l. ⅔.

Même vent, tems un peu couvert, & une mer grosse, & toujours au plus près jusques à midi du

18.

La route des 24 heures a valu le N. O. 5 deg. N.

Latitude est. Sud	10 = 37.
— — obs.	10 = 35.
Longitude	34 = 42.
Chemin	37 l. ⅓.

Vent du N. E. ¼ E. au N. E. ¼ N. bon frais & tems sombre; cependant toutes voiles hautes excepté les perroquets.

19.

Par estime la route a valu à midi le N. O. ¼ N. 4 deg. 30 m. O.

Latitude est. Nord	11 = 53.
Longitude	35 = 46.
Variation est.	5 = 0. N. O.
Chemin	34 l.

Le vent a regné du N. E. à l'E. N. E. bon frais, avec de la brume de tems à autre; bonnes voiles au plus près du vent.

Dimanche 20.

La variation obfervée hier au coucher du foleil, quoique différente de l'eftime, n'a pas déterminé à corriger la route, parce que l'on a penfé que, dans ces parages, les marées portent dans le N. O. En effet nous en avons remarqué plufieurs lits très fenfibles, entre autres un du S. S. E. & N. N. O. La route des 24 heures a donc valu le N. N. O. 3 = 30. Oueft.

Latitude eft. Nord	13 = 34.
—— —— obf.	13 = 32.
Longitude corrigée	36 = 34.
Variation occafe obf.	3 = 20.
Chemin corr.	33 l. $\frac{2}{3}$.

Beau tems, vent de l'E. au N. E. & avec mer houleufe, toutes voiles dehors, même les perroquets

21.

A midi la route a valu le N. $\frac{1}{4}$ N. O. 1 = 30. Oueft.

Latitude eft. Nord	14 = 58.
—— —— obf.	15 = 0.

Nous avons paffé des lits de marée auffi fenfibles que dans un ras; ce qui nous a obli-

HISTORIQUE. 611

a obligés de redoubler d'attention, de faire bon quart & bonne garde: ce sont peut-être les Vigies assez fréquentes dans ces parages, qui occasionnent ces marées.

Longitude est.	36 = 54.
Chemin	29 l. ⅓.

Vûs encore des poissons volans & quelques Thons pendant la soirée, & les vents ont regné de l'E. ¼ N. E. au N. E. petit frais & beau tems, la mer toujours battue d'un houle du Nord.

22.

Fait route au plus près, toutes voiles hautes jusques à midi, qu'elle a valu le N. ¼ N. O. 1 = 30. Ouest.

Latitude est. N.	16 = 30.
— — obs.	16 = 32.
Longitude	37 = 17.
Variation est. N.	3 = 0.
Chemin	30 l. ⅔.

Encore grand nombre de poissons volans, quoique les Bonites, ni les Thons, ne se soient pas montrés.

23.

Vents de l'E. N. E. à l'E. ¼ N. depuis hier midi, jusqu'à aujourd'hui que la route a valu le N. 4 deg. Ouest.

Latitude eſt. Nord   18—7.
— — obſ.   18—6.
Longitude   37—24.
Variation obſ. occaſe   3—0. N. O.
Chemin   32 lieues.

Route au plus près avec un vent du N. E. au N. & N. ¼ N. O. beau tems, mer belle & toutes voiles hautes.

24.

La route a valu à midi le N. ¼ N. O.

Latitude eſt. Nord   21—7.
Longitude   35—45.
Variation obſ. oſitive   3—30.
Chemin   35 l. ¼.

La variation obſervée au coucher du ſoleil a été de quatre dégrés N. O. & aujourd'hui

25.

A ſon lever même variation. Le vent a regné du N. E. ¼ N. au N. E. ¼ E. petit frais: beau tems, & un gros houl du N. N. O. Route toujours au plus près. Elle a valu à midi le N. ¼ N. O. 2 deg. N.

Latitude eſt. Nord   21—21.
Longitude   38—2.

Nous n'avons eu une latitude obſervée que très douteuſe, parce que le ſoleil étoit à notre Zénith.

Dans

Dans la soirée nous avons commencé à voir du Goëmon, que les marins appellent *Goëmon à grappes de raisin*. J'ai observé que les grains dont il est rempli, sont de petites vessies de la grosseur du plus gros plomb de Lievre. Ces grains ne sont pas distribués en grappes distinctes, mais dispersés le long des tiges & des branches. En séchant, ces grains ont diminué de grosseur, jusqu'à celle de la tête d'une épingle moyenne. Les feuilles, qui sont très-petites, à peu près semblables à celles de la perce-pierre, sont devenues cassantes. Quelques-unes des tiges & beaucoup de ces grains sont incrustés d'une espece de coquillage très-menu, ou semence de poisson, blanche, dure, & qui produit l'effet d'une lime, ou de l'herbe appellée *prêle*, quand on les frotte sur le bois.

26.

Vû ce matin une quantité si prodigieuse du Goëmon, dont je viens de parler, que la mer en étoit presque toute couverte. Sur quelques-uns des gros paquets que nous en avons pêchés, nous avons trouvé des Crabes de différentes grosseurs, d'un roux-clair, tacheté de marques brunes.

nes. Ils ont huit pattes & deux bras ou ferres. Le corps ou cuiraffe eft prefque quarré du côté de la tête. Chaque oeil eft faillant au bout des deux angles qui forment ce quarré. Voyez-en la figure Pl. VIII. fig. 6.

Ce Goëmon paffoit par lits auprès de notre Frégate; quelques-uns étoient prefqu'auffi larges & plus longs que notre Navire. On dit qu'il fort des côtes des Iles Canaries; d'autres prétendent qu'il fe détache du fond de la mer. Ce fentiment paroît être le plus vraifemblable; car toutes les Isles Canaries ne pourroient guere en produire la quantité prodigieufe que nous en avons vûe pendant quinze à feize jours.

Un Paille-en-cul & beaucoup de poiffons volans fe font montrés à nous. Pendant les 24 heures, le vent a regné de l'E. au N. E., très-variable, & néanmoins beau tems. Sur le minuit, il y a eu un petit grain avec un peu de pluye, & un fecond vers les cinq heures du matin; ils ne nous ont pas empêché de continuer notre route, laquelle a valu le N. N. O. 2 deg. N.

Lati-

HISTORIQUE.

Latitude eft. Nord	22 — 36.
— — obf.	22 — 38.
Longitude	38 — 32.
Variation obf. occafe N. O.	5 — 0.
— — obf. ortive N. O.	5 — 0.
Chemin	37 l. ½.

Dimanche 27.

Depuis hier midi, vent de l'E. N. E. à l'E. avec quelques grains, dont l'un nous a contraints d'amener nos huniers. La mer a été très-houleufe: vû encore un Paille-en-cul. **A midi la route a valu le N. ¼ N. O.**

Latitude eft. Nord	24 — 8.
Longitude	38 — 51.
Chemin	30. l. ⅔.

Encore du Goëmon à grappes & du poiffon volant.

28.

Vents de l'E. à l'E. N. E. bon frais & beau tems, mer houleufe du N. N. O. Toutes voiles hautes & route au plus près. Elle a valu le N. 4 deg. Oueft.

Varition obf. occafe N. O.	5 — 30.
Latitude eft. N.	25 — 56.
— — obf. un peu douteufe	26 — 9.
Longitude	39 — 2.
Chemin	40.

Continuation de Goëmon à grappes & toujours en quantité. Vent du N. E. à l'E. jufques à deux heures & demie.

29.

Alors le tems s'est brouillé; il est survenu des grains avec de la pluye, jusqu'à 8 heures ½. Le vent est tombé & a passé au S. S. E. de là au S. E. par petits grains, auxquels le calme a succédé. Le matin, le vent a soufflé du N. E. & a passé au N. E. ¼ N. E. dès les six heures. A midi la route a valu le N. ¼. N. O. 2 deg. Ouest.

Latitude est. Nord	27 = 7.
— — obs. un peu douteuse	27 = 11.
Longitude	39 = 17.
Chemin	19 l. ¾.
Variation est. N. O.	6 = 0.

Presque calme avec un petit frais du N. E. variable à l'E. S. E. beau tems; mais la mer houleuse du N. N. O. vû encore un Paille-en-cul.

30.

A midi la route a valu le N. 5 d. Ouest.

Latitude est. Nord	27 = 54.
— — obs.	27 = 52.
Longitude	39 = 22.
Chemin	14 l.

Bon petit frais de l'E. N. E. jusques au soir, avec beau tems, & un houl sourd du N. N. O.

31 *Jour de l'Ascention.*

Le calme est survenu la nuit; voyant qu'il

qu'il continnoit le matin, fans apparence de vent, après la Meffe, on a profité de ce calme pour gratter & réfiner le Navire. A midi la route a valu le N. 2 d. E. Vû plufieurs Paille-en-culs, & toujours du Goëmon.

Variation obf. ortive N. O. 6 — 0.
Latitude eft. Nord 28 — 15.
Longitude 39 — 21.
Chemin 7 l. $\frac{2}{3}$.

Toujours beau tems, la mer belle, mais très-petit frais & même houl que ci-devant, mêlé d'un autre venant du N. E.; quoique les vents ayent regné du S. S. E. au S. O. Sur les quatre heures après-midi, vû un Navire, qui paroiffoit faire la route du O. N. O. Il étoit éloigné de nous de fix lieues ou environ. Nous l'avons perdu de vûe à la nuit. Nous gouvernions au N. E. $\frac{1}{4}$ N. toutes voiles hautes.

1 Juin.

La route des 24 heures a valu le N. N. E. 4 deg. E.ft.

Variation eft. N. O. 7 — 0.
Latitude eft. Sud 29 — 9.
— — obf. 29 — 10.
Longitude 38 — 49.
Chemin 20. l. $\frac{1}{3}$.

Vent variable du S. O. à l'O. petit frais, tems couvert, avec quelques grains & un peu de pluye. Cessé de voir du Goëmon à grappes.

2.

Il a fraîchi le matin, & à midi la route a valu le N. E. ¼ N. 2 deg. Nord.

Variation obf. occafe N. O.	7 — 30.
Latitude eft. Nord	30 — 17.
— — obf.	30 — 18.
Longitude	38 — 1.
Chemin	26 li.

Jusques à minuit, les vents ont varié du S. O. à l'O. très-petit frais. La calme a succédé jusques à 4 heures, que le vent a passé à l'E. N. E. Tems inconstant tout le reste de la nuit, avec un peu de pluye.

Dimanche 3.

Dès le jour le Goëmon a reparu en quantité, & une Baleine de moyenne grosseur a rodé, pendant un quart-d'heure, autour du Navire, à la distance d'une portée de fusil. A midi la route a valu le N. ¼ N. E.

Latitude eft. Nord	30 — 36.
— — obf.	31 — 0.
Longitude	38 — 8.
Chemin	13 lieues.

HISTORIQUE. 619

Presque calme par un vent de l'E. N. E. à l'Est, avec un tems couvert, & un houle du Nord.

4.

Fait route au plus près, toutes voiles hautes, & à midi la route a valu le N. ¼ N. O. 15 deg. Nord

Latitude eſt. Nord	32—0.
Longitude	38—20.
Chemin	20 l. ¼.

Jusques à six heures du soir, vent de l'Est & E. S. E. puis calme plat avec un tems brumeux, & toujours le houle du Nord. Vû un oiseau nommé *Equéret* par nos marins.

5.

Toute la nuit, calmiole de l'E. S. E. au S. E. à quatre heures du matin fraîchi du Sud, de façon à faire près d'une lieue à l'heure. A midi la route à valu corrigée le N. 3 deg. Est.

Latitude eſt. Nord	32—26.
— — obſ.	32—49.
Longitude	38—1.
Variation eſt. N. O.	8—0.
Chemin	36 l.

Vent au S. O. petit frais. Tems sombre & brumeux. Le Goëmon à grappes,

qui

qui avoit paru & disparu quelques jours auparavant, s'est remontré en quantité aujourd'hui

6.

A midi la route a valu le N. E. ¼ N. 3 deg. Est.

Latitude est. Nord	34 = 3.
— — obs.	33 = 58.
Longitude	36 = 58.
Chemin	30 l. ⅔.

Du S. O. la vent a passé à l'O. joli frais. Tems par fois un peu sombre, avec un gros houle du N. O.

7.

Depuis la nuit plus de Goëmon. Un oiseau, nommé *Couturier*, est venu voltiger autour du Navire. A midi la route a valu le N. E. N. ¼ 1 = 15. Est.

Variation obs. ortive N. O.	10 = 0.
Latitude est. Nord	35 = 23.
— — obs.	35 = 20.
Longitude	35 = 45.
Chemin	35 l.

Même vent, même tems, même houl & même route jusques à aujourd'hui

8.

Que la route a valu, après correction, le N. E. ¼ N. 1 = 15. Est.

HISTORIQUE. 621

Latitude eſt. Nord 36 = 47.
— — obſ. 36 = 49.
Longitude 34 = 28.
Variation eſt. N. O. 10 = 0.
Chemin 35 l. ¾.

Encore même tems &c. juſques à aujourd'hui midi du

9.

Où la route a valu le N. E. ¼ N. 3 = 30.

Variation obſ. 10 = 15.
Latitude eſt. Nord 38 = 6.
— — obſ. 38 = 7.
Longitude 33 = 14.
Chemin 32 l. ⅓.

Le vent a paſſé au S. puis à l'O. S. O. bon frais avec un tems aſſez beau, & la mer agitée d'un houle du N. O.

10 *Dimanche de la Pentecôte.*

A midi la route a valu le N. E. ¼ E.

Latitude eſt. Nord 39 = 12.
— — obſ. 39 = 15.
Longitude 31 = 12.
Variation eſt. N. O. 11 = 15.
Chemin 38 l.

Vent du S. O. bon frais, juſques à minuit qu'il a tombé beaucoup de pluye.

11.

A quatre heures, vent du N. N. O. puis calme ſur les cinq heures & demie. La pluye a ceſſé vers les ſix heures, &
le

le vent, après être retourné à l'O. a passé au S. O. Hier au soir & ce matin, nous avons vû plusieurs lits de marée très-sensibles, allant du N. E. & S. O. Il a paru aussi plusieurs Equérets; & à midi la route a valu le N. E. ¼ E. 15 m. N.

Latitude est. Nord	40 = 19.
— — obs.	40 = 26.
Longitude	29 = 6.
Variation est. N. O.	11 = 15.
Chemin corr.	41 l. ¼.

Jusques à minuit le vent a varié de l'O. S. O. au S. O. petit frais, passé de là au S. joli frais. A deux heures revenu au S. O. & de là jusques à midi à O. S. O. bon frais & beau tems

12.

La mer toujours fort houleuse du N. O. La route a valu le N. E. 5 d. Est.

Variation obs. N. O.	14 = 30.
Latitude est. Nord	41 = 23.
— — obs.	41 = 27.
Longitude	27 = 31.
Chemin	32 l.

Même vent de l'O. S. O. au S. O. bon frais, tems un peu brumeux, & toujours même houl, qui occasionnoit un très-fort roulis. Gouverné à l'E. N. E., toutes voiles hautes, bonnettes haut & bas.

HISTORIQUE. 623

13.

Dans la matinée *pris à la traine* un poisson, nommé *Grande-Oreille*. Il ressemble en tout à la Bonite, excepté par par les deux nageoires placées près des ouies. Ces nageoires sont faites en faulx, & sont aussi grandes, au moins, que celles du Thon. Sa chair est moins seche. A midi la route a valu le N. E. 2 d. Est.

Latitude est. Nord	42—52.
— — obs.	43—3.
Longitude	25—11.
Variation est	15—0.
Chemin est.	47 l.

Vû des Dadins sur le soir, & les vents ont varié du O. S. O. au S. le tems sombre avec une brume passagere, & qui ne laissoit pas que de mouiller.

14.

Mer assez belle & le vent bon frais jusques à midi que la route a valu l'E. N. E. 5 deg. N.

Latitude est. Nord	43—58.
Longitude	22—51.
Variation est. N. O.	15—30.
Chemin	39 l. ⅓.

La Mer ayant paru très-changée depuis plusieurs jours, on a sondé à six heures du du soir, sans trouver fond à 180 brasses de ligne de sonde filée.

Le 15 par la latit. 44 deg. long. 21

Sur les cinq heures du matin, connoissance d'un Navire, qui nous restoit au N. O. paroissant faire même route que nous. Alors nous avons cargué nos voiles, viré pavillon & flamme, & l'avons assuré d'un coup de canon sous le vent, qui étoit de l'O. S. O. au S. S. O. Après avoir tenu le vent sous les deux huniers, pour l'attendre, il a aussi *serré* le vent, & s'est toujours tenu à deux portées de canon, ou environ au vent de nous. Dans l'idée qu'il n'avoit pas entendu le premier coup, nous en avons tiré un second au vent; alors il a assuré son pavillon blanc d'un coup de canon. Voyant ensuite qu'il s'en tenoit là, on a mis pavillon en berne; il n'en a pas fait plus de cas, & a toujours tenu le vent à peu près à la même distance. Comme il marchoit au moins aussi bien que nous, il s'est fié sans doute sur sa marche. Nous avons pris le parti d'abandonner la chasse, parce qu'elle nous auroit éloigné de notre route.

HISTORIQUE.

Ce Capitaine François ne pourroit donner d'excuses légitimes de n'avoir pas obéi aux ordonances du Roi pour la marine, par lesquelles tout Navire de la Nation est obligé d'amener, quand un Navire du Roy lui signifie de ce faire par un coup de canon, & par la flamme de commandement virée au mât où elle doit être suivant le grade de celui qui commande le Vaisseau de Roy. Nous avons fait plus ; puisque nous avons mis pavillon en berne, signal d'incommodité convenu entre toutes les Nations policées. Il est donc, au moins pour cette raison, très répréhensible ; c'est d'un très-mauvais exemple. Si malheureusement nous avions été réellement en danger, il nous auroit donc laissés périr à ses yeux, sans nous donner les secours auxquels l'humanité oblige en pareil cas.

La Marine royale fut de tout tems rivale de la Marine marchande. La premiere a des préjugés qui l'élevent au dessus du métier des marins, & croît qu'il n'est plus besoin de l'exercer pour l'apprendre. L'autre s'endurcit aux travaux fatigans de la mer, & pense avec raison que, pour exceller dans l'art nau-

Rr tique,

tique, il faut le cultiver toute sa vie. De là cet esprit de parti, dont l'Etat est la premiere victime; puisque la liberté des Rouges ou Officiers de la Marine du Roy, fait la servitude des Bleus. Jettons les yeux sur l'Histoire de la guerre derniere; nous y verrons des Armateurs François, dont l'audace & la fermeté sembloient exciter les vents à combattre pour eux. Croiroit-on qu'un Capitaine de Vaisseau (Mr. de L...) tranquille spectateur d'un combat entre un Sénaut François & un Corsaire Anglois, se contentoit d'applaudir à la manœuvre du François, qui, présent à tout, exécutoit de la tête & du bras, pour éviter un abordage. Il le vit enfin démâté, & forcé d'amener sans lui prêter un coup de canon. N'étoit-il pas facile au Commandant d'un vaisseau de ligne bien armé, de sauver le brave Capitaine marchand, & de s'emparer du Corsaire Anglois? Pourquoi ne l'a-t-il pas fait? C'est qu'il n'est pas du bon ton de prodiguer sa poudre pour le bien de Commerce de l'Etat, pour le salut d'un Armateur, d'un bon Citoyen.

Ce que l'on peut dire pour excuser la conduite du Capitaine Marchand François

çois, qui n'a pas amené lors-même que nous avons mis pavillon en berne, c'eſt qu'il n'étoit peut-être pas plus fourni de vivres & d'agrès qu'il ne lui en falloit, & qu'il craignoit que, ſi nous en manquions, nous n'en priſſions de force des ſiens, s'il refuſoit d'en donner de bonne grace. Uſage abuſif & trop commun dans la Marine royale, lequel a indiſpoſé la Marine marchande contre elle. Celle-ci, ſe voyant mépriſée & maltraitée par celle-là, eſt charmée de trouver des occaſions de s'en vanger, & la laiſſeroit périr, je pourrois dire, avec plaiſir dans un ſens, parce qu'elle eſpéreroit par là d'être délivrée de la tyrannie que la Marine royale exerce ſur elle. Le Roy pourroit, pour le bien de l'Etat, régler les choſes ſur un pié ſi précis, que ceux qui outrepaſſeroient l'Ordonnance, ne puſſent s'en excuſer; & punir les uns & les autres ſans miſéricorde. Tant que cette animoſité durera entre ces deux Corps, entretenue par le mépris de la Marine royale envers la Marine marchande, & par l'abus qu'elle fait de la force qu'elle a en main, il n'eſt pas poſſible que l'Etat n'en ſouffre beaucoup.

Nous voulons ne nous modéler sur personne, & personne ne veut se modeler sur nous. Esprit de singularité qui regne dans tout ce que nous faisons, & qui tend toujours à notre perte. Nous imitons les Romains, qui n'employoient que leurs affranchis au métier de la mer, & qui réservoit le service de terre aux Patriciens. Les Anglois pensent mieux; l'art du Matelot est estimé chez eux; c'est le plus noble de tous les arts, puisqu'il est exercé par tous les plus nobles de l'état. Les François veulent différer des Romains, non pour se rapprocher des Anglois, mais pour céder au goût d'un nombre de particuliers intéressés, malheureusement adopté & qui passe mal à propos pour celui de la Nation. La science de la manœuvre est roturiere chez les François, & l'honneur de commander des vaisseaux de ligne est un poste annobli. Il faut être bon Patricien, ou soi-disant tel, pour l'occuper. Aussi notre service maritime a-t-il plus de décoration que d'harmonie & de science dans ceux qui l'exercent, plus d'éclat que de réalité, mais aussi plus de désavantage que de profit. Dans Londres, le bien de l'Etat, & non la mode avec la protection, régle

régle l'opinion que l'on a du mérite & des récompenses; on ne cherche dans le Marin que le mérite, qu'il soit roturier ou noble. S'il est grand homme de mer, il est tout, il est utile, il est employé honorablement & récompensé suivant ses services. Pourquoi ne penserions-nous pas, ou plûtôt, pourquoi n'agirions-nous pas de même; la vertu & le mérite doivent être la source de la véritable Noblesse,

Voilà la source de cet esprit de parti, qui fait la honte des Rouges, la perte des Bleus & le malheur de l'Etat François.

On me passera bien, je pense, cette digression, qui n'est dictée que par amour pour le bien public & pour celui de ma patrie. Il est certain que, malgré la rivalité qui regne entre les deux Nations, un Capitaine Anglois, loin de se comporter à notre égard comme le Capitaine François, se seroit empressé de venir à nous, pour nous procurer tous les secours qui auroient été en son pouvoir; ce qui se doit sans distinction de Nation. Nous fumes au devant & nous offrimes nos services au Capitaine du Navire Hollandois démâté, que nous apperçumes dans le courant du mois d'Octobre de l'année derniere.

Vûs quelques Dadins le même matin, & à midi la route a valu l'E. ¼ N. E. 4 deg. Nord.

    Latitude eft. Nord   44 = 18.
    Longitude   21 = 25.
    Chemin   24 li. ⅓.

Vents du S. S. E. à l'E. S. E. jufques à huit heures du foir, bon frais, avec un Ciel nébuleux, de la brume & même de la pluye, la mer houleufe. Après un calme affez court, le vent s'eft élevé, grand frais de l'E. S. E. au S. S. E. obligé de faire un ris dans les huniers. A neuf heures & demie on les a ferrés; la pluye eft furvenue & a duré toute la nuit.

16.

A trois heures le vent eft tombé, on a appareillé les huniers, & à quatre heures & demie on a mis les bonnettes d'en-bas avec le grand perroquet fur le tenon, le perroquet de fougue, la voile d'étay de hune, grand & petit foc, foc d'artimon & diablotin; de huit heures à midi le vent a regné plus au Sud. Vû quelques Dadins, plufieurs Baleines & une efpece de Raye, que nos marins appellent *Rouet*. Air de vent des vint-quatre heures N. E. ¼ Eft.

Variation eſt. N. O.   15 = 30.
Latitude eſt. Nord   45 = 10.
— — obſ.   45 = 44.
Longitude   18 = 51.
Chemin   42 l. ½.

Vents toujours variables du S. E. ¼ S. au S. S. O. grand frais, beau tems & la mer très-houleuſe.

Nous avons continué comme hier à avoir connoiſſance du Navire François dont j'ai parlé; il faiſoit toujours même route de l'E. ¼ N. E., il étoit à environ trois lieues de nous, & nous avoit gagné environ d'autant de chemin.

Dimanche 17 *Juin.*

Ce matin, le Navire nous reſtoit dans la même poſition par le boſſoir de bâbord, à égale diſtance. A midi il nous reſtoit par le boſſoir de tribord. La route des 24 heures a valu l'E. N. E. 5 d. Eſt.

Latitude eſt. Nord   46 = 43.
— — obſ.   47 = 0.
Longitude   15 = 41.
Variation eſt. N. O.   17 = 0.
Chemin   54 l. ½.

Le vent a regné du S. E. au S. S. E. petit frais, tems brumeux, la mer aſſez belle, & toutes voiles hautes.

Le 18.

Sur les cinq heures & demie du matin, on a apperçu un Navire venant de l'Eſt.

l'Est. A six heures on a mis' à courir sur le S. O. ¼ S. pour lui couper le chemin. Cargué ensuite les basses voiles & mis en panne, notre pavillon en pouppe & la flamme avec les pavois déployés. Il a arboré le sien. A huit heures & demie il nous a rangés, & nous lui avons parlé. Il s'est nommé le Saint Paul de Grandville, Capitaine Desveau, allant au Banc de Terre-neuve. Il étoit dehors depuis dix jours, & se faisoit dans le O. ¼ S. O. 3 deg. Sud d'Ouessant distant de 105 lieues. Nous nous trouvions par là plus Est que notre point. Mais, comme il nous paroissoit devoir être plus avancé dans sa route, & qu'il avoit eu, disoit-il, presque toujours le vent contraire, nous avons pensé que cette erreur pouvoit venir de son point, & non du nôtre, & on ne l'a pas corrigé, d'autant plus que l'erreur par rapport à nous, n'étoit gueres que de cinq lieues. A midi, la route a valu le N. E. ¼ E. 1 deg. Est.

Variation obs. occase N. O.	21 = 0.
Latitude est. Nord	47 = 33.
— — obs.	47 = 43.
Longitude est.	14 = 12.
Longitude suiv. le St. Paul	14 = 48.
Chemin est.	25 l.
Chemin corr.	24

19.

Tems couvert, Gouverné au plus près, tantôt sur un bord, tantôt sur l'autre. Vent S. S. E. à l'E. N. E. Route S. E. 3 deg. Est.

    Latitude est. Nord   47 = 4.
    Longitude   13 = 7.
    Chemin   19 l. ¾.
    Variation est. N.   21 = 0.

20.

Petit frais, louvoyé; vû un Navire, qui couroit sur le S. S. O. Route corrigée N. E. ¼ N. 1 deg. Est.

    Latitude est. Nord   47 = 22.
    — — obs.   47 = 36.
    Longitude   12 = 35.
    Variation obs. occase   23 = 0.
    Chemin   11 l.

21.

Tems couvert, toutes voiles dehors, au plus près tribord amure. Route N. ¼ E. 5 deg. Nord.

    Latitude est. Nord   48 = 33.
    — — obs.   48 = 34.
    Longitude   10 = 47.
    Variation obs. occ. N. O.   20 = 30.
    Chemin   31 l.

22.

Beau tems, toutes voiles hautes, au plus près tribord amure. Vu plusieurs Navires. Route corrigée E. N. E. 2 d. N.

Latitude eſt. Nord	48 — 54.
— — obſ.	49 — 2.
Longititude	9 — 12.
Variatioin obſ. occ. N. O.	20 — 30.
Chemin	22 l. ¾.

23.

Tems brumeux, petit frais en calme, ſondé à dix heures du matin; trouvé fond à 75 braſſes, ſable roux fin. Route E. ¼ N. E. 3 deg. N.

Latitude eſt. Nord	49 — 12.
Longitude	8 — 12.
Variation idem	
Chemin	14 l.

Dimanche 24 Juin.

Le Dimanche au ſoir, les vents étant petit frais du N. N. O. à l'O. N. O. gouverné au S. E. ¼ E. pour prendre connoiſſance de terre, laquelle nous avons vuë à ſix heures du ſoir. Alors gouverné à l'E. ¼ S. E. à neuf heures parlé à un pêcheur, qui nous a dit être N. N. E. & S. S. E. d'Oueſſant 6 à 7 lieues.

25.

Lundi matin, connoiſſance des clochers de St. Paul de Leon. A 7 heures, étant N. & S. de l'Ile de Bas, on a mis pavillon en berne & tiré un coup de canon, pour appeller un bateau. Il en eſt auſſi-tôt

tôt venu un, qui a conduit Mrs. de Bougainville & L'huillier de la Serre à Morlaix. La Frégate a continué sa route pour St. Malo. A onze heures du soir, on a mouillé une ancre, le travers de la Tour du Cap Fréhel; le feu nous restoit au N.O. ¼ O. environ une lieue.

26.

Appareillé à 3 heures & demie du matin, mouillé vers les sept heures en Solidor, où l'on a désarmé. Mr. de Bougainville ayant rendu compte au Roy de notre expédition, Sa Majesté a confirmé la prise de possession des Iles Malouïnes, & a envoyé sur le champ des ordres pour armer l'Aigle derechef, & retourner dans ces Iles.

OBSERVATIONS

Sur le Détroit de Magellan, & sur les Patagons.

Le Roi de France ayant agréé la prise de possession que nous avions faite en son nom de toutes les Iles Malouines, le Ministere donna des ordres, tant pour soutenir le petit établissement que nous y avions formé, que pour l'augmenter. La Frégate l'Aigle fut armée de nouveau; & le St. Alexandre Duclos-Guyot, qui en avoit été Capitaine en second, dans le premier voyage, en fut premier Capitaine dans le second, avec brevet de Lieutenant de Frégate, sous les ordres de Mr. de Bougainville. Ayant appris son heureux retour à St. Malo, & curieux de sçavoir en quel état ils avoient laissé la nouvelle colonie, & ce qu'ils pourroient avoir découvert dans le Détroit de Magellan, je lui écrivis pour le prier de m'en instruire. Voici sa réponse.

„ J'ai attendu à sçavoir à quoi l'on me destinoit, avant que de répondre à l'honneur de la Vôtre; & commence par vous dire,

dire, que nous sortirons du 10 au 15 du courant, pour les Iles Malouïnes. Mais auparavant je relâcherai à Madere, pour y prendre du vin, & autres rafraichissemens. De là j'irai au Port desiré, à la côte des Patagons, visiter le pays; de là à notre Colonie, décharger les vivres, passagers & passageres, ensuite au Détroit de Magellan, chercher une cargaison de bois, & puis je resterai à attendre les ordres de France. Voilà ma destination. Mr. de la Gyraudais part de Rochefort, avec une Frégate chargée des vivres nécessaires pour la Colonie.

Vous me demandez un extrait de mon Journal du voyage passé: le voilà. Nous sortimes de St. Malo le 5 Octobre 1765. la Frégate l'Aigle montée en tout de 116 hommes, dont 53 ouvriers, ou Officiers passagers, pour la Colonie. Du nombre de ces derniers étoient Mrs. des Perriers, Capitaine réformé du Régiment de la Sare; Thibé de Belcourt, Capitaine réformé du Régiment Dauphin; Denis de St. Simon, Capitaine Aide-Major des Colonies; L'huillier de la Serre, Ingénieur-Géographe; de Romainville, Lieutenant d'Infanterie, & Ingénieur.

Les premiers quinze jours, mauvais tems, & vents contraires. Le Dimanche 5 Novembre, nous eumes connoissance des Iles du Cap verd. Le Lundi, nous passâmmes l'Ile de Feu & l'Ile Brane. Passé la Ligne du 23 au 24 sans beaucoup d'orages, non plus que sous les Tropiques; & le Samedi 16 Décembre, nous eumes connoissance de la Côte du Bresil, par le 31 degré 30 min. latitude Sud, nous croyant encore au large, comme c'est l'ordinaire, par le défaut des Cartes, qui, comme vous sçavez, reculent trop à l'Ouest cette Côte.

Nous avons ensuite resté quelque tems à chercher l'Ile Pepys, où elle est marquée sur les Cartes, & aux environs, sans pouvoir la trouver. Le Jeudi 3 Janvier, nous eumes connoissance des Iles Malouines, & atterrames à cet Ilot, que nous nommames *la Conchée*, dans le premier voyage. Le Samedi 5, nous entrames, & fumes mouiller à un demi-mille de l'entrée de la petite Baye de l'habitation; où nous trouvames tout le monde bien portant. Nous y fimes notre décharge jusqu'au 1 Fevrier, que nous étions prêts, ayant eu le tems très-variable,

beau-

beaucoup de pluye. Le Dimanche 27, nous avions découvert 3 Vaisseaux, venant de l'Ouest. Le 2 Fevrier, voyant que ces Vaisseaux n'entroient point, nous appareillames pour le Détroit de Magellan. Pendant la traversée, tems assez variable. Le Mardi 12 Fevrier, nous eumes connoissance du Cap Lookout, à la Côte des Patagons. Après avoir viré de bord, nous nous trouvames à portée du canon d'une vigie, grosse comme notre chaloupe, & nous eumes bien de la peine à nous débrouiller, par les courans & la grosse mer. Cette vigie n'est point marquée sur nos Cartes. Le Samedi 16, nous eumes connoissance de trois Navires, faisant même route que nous. Le 17, nous entrames le Détroit Magellanique, en compagnie des trois Navires. Le Lundi 18, un des trois en louvoyant, & nous étant mouillés, toucha sur du sable, faisant très-beau tems. Nous lui envoyames nos bateaux, avec un Officier, & ancres, & grelins; mais il se débarassa, & partit sans mal. Pour lors nous les reconnumes pour Anglois. *)

Le

*) C'étoit en effet la petite Escadre du Chef d'Escadre Byron. La Rélation imprimée de son Voya-

ge

Le Mercredi 20, les Anglois mouillerent dans la Baye Famine, & nous continuames jusqu'au 21, que nous mouillames à deux lieues au Sud du Cap rond, à cinq lieues des Anglois, & nous nommames ledit mouillage la *Baye de l'Aigle*, n'ayant point de nom sur les Cartes. Le lendemain 21, Mr. de Bougainville ayant découvert une très-belle Baye, ou Port, à une lieue ½ au Sud, nous y allames, & y amarames le Navire à quatre arbres, très à l'abri, à une lieue de la Baye Françoise. Nous la nommames *Baye Bougainville*. Nous y avons chargé de très-beau bois, & fort commodément, hallant

ge autour du Monde raconte le fait, page 142 & suiv. en ces termes : A quatre heures dans l'après-midi, le Maître de *la Floride* se rendit à bord du Dauphin, & remit au Commodore les dépêches, dont l'avoit chargé l'Amirauté. Pendant plusieurs jours il s'étoit occupé à chercher l'Ile Pepys ; mais enfin il s'étoit désisté de cette poursuite, aussi bien que nous.... Mais, deux jours après avoir quitté cet endroit, dans la matinée, & dans le tems que nous voguions de compagnie, nous fumes étrangement surpris de découvrir un Vaisseau étranger, qui jetta l'allarme parmi nous. Le Commodore crut d'abord que c'étoit un Vaisseau de guerre

Espa-

lant avec une hansicre du bord, le bois coupé sur le rivage. Nous y sommes resté jusqu'au 16 Mars, toujours beau tems, chaud. Deux vaisseaux Anglois passerent, pour aller à la Mer du Sud, le 25 Février. Le 16 Mars au matin, après avoir laissé un pavillon François, arboré sur une cabane, & quantité de couvertes, (couvertures,) chaudieres, haches, & autres ustenciles propres aux Sauvages, nous appareillames. Après avoir fait une lieue, le calme nous prit; & nous fumes mouiller dans la Baye de l'Aigle. Le 17, calme. Mr. de Bougainville, en chassant, dé-

Espagnol, qui, ayant eu avis de notre Voyage, venoit pour y mettre obstacle; &, sur ce soupçon, il donna ses ordres pour qu'on se tint prêt à le bien recevoir, & aller même à l'abordage, après lui avoir lâché la bordée des deux Vaisseaux, s'il nous attaquoit. Tandis que nous faisions nos préparatifs, nous le perdimes de vûe. Mais, le lendemain au matin, nous le vimes à l'ancre, à trois lieues de distance; & alors nous continuames notre route vers le Port *Famine*. Nous apperçumes qu'il nous suivoit, quoique se tenant toujours éloigné; & qu'il jettoit l'ancre, lorsque nous le jettions. Le 20, nous nous occupâmes uniquement à monter nos canons sur le pont.... nous en mimes bientôt

découvrit les Sauvages. Il fut à eux: ils parurent très-doux. Le Mardi 19, nous appareillames; le 20 au matin, le vent étant contraire nous mouillames dans la Baye *Famine*. Le 21 au matin, les Sauvages nous crierent: nous fumes à eux. Ils nous témoignerent vouloir aller à bord. Nous y en conduisimes six qui ne parurent pas beaucoup étonnés: nous les regalames. Ce sont des hommes, comme les Indiens de Monte-video, à peu près, n'ayant pour l'habillement que des peaux de Loups-marins, Guanacos, & Vigognes: paroissant très pauvres, n'aimant

tôt quatorze sur le tillac, & nous jettames l'ancre, ayant le Tamer à notre pouppe, & tout prêts à couper notre cable.....

Ainsi nous mettions bien des soins à prendre toutes les mesures, que la prudence pouvoit nous suggérer, pour nous mettre à l'abri d'un danger imaginaire. Mais un accident imprévû, qui arriva à la *Floride*, nous fit appercevoir que nous n'avions rien à craindre, & que nous ne devions point regarder comme ennemi le Vaisseau, contre lequel nous nous étions armés. Tandis que notre Vaisseau de provision manœuvroit contre le vent, il s'affola à la côte sur un banc de sable, qui étoit à environ deux lieues

mant point le vin; mais beaucoup la graisse. Nous les habillames en rouge, & leur donnames beaucoup d'uftenciles propres au ménage; & puis les reconduifimes à terre, criant toujours; *Vive le Roi de France:* ce qu'ils répéterent très-bien. Nous leur laiffames un pavillon déployé. Ils nous témoignerent tout plein de bonne volonté, nous donnant leurs arcs, & flêches. Quand nous les vîmes, ils étoient peints en blanc, & *mattachés:* mais auffi-tôt que nous leur eumes donné du Vermillon, (couleur rouge, du Minium, non du Cinnabre) ils s'en peignirent à l'inftant.
Ils

lieues de nous. Auffitôt le Vaiffeau étranger s'avança, & voyant que la Floride étoit en danger, jetta l'ancre, & fit mettre chaloupes en mer, pour aller à fon fecours. Mais, avant que les chaloupes fuffent arrivées, nos canots avoient déjà abordé la Floride; & l'Officier, qui les commandoit, eut ordre de ne pas laiffer paffer à bord ces Etrangers, mais de les remercier de la maniere la plus polie, de leur bonne volonté. Nous fçumes enfuite, que c'étoit un bâtiment François; & comme nous ne lui avions point vû de canons, nous jugeames qui c'étoit un Vaiffeau Marchand, qui étoit venu dans cet endroit, pour faire du bois, & de l'eau.... Le 21, nous rentrames au Port Famine, où nous amarrâmes nos Vaiffeaux.

Ils paroiffent aimer cette couleur. En nous en retournant, il nous faluerent de *Vive le Roi*, en François, l'ayant retenu; & puis des cris à leur mode, tous à l'entour du pavillon. A mefure que, nous nous éloignions, ils augmentoient leur feu & leurs cris.

Voilà à peu près ce que je puis vous dire touchant ces habitans Patagons. Nous n'avons point abordé aux Terres de Feu. Je crois que ce font à peu près les mêmes, qui traverfent le détroit dans leurs bateaux d'écorce. Ils avoient des manieres de haches, quand nous les vimes la premiere fois; & ils eurent foin de les cacher enfuite, ainfi que leurs femmes & petits enfans.

Enfin, le Samedi 23 Mars, nous fortimes le fameux Détroit, tant craint, après y avoir éprouvé qu'il y faifoit comme ailleurs, très-beau, & très-chaud, & les trois quarts du tems, calme.

Il eft à remarquer que, quand la mer entre par la partie du Nord, la mer retire; ce qui eft extraordinaire. Mais nous l'avons éprouvé journellement. Dans le milieu, les courans font fenfibles; mais à
l'en-

HISTORIQUE. 645

l'entrée très-forts dans les gorges: elle court au moins à deux lieues & demie, & mar‑ne environ quatre brasses.

Il n'y a point de bois à son entrée, ni d'un côté, ni d'autre. Ce sont des plaines immenses. Environ 24 lieues en de‑dans, commence le Bois, tant sur la terre des Patagons, que sur celle de Feu. Peu de gibier, & très chassé, peu de poisson, & point de ces beaux coquillages si van‑tés, du moins dans les endroits où nous avons été.

Enfin nous fimes route pour passer par le Sud des Iles Danicant. Le Mardi 26, nous eumes connoissance de terre, qui étoit les terres de l'Ouest des Iles Malouï‑nes, distance d'environ 80 lieues du Cap des Vierges, qui forme l'entrée du Dé‑troit. Ensuite avons couru 50 lieues pour revenir mouiller dans le port: ce qui pour‑roit faire 50 lieues de côte, que nous avons parcouru par le Sud, ce qui n'est pas sa plus grande longueur, ayant un Détroit qui partage en deux les terres du Nord au Sud, sans bois. Le 29 Mars, nous avons mouillé dans le même endroit où nous étions auparavant, ayant pres‑que eu beau tems toujours. Nous avons déchargé notre bois; Et le 27 Avril, nous avons fait voile pour France, laissant 79 personnes auxdites Iles Malouïnes; la traversée un peu longue par le calme: ce qui nous a occasionné une relâche par le peu de vivres qui nous restoient; en ayant laissé le plus que nous avons pu. Le 18 Juillet, relâché à Angre, à l'Ile Tercere, où nous nous sommes pourvûs de tout en abondance, y ayant trouvé tous les secours nécessaires. Le 25 nous avons sorti, & arrivé à St. Malo, le 13 Août. Ainsi finit la lettre de

Votre très-humble serviteur
Alexandre Duclos-Guyot.

à St. Malo le 1 Sept. 1765.

Je nétois pas à Paris au retour de Mr. de Bougainville J'avois été à Montbrison en Forez. Il m'y envoya la lettre suivante, dont Mr. de Bougainville-Nerville son Cousin, resté aux Iles Malouïnes, pour y commander, l'avoit chargé pour moi. Il l'accompagna d'une lettre de sa part, que l'on verra à la suite de celle-ci.

„Si j'avois cru, Monsieur, que vous eussiez eu assez de complaisance, pour aller

ler désennuyer ma mere, dans sa solitude, je n'aurois pas manqué à lui parler de vous, & à vous en prier. Elle me marque tant de choses agréables sur votre compte, que je vois que vous êtes à deux de jeu, car assurément vous ne m'en dites pas de mal. Je suis enchanté que vous vous plaisiez en sa compagnie; vous ne sçauriez me faire plus de plaisir, que de m'introduire dans vos conversations.

Je viens à notre séjour ici. Nous n'avons rien à dire de l'hyver que nous y avons passé. Il n'a point été rigoureux: jamais de neige assez pour couvrir la boucle du soulier; de glace, pour soutenir une pierre grosse comme le poing: Et si ce n'eût été la pluye, qui passoit à travers nos couvertures, comme par un crible, nous aurions fait très-peu de feu, qui nous étoit absolument nécessaire pour nous sécher. Vous n'auriez point reconnu la Colonie, si vous étiez revenu avec Mr. de Bougainville. Vous nous auriez premierement trouvés gros & gras. L'air est excellent ici. Vous auriez trouvé tout le long de notre bâtiment une belle promenade d'un terrein uni, & de

20 pieds, & plus, de large; un nouveau Magasin reconstruit sur le bord de la mer; uu Fort entierement réparé, mis de niveau, avec des platteformes en pierres plates, sous les canons, une poudriere nouvelle, une boulangerie, & une forge. Par calcul fait, nous avons tué plus de 1500 Outardes dans la saison; car il en est une pendant laquelle elles disparoissent du Pays, & vont courir ailleurs; à l'exception de quelques familles égarées, dont nous n'avons jamais pu trouver d'œufs; mais seulement les petits, toujours au nombre de six, dont une couvée entre autres me fut apportée, & fut soignée par une de nos poules, comme par leur mere. Je me flattois de les envoyer en France; mais, depuis l'arrivée de mon Cousin ici, elles ont essuyé tous les malheurs possibles, & ont toutes péri, par l'espiéglerie des Mousses, & Pilotins descendus à terre. Ce sera pour une autre saison. Nous avons fait la découverte d'un animal beaucoup plus beau que l'Outarde, d'une espece de Cygne aussi gros, aussi blanc, mais ayant le col noir comme jayet, & le bec rouge, Il n'a pas été possible d'en tuer:

ces

ces animaux font très fauvages. Par d'autres découvertes, que j'ai fait faire dans l'Ile, à plus de 20 lieues dans l'Oueft, il paroît que la partie que nous habitons eft détachée d'autres Iles adjacentes, ou feulement jointe par des Ifthmes. Nous pourrions parvenir à connoître cela parfaitement avec une Goelette, qui va nous refter ici. La partie de l'Hiftoire naturelle, que nous n'avons pas négligée, nous a procuré plufieurs de ces coquillages, appellés Poulettes, ou Gueule de Raye. On trouve peu de bien conférvées de celles dont vous m'avez envoyé la figure. Les Bénits (Pateles) font communs, comme vous fçavez. Notre agriculture nous donne toute efpérance. Toutes les graines potageres ont réuffi. A l'égard du bled, il a produit, dans le terrein brûlé, de beaux épics; mais, quant à la forme feulement, & point de grain. Nos terres, comme vierges, demandent à être plus longtems travaillées, & même améliorées avec du bon fumier. Ce que nous avons de beftiaux ne fuffit que pour faire des effais. Quatre de nos geniffes, & nos trois chevaux font toujours en plein champ: nous n'avons jamais pu réuffir à les rattrapper: mais leur humeur vagabonde nous fait connoître un des grands avantages du Pays; c'est que les bestiaux y peuvent demeurer en toute saison, jour & nuit aux champs; & qu'ils y trouvent pâture & litiere. Nous les rencontrons les uns & les autres souvent, en allant à la chasse: ils sont gras à lard, & se trouvent bien de leur liberté. Mille remercimens de ce que vous avez bien voulu faire mes commissions que j'ai reçues. Je fais faire une caisse de coquillages, graines, & pierres du Pays; tâchez de vous trouver à l'arrivée de mon cousin, qui vous les communiquera. On dit que vous en avez mis une au Cabinet de l'Abbaye St. Germain, & qu'elle est unique *) dans son espece. Si elle a été trouvée ici, faites-moi le plaisir de me l'indiquer par un petit dessein....

De Nerville.

aux Iles Malouines ce 25 Avril 1765.

---

*) Celle dont parle ici Mr. de Bougainville, est la Poulette, appellée autrement le Coq, & Gueule de Raye. Avant celle-ci que j'ai apporté en naturel le premier en Europe, on ne l'y connoissoit que fossile, ou pétrifiée; & l'on doutoit si elle existoit en nature. Je l'avois ramassée aux Iles Malouines, ainsi que des Pourpres feuilletés, & quelques autres coquillage, inconnus en France.

HISTORIQUE. 651

Voici la lettre de Mr. de Bougainville.

„Me voici enfin de retour, mon cher Compagnon de Voyage. J'apprends en y arrivant, que je ne sçaurois vous voir, & j'en suis désespéré. Soyez bien convaincu que personne n'est plus sensible que moi à tout ce qui vous arrive; & que je donnerois tout au monde, pour que vous eussiez fait le second voyage avec moi. Nous avons fait alliance avec ces Patagons si décriés, & que nous n'avons trouvés ni plus grands, ni même aussi méchans, que les autres hommes. Je vous envoye une lettre de mon Cousin, qui s'est conduit comme un Ange. Personne n'a eu même la fievre: l'hyver n'a été ni rude, ni long, & l'établissement prend très-bien. Je leur ai porté cette année, plein mon Vaisseau, du plus beau bois du monde; que j'ai pris chez mes amis les Patagons. Je ne sçaurois encore dans ce moment entrer dans de plus grands détails; je n'ai pas un moment à perdre. Je crois que je vais être envoyé en Espagne, pour des arrangemens avec cette Couronne, rélatifs au nouvel établissement. Donnez-moi, je vous prie, de vos nouvelles. Je vous em-

embrasse, mon cher Camarade, de tout mon cœur.

De Bougainville.

à Paris, ce 26 Août 1765.

Mr. de Bougainville fut envoyé en Espagne, & consomma les arrangemens entre cette Cour & celle de France, rélatifs à la cession que cette derniere a faite à l'autre des Iles Malouines; & Mr. de Bougainville partit de Nantes, en 1766. sur une Frégate Françoise, & fut à Buenos-Ayres prendre un Gouverneur Espagnol, & des troupes de la même Nation, pour les mettre en possession desdites Iles. Il me communiqua, avant son départ, les observations qu'ils avoient faites au Détroit de Magellan, ainsi que la Carte corrigée de ce Détroit: que l'on trouve Pl. XIV. & celle des côtes de l'Est, du Nord, & du Sud, des Iles Malouïnes, qu'ils avoient parcourues en allant, & en revenant du ce Détroit: on la voit Pl. XII. On ne peut juger, par cette Carte, que de la largeur Nord & Sud des Iles Malouines, la partie de l'Ouest n'ayant pas encore été découverte. Les Anglois, qui se sont établis au Port d'Egmont en 1765, situé plus à l'Ouest que l'établissement
Fran-

François, pourront dans la suite nous donner des éclaircissimens sur cette partie encore inconnue.

Mr. Alexandre Duclos-Guyot, & Mr. Chenard de la Gyraudais, m'ayant communiqué les Journaux de leur Voyage fait de compagnie au Détroit de Magellan en 1766, avec la permission d'en faire l'extrait; j'ai cru devoir communiquer ces extraits au public, tant à cause des observations utiles qu'ils ont faites sur les courans & l'état de la mer, & des côtes qui forment ce Détroit, que pour fixer l'incertitude de plusieurs Savans, & autres, sur l'existence réelle des Patagons Géans.

Extrait du Journal

du Sr. Alexandre Duclos-Guyot, Lieutenant de Frégate, sur la Frégote l'Aigle, au Détroit de Magellan en 1766.

Parti de la Baye Acarron des Iles Malouines, le 24 Avril. Le 26, des Iles Sebaldes la plus au Nord-Ouest me restoit au S. O. ¼ S. distance de 40 milles.

Le 28 au matin, vû une grande quantité de Baleines & de Pinguins, par la latitutitude de 50=3, & de longitude 68=42. Variation de l'éguille aimantée, 22 degrés N. E. A midi le Cap las Barréras me restoit à l'Ouest, distance de neuf lieues. A dix heures, le 29, Mr. de la Gyraudais a sondé, & trouvé 60 brasses sable fin noir, & une pierre à fusil toute taillée.

Le 30, un peu avant minuit, calme tout plat. Sondé & trouvé 62 brasses, sable fort noir, & quelques petits cailloux, jaunâtres, gros comme des pois. A midi latitude observée, douteuse 51=24. long. 70=30. N. E. A midi le Cap des Vierges me restoit au Sud, 19 lieues de distance, & la terre la plus proche environ deux lieues, suivant mon point.

1 May, à sept heures & demie, gouverné à O. S. O. afin de prendre connoissance de la Terre des Patagons. A neuf heures, me faisant sur le banc qui est à l'entrée du Détroit de Magellan, la mer changée, & son eau comme celle d'une riviere troublée par les pluyes. A midi suivant mon point, j'étois environ 13 lieues dans les terres du Cap des Vierges. Latitude estimée Sud 52=20. Long. 71=35. Variation observée occase 23 N. E.

A

HISTORIQUE. 655

A 3 heures après-midi, connoissance de la Terre de Feu; à 5 heures, relevé le Cap des Vierges au N. O. du compas; dist. de 4 à 5 lieues. A 7 heures, vû une Comete chevelue dans l'E. N. E. penchante sur l'horison. Au jour nous l'avons perdu de vûe. A midi, relevé le Cap des Vierges au Sud & Sud $\frac{1}{4}$ S. E. distance de 7 à 8 lieues; la terre la plus proche au S. S. O. 4 lieues. Suivant le relévement de midi sur la Carte Françoise, je serois par 52=24. ce qui différe de mon observation de 8 minutes. L'année derniere, j'avois observé 13 min. Ce qui provient sans doute de la position du relévement, avec la distance.

Suivant mon observation, le Cap des Vierges ne seroit tout au plus que par les 52=24. La Carte Françoise le place par les 52=33. & Mr. Anson par les 52=20. La latit. observée 52=6. Long. 71=51. Variation observée ortive. 22=40. N. E.

Samedi 3 May, à 8 heures, le Cap des Vierges me restoit au N. & N. $\frac{1}{4}$ N. O. 3 lieues $\frac{1}{2}$ ou 4 lieues. La Terre de Feu la plus à l'O. au S. O. $\frac{1}{4}$ S. le Cap du St. Esprit, au S. S. E. Celui de Possession

sion a l'O. ¼ S. O. Je compte qu'il n'y a pas moins de sept lieues d'une terre à l'autre, à l'entrée du Détroit.

En louvoyant cet après-midi, découvert une pointe ras l'eau, à l'Ouest du Cap du St. Esprit, qui court sur l'O. S. O. très-loin; & au bout, quelques roches sous l'eau, qui découvrent de basse mer, & ne se voyent pas de loin. Il ne peut y avoir que six lieues de passage entre la basse terre du Cap des Vierges, (qui est une langue de terre, courant au S. E.) On ne la découvre qu'étant plus à l'O. que ledit Cap. Il m'a paru qu'il y a un mouillage en dedans, formant un grand enfoncement.

Dimanche 4, à la pointe du jour, nous étions environ 4 lieues dans le S. E. du Cap de Possession. A midi, il nous restoit au N. N. E. 2 lieues ½. Il y a une batture, & un banc auprès du Cap Orange. Il s'étend fort au large; c'est pourquoi il faut ranger la terre des Patagons. Nous y avons vû du feu sur le rivage, & en approchant nous y avons apperçu des hommes à cheval, & beaucoup d'autres à pié. Lorsque nous avons été vis-à-vis d'eux, ils nous ont *hellé*,
sans

HISTORIQUE. 657

sans que nous ayons pu entendre leur langage. Nous leur avons répondu par des cris, & arboré notre pavillon. Cinq d'entre eux nous ont suivis le long de la côte, environ deux lieues. La nuit nous les a fait perdre de vûe. Ils paroissent bons cavaliers, habiles au manege, & leurs chevaux agiles.

Nous n'avons presque point éprouvé de courans dans le Goulet; nous étions presque en calme. Ce Goulet dans son plus étroit a une grande lieue de large; & court N. N. O. & S. S. O. du compas, y ayant 23 deg. de variation N. O. Je l'ai observée à 4 heures $\frac{1}{2}$. A cinq heures du soir, mouillé dans la Baye Boucaut par 9 brasses $\frac{1}{2}$, fond de coquillages pourris; le Cap Grégoire à O. S. O. la pointe de la Basseterre du dit Cap, qui forme l'entrée du second goulet, au S. O. $\frac{1}{4}$ O. Le Cap Entrana au N. E. 5 deg. E. environ 2 lieues $\frac{1}{2}$.

Au jour, calme tout plat. A 6 heures du matin, nous avons vû la Comete dans l'Est, 7 dégrés sur l'horizon.

Remarques sur les Marées.

Dans le Voyage dernier, j'avois fait attention, quand nous donnames dans le premier Goulet, que la Marée commençoit à entrer, & je comptois qu'il étoit commencement de flot. Cependant je ne m'appercevois pas au rivage, que la mer marnât beaucoup; ce qui me surprit d'autant plus, que tous les Navigateurs s'accordent à dire qu'elle marne beaucoup; & le rivage n'étant pas mouillé, comme il l'est ordinairement, quand la mer le quitte. En sortant nous fumes 2 heures ¾ faisant 7 à 8. nœuds, sans gagner une demi-lieue. Après que le courant eût diminué, & que nous eûmes gagné le demi-canal, je m'apperçus sur ses rives, que l'eau venoit de les quitter, au moins quatre brasses perpendiculaires. Cette observation m'a fait naître l'idée, que, quand il y a flux, la mer sort du côté du Nord, & au contraire, quand il y a Ebe, elle entre & porte au Sud.

Quand nous fumes le travers du Cap d'Orange, nous apperçumes une greve très-grande, que nous avions prise pour la grande mer, en entrant, étant couverte, ainsi que toutes les battures, & banc du Cap d'Orange, que nous n'avons point vûes. Ce qui me confirme dans mon opinion, quoique contraire à celle
de

de tous ceux qui ont navigué dans ce Détroit, avant moi. Aujourd'hui la marée fortoit, & nous étoit contraire pendant quelque tems; & néanmoins la marée étoit toute haute, quand elle a commencé de porter au Sud.

Alors tous les bancs & battures étoient couverts, ainsi que les greves & rives, que nous avons vû mouillées en fortant. J'ai observé que la marée a porté dedans jusques à neuf heures. Pour lors, nous avions diminué de quatre pieds perpendiculaires. Ensuite, ressortant nous avons augmenté de trois brasses: puis il s'est écoulé un petit intervalle sans qu'il y aît eu aucun cours; cependant nous avons encore augmenté d'une brasse: ensuite la mer a repris son cours, sans que nous ayons ni augmenté, ni diminué, faisant deux tiers de lieue à l'heure. A diminué ensuite sans aucun courant; ce qui m'a fait penser que les courans ne sont pas réglés; & que dans les Bayes le gonflement fait le reversement des marées. J'attends une plus ample observation pour fixer mon opinion.

Nous nous apperçûmes que la mer commençoit vers les 3 heures après-midi à entrer dans le goulet, ayant 26 jours de Lune; ce qui donneroit le goulet Eſt & Oueſt pour ſa ſituation: qu'il y feroit haute marée à 6 heures 12 min. les jours de nouvelle & pleine Lune.

Mardi 6, les Sauvages ſe ſont montrés ſur les neuf heures du matin, & faiſoient du feu ſur le rivage, au ruiſſeau Baudran. Nous avons arboré notre pavillon, & Mr. de la Gyraudais ſa flamme. Nous avons enſuite mis l'un & l'autre canot & chaloupe à la mer, avec des gens armés de fuſils & de ſabres. Il y avoit dans la chaloupe de Mr. de la Gyraudais un Officier de troupes, avec des préſens pour les Sauvages. Dans mon canot étoient ſept Matelots, & trois Officiers, ſous le commandement de mon frere. A onze heures nous les avons vû débarquer, & des hommes à cheval, qui les recevoient: ce qui m'a donné bon augure de paix. Juſques à midi rien de particulier.

Le rapport de mon frere eſt, que les Sauvages ou Naturels du Pays ſont différens de ceux que nous vîmes l'année derntere, dans la Baye Famine; parlant une langue différente. Ils étoient ſix hommes,

&

& une femme, n'ayant que six chevaux, gardés chacun par un chien, qui ne les quitte pas.

Ils ont très-bien accueilli nos Messieurs, étant venus au devant d'eux, pour leur enseigner où il falloit aborder & descendre. Ils n'ont point paru étonnés, ni montré la moindre émotion. On a mesuré le plus petit, ou le moins haut, & mon frere l'a trouvé de cinq pieds & sept pouces. Les autres étoient beaucoup plus hauts. Ils sont couverts de peaux de Chevreuils, de Guanacos, de Vigognes, de Loutres & d'autres animaux. Leurs armes sont des pierres rondes, ayant deux poles allongés & pointus, la partie ronde enchassée au bout d'un cordon composé de plusieurs courroyes étroites, tressées, entrelassées en rond, comme un cordon de pendule, & composant une espece d'assommoir: à l'autre bout, est une autre pierre, en forme de poire, moitié plus petite que l'autre, & comme enveloppée dans une vessie.

Ils s'en servent particulierement pour lacer les animaux; & y sont très-adroits, comme ils l'ont prouvé par l'expérience

faite

faite devant nos Meſſieurs Ils ont encore d'autres aſſommoirs faits à peu près de même. Ils manient bien leurs chevaux, ſur leſquels ils mettent une eſpece de ſelle, approchant de celle de nos cheveux de charge, que nous appellons un bât. Ces ſelles ſont montées de deux morceaux de bois, garnis de cuir, & ſont fourrées de paille. Le mors de la bride eſt un petit bâton, & les rennes ſont treſſées comme les cordons de leurs aſſommoirs. Ils ont des eſpeces de bottines, ou guêtres de peau, où eſt encore le poil; & deux petits morceaux de bois ajuſtés aux deux côtés du talon, ſe joignent en pointe, pour leur ſervir d'éperons. Leur culotes ſont des braguets très-courts, à peu près comme ceux des Sauvages du Canada; & ſont très-bien découpés. Il paroît qu'ils ont traité avec les Eſpagnols; car ils ont une lame de couteau à deux tranchans, très-mince, qu'ils placent entre leurs jambes. Leurs guêtres ſont faites comme celles des Indiens du Chily. Ils prononcerent quelques mots Eſpagnols, ou qui tiennent de cette langue. En montrant celui qui paroiſſoit être leur Chef, ils le nommerent *Capitan*. Pour demanmander du tabac à fumer, ils ont dit: *Chupan.*

Ils fument aussi à la Chillyenne, renvoyant la fumée par les narines; & sont très-amateurs de pipes & de tabac. En fumant, ils disoient *buenos*, & se frappoient sur la poitrine.

On leur a donné du pain frais, & du biscuit de mer: ils l'ont mangé du meilleur appétit. Les présens qu'on leur a faits, consistoient en quelques livres pesant de ce rouge, que nous appellons vermillon: des bonnets rouges de laine; mais aucun d'eux n'a pu y faire entrer sa tête; ces bonnets, quoique fort grands pour des têtes ordinaires, étoient trop petits pour les leurs. Nous leur avons aussi donné quelques couvertures de lit, des haches, des chaudieres, & autres ustencilles.

Mon frere a passé son mouchoir de poche autour du cou du Capitan; qui l'ayant accepté, a défait aussitôt sa ceinture, faite de courroyes tressées comme une sangle de selle de Cheval, ayant aux deux bouts une boule de pierre enchassée à moitié dans du cuir: une troisiéme pierre attachée aussi, vers le milieu de la ceinture, ainsi qu'une pierre à aguiser. Il la pré-

préfentée à mon frere, & l'en a ceint, en lui témoignant beaucoup d'amitié. On leur a fait entendre que nous allions plus avant dans le Détroit; & ils ont fait entendre par fignes, qu'ils iroient fe coucher auffitôt que le Soleil, faifant la démonftration de fe coucher, & de ronfler en dormant.

Dès que nos bateaux les ont eu quitté, & pris le large, ils ont monté à cheval, & ont dirigé leurs pas du côté où nous leur avions fait entendre que nous irions.

Ils paroiffent rufés, hardis, aimant à recevoir, & non à donner. Ils s'enveloppent dans leurs peaux d'animaux, coufues enfemble, comme font les Efpagnols de leurs manteaux. Nos Meffieurs ont tué quelques perdrix; ont vû des loups, des renards, & beaucoup de rats; mais rien de curieux.

Jeudi 8, vû derechef la Comete, à fix heures du matin. Elle a difparu avec le jour. A midi, mouillé fous la Baffe-terre du **Cap Grégoire**, par 25 braffes, fond de gros gravier, petites pierres, groffes comme des feves, & coquillages pourris. Le bout de la Baffe-terre du Cap Gré-

Grégoire, qui forme l'entrée du second goulet, au S. O. ¼ S. 3 deg. S. ¾ de lieue; la terre la plus proche à O. ¼. La pointe de l'Ile St. George, qui forme l'entrée du goulet bâbord en entrant, au S. S. O. quelques degrés Ouest. Le gros Cap Grégoire à O. ¼ N. O.

Après-dîner, mis nos canots à la mer pour aller à la pêche & à la chasse. Ils sont revenus le soir, sans avoir rien pris, ni tué, excepté Mr. de la Gyraudais, qui a tué une Vigogne galeuse. Il y a beaucoup de Vigognes sur le terrein, qui forme un beau pays. On y a vû quantité de renards, de loups, & de rats; point d'eau, quelques broussailles de bois jaune.

Vendredi 9, appareillé à jour. A dix heures nous étions dans le second goulet, & avons fait route, pour passer entre l'Ile Ste. Elizabeth & celle de St. Barthelemi; mouillé ensuite à onze heure, dans la Baye du Cap noir; sa pointe au N. N. O. 5 deg. N. La pointe de l'Est de l'Ile St. Elisabeth au N. N. E. l'Ile aux Lions au N. E. ¼ E. l'Ile St. Barthelemi au N. O. ¼ N. l'entrée du goulet au N. E. 5 deg. N. la pointe du

Sud de la Baye au S la terre la plus proche à trois quarts de lieue. On commence à voir du bois sur la pointe du Cap noir.

En visitant les Bois, nous n'y en avons trouvé que de tors, propre à brûler, & du bois jaune, ressemblant au Fustel. Le terroir y paroît assez bon, ainsi que la Baye; & l'on peut se mettre beaucoup plus dedans, que nous ne sommes, le fond y étant égal; huit & neuf brasses sable fin, & vaseux plus on s'approche de terre. On peut s'y mettre à l'abri depuis le N. N. E par l'Ouest.

Nous n'avons pris à la pêche qu'un grand Cornet, & quelques Grasdos, avec un poisson doré, espece de Surmulet. Moins heureux à la chasse. Par la grande quantité de fientes d'Outardes, semées dans les bruyeres, nous avons jugé que cet oiseau y abonde dans la saison. Point d'eau douce. On trouve un Lac à la distance d'un mille du fond de la Baye.

Samedi 10, à quatre heures du matin, la mer, portant à l'Est, s'est retirée de neuf pieds perpendiculaires: ce qui paroît contraire à toutes mes observations, rapportées ci-devant; mais ce pourroit être quelque marée reverse. Il paroît que

que la mer ne marne pas trois brasses; ce qui différe déja de plus de moitié de l'entrée du premier goulet.

Nous avons toujours rangé la côte des Patagons; & sondant presque sans cesse, nous avons trouvé 17 brasses, bon fond, en dehors de la Baye. Le fond augmentoit jusqu'à 35 brasses, sable vaseux, à mesure que nous avancions vers le Sud. La côte est aussi bordée de bois plus beaux, & plus fournis en quantité.

Ayant fait 7 lieues, nous nous sommes trouvés à l'ouverture d'une petite Baye, où il y a une pointe ras-l'eau, qui met une demi-lieue au large.

A peine avions nous fait un quart de lieue, après n'avoir pas trouvé fond à cent brasses, que nous l'avons trouvé à 17, & au bout du peu de tems qu'il a fallu retirer le plomb, & le jetter de nouveau, 8 brasses seulement, puis 5, puis 4½. toujours sable fin vaseux. La profondeur a augmenté peu après jusqu'à 25 brasses. Il est à remarquer que la mer étoit haute. Il ne seroit peut-être pas resté d'eau sur l'endroit le moins profond, si la mer eût été basse. La terre la plus proche étoit alors à notre tra-

travers, distante d'environ une lieue; & de la pointe la plus basse à peu près même distance: il n'y a point de bois sur cette pointe, qui est à environ 7 lieues de Cap noir; & le banc une lieue, dans le Sud-Est de cette pointe. Ce banc n'est pas marqué sur les Cartes du Détroit; il est cependant très dangereux, étant dans le milieu de la Baye; que je pense être *Freschwater*, par sa distance de la Baye *Famine*. Il y a deux petites rivieres, & de très-beau bois; & ressemble en tout à la description qu'en a fait l'Anglois, qui lui a donné le nom de Freschwater.

Depuis midi jusqu'au soleil couché, à peine avons-nous gagné une lieue sur le S. ¼ S. E. la marée étant contre nous. Alors j'ai relevé l'entrée du prétendu Détroit de St. Sébastien à l'E. S. E. la terre la plus proche de nous à O. & O. ¼ N. O. à une lieue ½ la pointe basse où nous étions à midi, au N. N. O. une lieue ½ la pointe Ste. Anne, que forme l'entrée du N. de la Baye Famine, au S. ¼ S. E. & Sud, distance 7 lieues.

Nous avons ensuite rangé la pointe Ste. Anne à ¼ de lieue, & mouillé dans la Baye

Fa-

Famine, par 9 brasses ¾ fond de vase verte coulante, & filé 50 brasses de cable. La pointe Ste. Anne à l'E. N. E. le Cap rond au S. ¼ S. E. l'Ile de sable, qui forme le Sud de la Baye, où il y a une riviere au Sud.

Sondé la Baye: bonne partout. On peut ranger la pointe Ste. Anne à deux encablures, sans risque, si l'on s'y trouve forcé par le vent; le moins d'eau qu'il y ait, est cinq à six brasses, & augmente peu à peu jusques à 25, un quart de lieue au large: mais il ne faut pas y mouiller; car le fond est de roches, & grand courant. Dans le S. O. de cette pointe est une basse, où il ne reste pas trois pieds d'eau en basse mer. Elle est à une encablure de terre.

Il convient, quand le vent le permet, de ne ranger la pointe Ste. Anne qu'à un grand tiers de lieue, à cause du courant; & qu'il pourroit y avoir quelques têtes de roches sous l'eau, que nous n'avons pas vûes: ensuite mouiller par huit & dix brasses, plus du côté de Ste. Anne, que du côté du Sud; parce que l'eau y diminue tout à coup quand la mer est haute, ainsi que dans le fond, où de basse-mer il reste une greve découverte plus d'un quart de lieue. J'ai ob-

observé que la mer marne perpendiculairement de 14 à 16 pieds, en grande mer ; & trouvé, par la situation du Havre, qu'il est S. E. & S. E. ¼ S. N. O. & N. O. ¼ N. Ayant aujourd'hui quatre jours de Lune, il s'est fait pleine mer après une heure.

Samedi 17, sondé les petites Bayes, qui sont au Nord de la pointe Ste. Anne. On y a trouvé des battures très au large.

Dimanche 18, envoyé après-dîné, tous les charpentiers à terre, pour couper du bois à brûler & à bâtir ; ce qui étoit l'objet de notre mission, ainsi que d'y prendre des plants d'arbres.

Mercredi 28, M. de la Gyraudais étant chargé & prêt, a appareillé à 7 heures du matin, pour retourner aux Iles Malouines.

Vendredi 30.

Ce matin j'ai apperçu des Sauvages sur l'Ile de sable, qui forme l'entrée du Sud de la Baye, où nous les avions laissés l'année derniere. J'ai couru aussitôt vers l'attelier, demander le canot. Mr. la Perriere me l'a envoyé, avec son équipage. J'ai été vers les Sauvages, & les ai reconnus pour les mêmes de l'année derriere. Ils étoient vingt-deux hommes, sans femmes, ni bateaux. N'ayant point de présens à leur don-

HISTORIQUE. 671

donnér; & ne pouvant m'en faire entendre, je me suis rembarqué.

Dimanche 1 Juin.

Les Sauvages, dès le matin, nous ont fait des signaux; mais le mauvais tems nous a empêché d'aller à eux. Deux d'entr'eux ont été au chantier; & ont fait entendre qu'ils desireroient que l'on fût dans la riviere avec le canot.

Le 2, deux Sauvages se sont présentés au fond de la Baye, hellant en leur langage. J'ai envoyé un Officier avec le canot, leur demander s'ils vouloient venir à bord. A l'arrivée du canot, ils ont pris la fuite du côté de la riviere, faisant signe de les suivre. L'Officier n'a pas jugé qu'il fut prudent de le faire; & est revenu à bord. A onze heures, nous les avons vûs sortir de la riviere dans six canots, ou pyrogues. Ils ont traversé la Baye; ont passé à une portée de fusil de nous, sans vouloir y venir, & ont été débarquer dans une petite anse, sous la pointe de Ste. Anne. Comme j'ai mis six hommes en cet endroit, pour couper du bois à brûler, & que les Sauvages étoient en grand nombre, j'ai fait armer sur le champ & canot & chaloupe, & suis allé les trouver. A mon arrivée, les uns bâtis-
soient

soient leurs cabanes; les autres pêchoient des coquillages, fçavoir des Moules, des Patelles, Ourfins, Crabes, Buccins, & le tout fur les rochers feulement. Ils ont néantmoins des rets faits de boyaux.

Après avoir renouvellé avec eux l'alliance que nous fimes l'année derniere, je leur ai fait diftribuer quelques préfens, confiftant en quelques livres de vermillon, couvertures de laine, petits miroirs, craye, couteaux, quelques capots, une hache, du pain &c. Ils n'ont pas voulu goûter de vin. Je ne leur ai pas propofé de l'eau de vie, par crainte des conféquences dangereufes.

Leur famille m'a paru compofée de 26 hommes ou garçons, & 40 femmes ou filles, parmi lefquels beaucoup de jeunes gens. Le chef d'entr'eux fe nomme *Pa-cha-chui*. Il eft diftingué des autres par un bonnet de peaux d'oifeaux ayant leurs plumes. Il le met fur la tête, quand il reçoit des vifites, pour marque fans doute de fa dignité. Les femmes m'ont femblé d'une grande modeftie, mais forcée par la préfence des hommes, qui paroiffent jaloux à l'excès.

J'ai interrogé le Chef, comme j'ai pu, fur la Religion. Il m'a donné à entendre,
ou

où j'ai cru comprendre à ſes ſignes, qu'ils n'adoroient ni le Soleil, ni la Lune, ni hommes, ni animaux, mais ſeulement le Ciel, ou l'Univers entier; ce qu'il m'a répété pluſieurs fois, en élevant toujours les mains jointes ſur ſa tête.

Pendant ce tems-là, comme ils ſont ſans façon, ils jettoient au feu tout le bois que nos gens coupoient. Pour ne pas me brouiller avec ces Sauvages j'ai fait interrompre ce travail ſur cet endroit, & ai envoyé mes ſix hommes couper du bois loin d'eux.

Ils ont troqué avec nos gens des arcs, des flêches peu dangereuſes, des colliers de coquillages, en échange pour leurs hardes. Je les ai enſuite quitté, en les invitant de venir à notre bord. Quatre ont accepté mon offre. Je les y ai fait dîner avec moi, & les ai traités de mon mieux. Ils ont préféré le lard à tout. Leur deſſert a été une chandelle pour chacun: ils les ont mangées avec avidité. Le repas fini, je les ai fait habiller de pied en cap, & leur ai donné des babioles, dont ils ont paru très contents; & puis les ai fait porter à terre.

Je ſuis retourné aux cabanes des Sauvages l'après-diné. Le Pacha-Choui eſt venu au devant de moi, m'a fait préſent d'une espece de pierre à tirer du feu, semblable à celles du Canada, paroissant être une marcassite de cuivre jaune. Il a ensuite distribué les présens que je leur ai faits ce matin.

Un d'entr'eux marmotoit continuellement. Je lui ai demandé pourquoi? Il m'a fait entendre qu'il prioit, en me montrant le Ciel, comme le Pacha-Choui avoit fait le matin: ce qui semble annoncer, qu'ils adorent une Divinité; mais je n'ai pu comprendre, ni ce qu'elle est, ni sous quel titre.

Les hommes & les femmes n'ont pour habillemens que des peaux, soit de Loups marins, soit de Vigognes, Guanacos, Loutres, Loups-cerviers, qu'ils jettent sur leurs épaules. La plûpart ont la tête nue. Une peau d'oiseau emplumée couvre leur nudité. Les hommes se nomment *Pach-pachevé*; les femmes *Cap-cap*. Ils m'ont appris ces noms en me montrant leurs personnes, & ensuite leurs parties qui distinguent le sexe. Ils sont maigres, les uns & les autres. Leurs canots sont malfaits, en comparaison de ceux des Sauvages du Canada. Ce sont les femmes qui rament & qui pêchent. Ils ont beaucoup de chiens, semblables à des Renards. Ils les appellent *Ouchi*; & leurs canots, *Shorou*.

Il est à remarquer que les marées du matin sont toujours égales au matin; montent très-peu en grande mer, & seulement comme de morte-eau.

Mercredi matin 4, les Sauvages n'ont pas fait de façons pour brûler cinq à six cordes de bois, que nous avions coupées; mais ils nous ont aidé à embarquer le reste.

A midi, le Pacha-choui est venu à bord de notre Frégate, accompagné d'onze hommes. Je l'ai fait dîner avec moi, & ai fait donner aux autres du biscuit, & un morceau de suif : pour boisson trois pintes d'huile de Loup marin. Ils ont tous bû & mangé d'un appétit charmant. J'ai ensuite habillé la Pacha-choui, & ai donné quelques bagatelles aux autres; puis je les ai fait porter à terre.

Le 6, tous les Sauvages, contens de la réception que j'avois faite à leurs camarades, sont venus, dans quatre canots, me faire visite. Mais comme ils avoient grand feu dans leurs canots, je n'ai pas voulu les laisser aborder; ce qui a paru leur déplaire. Je leur ai fait porter du biscuit & de l'huile; puis les ai renvoyés après leur dîné, sans leur en dire la cause.

Dimanche 8, les Sauvages commencent de nous importuner. Ils ont volé dans notre attelier plusieurs haches, viandes & hardes. Comme ils paroissent enclins au vol & à la surprise, j'ai pris le parti de ne laisser coucher personne à terre, & de faire emporter tous les soirs les ustenciles & les outils; ce qui va nous devenir d'une grande gêne.

Lundi 9, les Sauvages nous ont encore volé des harpons, haches, coins de fer, masses. J'en ai porté mes plaintes au Pacha-choui, & lui ai demandé nos outils; mais inutilement. Alors je leur ai fait entendre de ne pas recommencer, ou qu'ils seroient maltraités.

Leur bateau, qui avoit traversé la Baye hier au soir, leur a apporté un homme mourant, d'environ 40 ans. Il est d'une maigreur inconcevable.

L'après-midi, nos coupeurs de bois m'ont représenté qu'ils perdoient beaucoup de tems à aller coucher à bord, & à retourner au bois; & m'ont demandé de rester à coucher à terre. J'y ai consenti, en leur recommandant de traiter doucement les Sauvages, s'ils viennent leur faire visite.

J'ai

J'ai établi, pour cet effet, un chef entre eux, homme de bonne conduite, ainsi que son frere, doux, & d'ailleurs habitué à vivre avec les Sauvages du Canada, connoissant à quelque chose près leurs mœurs. Je leur ai aussi recommandé de veiller, crainte de surprise, & je suis retourné à bord.

Jeudi 12, ce matin, vers les quatre heures, nous avons entendu des cris chez les Sauvages. Trois de leurs canots, chargés de beaucoup de femmes, & de quelques hommes, sont venus à notre bord. Je leur ai fait donner quelques morceaux de pain, & de l'huile de Loups marins, qu'elles ont mise la plus grande partie, dans une espece de boyau, apporté exprès, & ont bu le reste. Je n'ai pas voulu les laisser monter à bord, vû qu'ils sont grands & hardis voleurs; & qu'ils avoient grand feu dans leurs canots. Aujourd'hui, contre l'ordinaire, les hommes n'étoient pas peints: quelques-uns seulement l'étoient de noir, & paroissoient effroyables. Les femmes étoient toutes *matachées* de noir, avec les visage & la gorge ensanglantés, paroissant s'être égratignées avec des épines. Deux de leurs canots ont doublé la pointe Ste. Anne, allant au Nord.

Dimanche 15: ce matin, j'ai été visiter les Sauvages. N'ayant plus apperçu le malade, je leur ai demandé ce qu'il étoit devenu? Ils m'ont fait entendre qu'il étoit mort. Les cris que nous avions entendu le Jeudi matin, étoient apparemment le signe de leur deuil. Ils paroissoient tous très affligés, & étoient tous peints en noir, contre leur ordinaire; & les femmes tout égratignées comme si on les eût déchirées avec des épingles. J'ai remarqué en eux un grand regret pour le mort. Qu'en avez-vous fait, leur ai je demandé par signe? Point d'autre réponse, que d'élever leurs mains vers le Ciel; & ont répété plusieurs fois le même signe, peut-être pour me faire entendre que le défunt y est. D'où l'on peut conjecturer qu'ils croyent une autre vie après celle-ci. Ils n'ont jamais voulu me dire ce qu'ils ont fait du cadavre. Je croirois qu'ils l'ont transporté dans l'un de canots qui ont doublé la pointe de Ste. Anne. Je leur ai distribué quelques biscuits, & de l'huile de Loups marins.

Lun-

Lundi 16, j'ai apperçu deux canots de Sauvages venans à nous, & tous les autres fortant de la Baye. Je me fuis mis dans le nôtre avec du pain & de l'huile. En approchant d'eux, je leur ai fait figne de me fuivre à terre; ce qu'ils ont exécuté très promptement. Je leur ai donné le pain & l'huile. Ils avoient levé leur camp: ceux qui y étoient encore ramaffoient le refte. Ils m'ont fait entendre, qu'ils alloient habiter à une lieue de là, dans une des petites Bayes qui font au Nord de Ste. Anne; parcé que les coquillages devenoient rares dans l'endroit où nous étions. Le Pachachoui étoit dans un des deux bateaux; & venoit me remercier & me prévenir de fon départ.

Je me fuis hazardé alors de lui demander fi quelques uns de fes jeunes gens voudroient venir faire le voyage avec nous; en lui faifant entendre de mon mieux, que je les ramènerois dans un an. Il m'a répondu par fignes, qu'il y confentoit: & auffitôt il m'en a préfenté un, qui m'a paru content. Nous nous fommes quittés; & j'ai emmené mon jeune Sauvage à bord. Je l'ai habillé,

& l'ai traité le mieux possible. Le Chef est sorti de la Baye; sans doute pour aller joindre sa troupe.

Mardi 17, notre Sauvage paroît se plaire avec nous; il a même l'air content & gay. Sur les 10 heures, 17 Sauvages venant par terre d'une petite Baye, qui est au Nord de nous, & où ils sont campés, sont venus voir leur camarade. Nous avons été au devant d'eux, lui avec nous; & je leur ai donné du pain & de l'huile, pour leur déjeuné. Sur le point de nous en retourner, un autre a demandé de venir à bord, pour y rester avec son camarade. Je l'ai emmené, vû que c'étoit volontaire de sa part.

Vers les 6 heures du soir, je me suis apperçu que nos deux Sauvages étoient tristes jusqu'à pleurer, & regardoient toujours la terre. Je n'ai pas eu de peine à deviner la cause de leur chagrin; & à me représenter combien un tel parti devoit leur causer de réflexions & de regrets. Malgré l'envie que j'avois de les emmener, dans l'espérance de tirer d'eux quelque éclaircissement pour la suite, j'ai pris le parti de les renvoyer, & de leur rendre une liberté qu'ils pensoient

soient sans doute avoir perdue. Je les ai fait embarquer dans le canot, & conduire à terre. Ils ont montré beaucoup de joye en y descendant; & ont demandé à aller joindre leur famille.

Mercredi à 9 heures, ils sont venus demander du pain & de l'huile. Je leur en ai fait distribuer, & ils ont aidé à charger la chaloupe; de la à leur ancienne habitation. Sur les 4 heures après-midi, ils nous ont quitté, me faisant entendre qu'ils alloient dormir; parce que la Lune paroissoit, (ils l'appellent *Sercon*,) qu'ils reviendroient, & me rameneroient les deux jeunes gens qui avoient été à bord. Nous y étant de retour, nous avons entendu deux coups de fusil; signal dont nous étions convenus pour demander du secours, en cas que l'on fut attaqué pour les Sauvages. Je me suis douté que nos gens étoient alors aux prises avec eux. J'ai fait armer les bateaux, & les ai envoyé porter du secours; mais il étoit trop tard: la bataille étoit gagnée, & les Sauvages en déroute, à notre arrivée à terre. Voici le fait.

Vint ou 26 Sauvages, nous a-t-on dit, étoient descendus en cachette, & à la sourdine, par le bois, derriere l'attellier; & trois entrerent précipitemment dans la cabane de nos gens. Ceux-ci croyant appercevoir en eux quelque dessein funeste, se sont mis à la porte de la cabane, pour empêcher les autres d'entrer. Alors ils ont voulu forcer; & ne pouvant le faire, ils se sont jettés sur nos gens, les uns aux jambes, pour les faire tomber, & les lier probablement, car ils étoient munis de grandes courroyes en forme de laqs, ayans au bout un dard d'un os endenté, d'environ 6 pouces. Les autres frappoient à coups de gros bâtons. Nos gens, quoique surpris d'une si prompte déclaration de guerre, n'ont pas perdu tête. Ils se sont munis de leurs sabres, ont fait main basse sur leurs ennemis, & ont saccagé tous ceux qui se sont rencontrés devant eux; ce qui a mis les Sauvages en désordre, & en déroute. Nos gens n'étoient cependant que sept contre 25 : trois Sauvages sont restés morts sur le champ de bataille, sans compter les blessés. Trois des nôtres ont été blessés; le Maître

Char.

Charpentier de plusieurs coups de bâton sur la tête; un autre dangereusement aussi à la tête, par un coup de sabre; & son frere d'un coup de sabre sur la main, dont il demeurera estropié. On a pansé les blessés aussitôt qu'ils ont été arrivés à bord. Un des trois a été ensuite trépané.

Vendredi 20: j'ai envoyé ce matin la chaloupe chercher le merrein, & enterrer les trois Sauvages dans une même fosse. On a mis dessus leurs peaux ou manteaux avec leurs souliers, après y avoir élevé une hauteur de terre, afin que les autres Sauvages reconnoissent l'endroit, où sont leurs défunts camarades; & qu'ils ne pensent pas qu'on les a mangés: ce qu'ils pourroient imaginer, s'ils ne trouvoient pas les corps morts.

Dimanche 22, nous étions à l'entrée du goulet; & à onze heures vû plusieurs feux sur les basses-terres du Cap Grégoire. En les rangeant, nous avons apperçu environ 90 à 100 hommes, la plûpart à cheval, nous suivant jusques au mouillage; comptant sans doute, que nous y mouillerions. Mais le grand vent
& le

& le tems favorable pour fortir du Détroit m'en ont empêché. A midi, la pointe du Cap Grégoire nous reftoit à l'Oueft, demi-lieue. Depuis ce matin, nous avons fait douze lieues, les Sauvages nous faifant toujours des fignes. A 9 heures du foir nous avons relevé le Cap des Vierges, & fommes fortis du Détroit.

REMAQUES

faites en 1766 dans le Détroit de Magellan, depuis le Cap des Vierges jusques au Cap Rond; par Mr. de la Gyraudais, Lieutenant de Frégate, aujourd'hui Capitaine de Brûlot.

Le Cap des Vierges est de la hauteur du Cap Fréhel, dans la rade de St. Malo, & a la même forme. A deux lieues & ½ dans l'Ouest, il s'y trouve une pointe basse, qui s'allonge une lieue en mer dans le Sud, avec une batture, à deux encablûres au large de cette pointe, qui couvre; & la mer y brise beaucoup. Cette batture n'est pas marquée sur la Carte du Détroit, non plus qu'une Baye où nous avons mouillé. La côte est assez haute, & saine, depuis le Cap des Vierges, jusqu'à celui de la Possession. On peut ranger à une demi-lieue sans risque. La Baye de Possession est grande. On y est à l'abri des vents depuis le O. S. O. jusqu'au N. E. passant par le N. Elle est
très

très reconnoiſſable au plan de Mr. de Gennes, qui eſt bien jetté pour les diſtances, & pour le giſſement des terres; à la reſerve de l'Ile aux Lions, qu'il ne met pas aſſez dans la partie de l'O. S. O. d'une lieue & ½ au moins. Au deſſus de la Baye de Poſſeſſion, on voit un gros Morne, & dans le S. O. d'icelui quatre petits Mondrains hachés à peu de diſtance l'un de l'autre.

Depuis cette Baye juſqu'au delà du premier Goulet, la côte eſt baſſe & faine, du côté de tribord en entrant. On trouve enſuite la Baye Boucaut, formée par le premier Goulet, & le Cap Grégoire qui eſt aſſez haut. A deux lieues dans les terres eſt une montagne, qui va N. E. & S. O. une terre fort haute, & unie, que l'on voit longtems avant que d'entrer dans le premier Goulet.

Après avoir paſſé le ſecond Goulet, on trouve la terre plus haute, & l'on voit pluſieurs enfoncemens depuis le ſecond Goulet juſqu'à l'Ile Ste. Elizabeth; & de là à la grande terre qu'il faut ranger le plus qu'il eſt poſſible, ſurtout quand il y a flot; car la marée jette ſur l'Ile St. Barthelemi *comme un foudre*. On paſſe entre

ces

ces deux Iles, & l'on va au Cap noir, qui eſt haut; & où l'on trouve un très bel & bon mouillage, que Monſieur de Gennes appelle Freſchwater; mais qui ne l'eſt pas. On commence à y voir du bois. Freſchwater eſt à ſix lieues de là dans une anſe, dont la pointe de ſtribord eſt très baſſe, & ſans bois. Nous avons ſondé ſon travers avec 50 braſſes de ligne, ſans trouver fond. Deux minutes après vû le fond, trouvé à quatre braſſes, fond de ſable gris & fin. Nous avons ſuivi ce fond un quart de lieue, en prenant le large. Je ne conſeille pas de l'approcher plus près de deux lieues. De là à la Baye Famine, les terres ſont hautes, & ainſi juſqu'à la Baye du Cap rond.

Obſervations ſur la Terre de Feu en entrant dans le Détroit.

Depuis le travers du Cap des Vierges juſques à 2 lieues ½ en dedans, la terre eſt haute & ſaine. On trouve là une pointe très-baſſe, qui s'allonge une lieue en mer S. E. & N. O. Il y a un haut fond N. & S. d'elle, à une lieue au large. Enſuite la côte forme un enfoncement, que l'on ne voit que dans le beau

tems

tems jusqu'au Cap d'Orange, qui fait l'entrée de bâbord du premier Goulet. Là est une batture, qui s'allonge N. E. & S. O. à deux grandes lieues de ce Cap, qui couvre & découvre toutes les marées. De là jusqu'au travers du second Goulet, la terre fait encore un enfoncement, & du second Goulet jusques au travers du Cap rond, les terres sont très hautes, & forment comme quatre Iles hautes. Il y a peut-être des Bayes entre elles, ou des terres basses. Mr. de Gennes n'a pas marqué les deux qui sont devant, & avant le Cap rond, assez près de la côte des Patagons, d'une lieue & $\frac{1}{2}$ à deux lieues.

EXTRAIT DU JOURNAL

du même Mr. de la Gyraudais, Commandant la Flute du Roi l'Etoile, allant des Iles Malouines au Détroit de Magellan.

Du 28 au 29 Avril 1766. Je crois qu'il y a plus de chemin des Iles Malouines à la Terre des Patagons, qu'il n'en est marqué sur les Cartes; car l'Aigle s'est trouvé dans le Voyage précédent 18 lieues sur l'avant de son Navire, tant en allant au Détroit qu'en en revenant. Je pense que nous aurons cette même différence à l'atterrissage; car je suis à midi à un quart de lieue sur la terre, sans avoir eu de différence depuis ma sortie, non plus que l'Aigle, qui se trouve par le même point. Sondé plusieurs fois; trouvé 60 brasses, fond mêlé d'un peu de corail blanc, & une pierre à fusil, toute taillée: chose extraordinaire.

re. *) Vû beaucoup de Baleines, tiré un coup de canon fur une, qui étoit fi près du Navire, qu'ayant été bleffée, & fe débattant, elle a fait rejaillir l'eau fur notre bord: vû enfuite des tripailles de Baleines, & une efpece d'Alouettes de mer plus groffes qu'elles ne le font ordinairement; vû auffi des Pinguins, des Plongeons, Damiers, Moutons, & de gros Caignards. Latitude eftimée 51=3. Longitude 70=27.

Du 20 au premier May, vû des Becfies, marque certaine, que l'on n'eft pas à plus huit lieues de terre. La brume nous empêchoit de voir à plus d'une demi-lieue; les courans nous paroiffoient confidérables, & la mer très blanche, fonnant comme dans un Ras. La mer fe trouve changée à huit lieues au au large, & plus confidérablement à l'ouverture du Détroit. Le tems s'étant éclairci à 10 heures, vû la terre: diftance 4 lieues. Je me trouve fur l'avant

du

*) Ne feroit-il pas arrivé que les trois Vaiffeaux Anglois du Chef d'Efcadre Byron, auroient fuivi la même route que Mr. de la Gyraudais, & que quelqu'un de ces trois Vaiffeaux auroit laiffé tombé cette pierre à fufil à la mer. Cette pierre à fufil trouvée au fond, prouveroit au moins que l'eau de la mer n'y eft pas beaucoup agitée.

du Navire 22 lieus plus Oueft, & plus Sud 10 lieues 20 minutes. Ce qui prouve, conformément à mon obfervation précedente, que les Cartes ne mettent pas affez de diftance des Iles Malouines à la grande Terre.

Du 3 au Dimanche 4, reviré de bord à une lieue de la Terre de Feu; parce que nous avons trouvé, tout à coup, la mer changée. Sondé & trouvé 28 braffes, fond de roches. Il y a à préfumer un haut fond à la diftance de deux encablures en avant & au vent de nous; car nous voyons la mer brifer deffus. Nous étions alors dans le S. ¼ S. O. du Cap des Vierges. A 4 heures & demie, mouillé dans une Baye, que nous avons nommée *Baye de l'Etoile*, par les 14 braffes d'eau, fond de fable noir vafeux. La mer y a marné de fix pieds.

Du 4 au 5, fur les 4 heures du foir, connoiffance d'un feu fur la côte des Patagons. Après nous en être approchés, nous avons apperçu des hommes au nombre de fept, & des chevaux avec eux. Nous n'avons pu diftinguer s'ils étoient nuds, ou vétus. Quand ils ont vû que nous avions dépaffé l'endroit où il avoient fait leurs feux, ils nous ont fuivi le long de la côte, montés sur leurs chevaux, & des chiens à leur suite. Voyant que nous poursuivions notre route, ils ont fait des cris, mais nous n'y avons pu rien comprendre. Le vent & la marée nous étant favorables, nous avons perdu de vûe les Patagons, & passé le premier Goulet. Il avoit une lieue & demie de large. Sur les cinq heures ½, mouillé dans la Baye Boucaut, où nous avons relevé le Cap Grégoire à O. S. O. dist. de 3 lieues.

Notre mouillage à dix brasses, fond de sable vaseux & quelques petits coquillages, à une grande lieue de terre. Il ne faut pas mouiller par moins d'eau; parce que la nuit, la mer a marné de 3 ou 4 brasses. Les terres sont bien jettées sur le plan de Mr. de Gennes.

Du Lundi 5 au Mardi 6, la nuit vû une Comete, qui avoit la queue au N. E. & 20 degrés sur l'horizon.

Du 6 au 7, vû pendant la nuit des feux sur la côte des Patagons. A huit heures ce feu étoit à notre travers, & nous avons vû des Patagons à terre, au moyen de la Lunette de longue vûë. L'Aigle & moi avons mis nos canots dehors, & avons envoyé quinze hommes, y compris l'Officier,

cier, bien armés, à terre dans l'endroit où étoient les Sauvages, au nombre de sept. Ils ont fait, dans leur langage, un compliment à nos gens. Les nôtres n'y ont rien compris; mais ils ont cru appercevoir sur leurs visages, & dans leur maintien, une satisfaction de les voir. Après les premiers complimens, ils ont mené nos gens à leurs feux.

Ayant examiné les Patagons à leur aise, ils les ont trouvés de la plus haute taille: le moins grand avoit au moins cinq pieds sept pouces de hauteur, & d'une quarrure plus que de proportion, ce qui les fait paroître moins grands. Ils ont les membres gros & nerveux, la face large, le tein extrémement bazané, le front épais, le nez écrasé & épatté, les joues larges, la bouche grande, les dents très-blanches, & bien fournies, les cheveux noirs; & sont plus robustes que nos Européens de même taille.

Les mots, qu'ils ont prononcés sont: *Echoura, Chaoa, Didon, ahi, ahi, ohi, Choven, Quécallé, Machan, Naticon, Pito.* Ce sont les seuls que l'on leur aît entendu dire, pendant que nos gens se chauffoient avec eux.

Mr. de St. Simon, Officier embarqué avec nous aux Iles Malouines, par ordre de Miniſtre, pour leur faire des préſens, s'eſt très-bien acquitté de ſa commiſſion *). Il leur a donné des harpons, caſſe-têtes, couvertures, bonnets de laine, vermillon, & ce que l'on a cru qui pouvoit les flatter le plus. Ils y ont paru très-ſenſibles.

Ils ſont vêtus de peaux de Guanacos, de Vigognes, & autres, couſues enſemble, en maniere de manteaux quarrés, qui leur deſcendent juſqu'au deſſous du mollet près la cheville du pié. Ils ont auſſi des eſpeces de guêtres, ou bottines, ou brodequins des mêmes peaux, le poil, ou laine en dedans, ainſi que leurs manteaux, qui ſont très-bien couſus, en compartimens ſymmétriſés, & peints ſur le côté oppoſé à la laine, en figures bleuës & rouges, qui ſemblent approcher des caracteres chinois, mais preſque tous ſemblables, & ſéparés par des lignes droites, qui forment des eſpeces de quar-

*) Mr. la Ronde de St. Simon eſt né au Canada, il y a été élevé, & a ſervi avec les Sauvages, dont il connoît les mœurs, & les uſages. C'eſt pourquoi, dans le premier Voyage aux Iles Malouines, nous ne l'appellions, en badinant, que le *Sauvage*. Il a près de 5 pieds dix pouces de haut, & une quarrure proportionnée.

quarrés, & de lozanges *). Ils ont des manieres de chapeaux ornés de plumes, en façon de nos plumets. Quelques-uns de ces chapeaux reffemblent prefque à des toques Efpagnoles.

Plufieurs de nos gens ont été à la chaffe un peu au loin, y ont tué quelques perdrix, & vû des carcaffes de Vigognes. Le pays qu'ils ont parcouru eft inculte, ftérile, & aride. On n'y voit que des bruyeres, & peu de foin. Les chevaux des Sauvages paroiffent des roffes; mais ils les manient avec beaucoup d'adreffe. Les Patagons ont fait des préfens à nos gens, qui revenoient de la chaffe. C'étoient des pierres rondes, de la groffeur d'un boulet de deux livres. Elles font ajuftées dans une ban-

---

*) Mr. de la Gyraudais reçut en préfent de ces Patagons, lorfqu'il les vifita en retournant aux Iles Malouines, plufieurs de ces manteaux, quelques uns de leurs affommoirs, quelques lacqs armés de pierre, & des colliers de coquillages de leurs femmes. Il les apporta à Paris, en donna une partie à Mr. d'Arboulin, qui en fit préfenter quelques uns au Roy, & garda le refte. Je les y ai examiné à loifir; & quoique j'aye cinq pieds fept pouces & quelques lignes de hauteur, un de ces manteaux mis fur mes épaules, comme les Patagons les mettent, trainoit au delà de mes talons au moins d'un pied & demi.

bande de cuir attachée, & coufue au bout d'un cordon de boyaux, treffé en façon de cordon de pendule. C'eſt un lacq, ou eſpece de fronde, dont ils ſe ſervent très-adroitement pour tuer les animaux à la chaſſe. Au bout oppoſé à celui où eſt la pierre ronde, eſt une autre pierre, plus petite de moitié que l'autre, & couverte d'une eſpece de veſſie, qui la joint bien partout. Ils tiennent cette petite pierre dans la main, après avoir paſſé la corde entre les doigts; & ayant fait le mouvement du bras, comme pour la fronde, ils lâchent le tout ſur l'animal, qu'ils atteignent & tuent juſques à quatre cents pas.

Les femmes ont un teint beaucoup moins bazaré. Elles ſont aſſez blanches; d'un taille cependant proportionnée à celle des hommes; habillées de même d'un manteau, de brodequins, & d'une eſpece de petits tabliers, qui ne deſcend que juſqu'à la moitié de la cuiſſe. Elles s'arrachent ſans doute les ſourcils; car elles n'en ont point. Leurs cheveux ſont arrangés en face: elles n'ont point de chapeaux.

Ces Patagons ne connoiſſent pas la paſſion de la jalouſie, au moins doit-on le préſumer de leur conduite; puiſqu'ils enga-

HISTORIQUE. 697

gageoient nos g   à palper la gorge à leurs femmes & filles, & les ont fait coucher pêle-mêle avec eux & elles, lorsque je les ai visités en m'en retournant aux Iles Malouines.

On leur a donné du pain, qu'ils ont mangé, & du tabac à mâcher & à fumer. A leur maniere d'en faire usage, on s'appercevoit bien qu'ils n'y étoient pas neufs. Ils n'ont pas voulu boire de vin. Au bout de cinq à six heures écoulées avec eux, ils se familiarisoient davantage. Ils sont fort curieux, fouilloient dans les poches de nos gens; vouloient tout voir, & les toisoient de la tête aux pieds.

On a monté leurs chevaux, qui ont bride, selle & étriers. Ils se servent de fouet & d'éperons; & paroissoient contens & satisfaits de voir monter nos gens sur leurs chevaux. Quand j'ai fait tirer un coup de canon, pour rappeller nos gens, ils n'ont montré ni émotion, ni surprise. En les quittant, ils ont fait beaucoup d'instances pour que l'on restât avec eux; & donnoient à entendre par leurs signes, qu'ils donneroient à manger, quoiqu'ils n'eussent rien là; mais qu'ils avoient des leurs à la chasse, qui ne tarderoient pas à revenir. On leur a répondu également par signes;

signes, que l'on ne pouvoit pas rester; que l'on alloit partir, pour aller au lieu, que l'on s'efforça de leur indiquer, tâchant de leur faire comprendre en même tems, de nous y amener des bœufs & des chevaux. On ne sçait pas s'ils l'ont compris.

Du 7 au 8, appareillé de la Baye Boucaut, mouillé sous le Cap Grégoire, & chassé sur le terrein, qui nous a paru le même que le précedent. Après avoir parcouru environ une lieue, rencontré deux troupeaux de Vigognes de 3 ou 400 chacun, & n'en avons pu tuer qu'une, d'un coup de fusil à balle. Je tuai aussi une *Bête puante*, que je laissai à cause de sa puanteur. Je tirai aussi sur un Loup. Mais tous ces animaux sont très sauvages, & ne se laissent pas approcher.

Du 8 au 9, à 6 heures ½ du matin, appareillé avec une mer presque calme, & le plus beau Ciel du monde. Mr. de Gennes marque le second Goulet, Est & Ouest du Monde, dans son plan, mais il y est marqué de deux quarts trop Ouest. Je conseille de suivre la côte des Patagons jusques à être Nord & Sud de l'Ile Ste. Elizabeth, à cause des courans, qui portent sur les Iles St. Barthelemi, & aux Lions, & sur des battures, situées à l'Est, & dans l'Ouest de la
poin-

pointe de l'Ile St. Barthelemi. La route que nous avons faite jusques dans la Baye du Cap noir, rangeant toujours l'Ile Ste Elizabeth de fort près. A midi nous y avons mouillé par 8 brasses d'eau, fond de sable vaseux, & coquillages pourris.

Du Vendredi 9 au 10, toujours rangé la côte des Patagons à une lieue $\frac{1}{2}$. Elle nous a paru couverte de broussailles, & de quelques bouquets de bois. Le canot revenu nous a dit que le bois n'étoit pas beau; étant au travers d'une pointe basse, nous avons sondé; point de fond à 50 brasses. L'instant après, vû le fond sous nous; & nous l'avons trouvé à quatre brasses, fond de sable fin: ce qui nous a obligé de prendre le large.

Du 10 au 11, grand vent, & de la brume avec une mer très-mâle. N'étant qu'à cinq lieues de la Baye *Famine*, j'ai pris le parti d'y aller mouiller; l'Aigle nous a suivi: & nous avons bien fait. Un quart d'heure après avoir mouillé, l'on ne distinguoit aucun objet à une demi-portée de canon; & il faisoit toujours un vent des plus violens.

Du Dimanche 11 au 12, continuation de brume & de pluye. Ayant fait le tour de la Baye, par terre, nous avons vû
quel.

quelques beaux bois, & découvert une riviere très-rapide à la pointe de basbord de l'entrée. Elle rend la mer aussi sale & aussi trouble qu'une riviere débordée par l'abondance des pluyes.

Il y avoit sur le bord de l'eau sept ou huit cabanes de Sauvages, abandonnées depuis peu de jours. Je fis tirer un coup de canon, & arborer le pavillon, pour essayer d'attirer les Sauvages des environs.

Du 13 au 14, grand vent, suivi d'une tempête très-violente, qui s'est terminée par une quantité prodigieuse de pluye, ensuite de neige & de grêle, jusqu'à midi, que le calme est venu.

Du 16 au 17, trouvé du très beau bois, & envoyé 30 hommes à terre, avec un Officier, pour dresser une tente, & pratiquer des chemins dans les bois.

Depuis ce tems, toujours occupé à couper, & à embarquer le bois, jusqu'au 17, que nous avons désaffourché, & laissé l'Aigle, pour achever sa cargaison, & nous porter la nôtre aux Iles Malouines.

Du 29 au 30, à 10 heures du matin, connoissance d'un feu à terre, que les Sauvages nous faisoient. Couru sur ce feu, & vû des hommes & des chevaux.

Du

Du 30 au 31, la nuit nous ayant surpris, nous avons gagné le mouillage à la faveur de deux feux que les Sauvages nous avoient faits, l'un fur une montagne, l'autre fur le rivage. Mouillé par 19 braſſes, fond de vaſe noire, & quelques petits coquillages: à ſept heures & demie du ſoir relevé la **pointe du Cap Grégoire**. ſous lequel nous ſommes au S. $\frac{1}{4}$ S. O. 3 deg. O. une lieue $\frac{1}{2}$.

Au point du jour, les Sauvages ont fait des cris, pour nous appeller. J'ai fait mettre canots & chaloupe à la mer, avec des préſens, & du monde bien armé. J'ai été à terre, où j'ai trouvé environ trois cents Sauvages, tant hommes que femmes & enfans. Ne comptant pas en rencontrer un ſi grand nombre, il a fallu retourner à bord, chercher d'autres préſens.

Du 31 au Dimanche 1 Juin 1766. Le vent ayant éloigné le canot du rivage, & perſonne dedans, l'inquiétude de le perdre a pris nos gens. Les Sauvages s'en étant apperçus, un d'entr'eux, qui étoit à cheval, a piqué des deux, eſt entré à la mer, & a été fur ſon cheval chercher à la nage notre canot. Il l'a ramené à bord, & l'a préſenté à nos gens.
En

En aurions-nous fait autant pour eux, nous qui nous piquons de politesse, de civilité, d'humanité & de bienfaisance, & qui traitons de Sauvages ces Patagons?

A sept heures du matin, la chaloupe a porté à terre le reste des présens, que la tourmente avoit empêché de porter jusques à ce moment, & a ramené à bord treize de nos gens, qui étoient restés, depuis le matin de la veille, avec les Sauvages. Ils nous ont dit que ces Géans Patagons leur ont fait toutes sortes de politesses à leur façon, & leur ont donné toutes les démonstration de l'amitié la plus sinceres; jusqu'à les engager de coucher avec leurs femmes & leurs filles: Qu'ils leur ont donné de la viande de Guanacos, plusieurs de leurs manteaux, de leurs especes de frondes, ou assommoirs, & les femmes leur ont donné leurs colliers de coquillages. Ils m'ont aussi fait présent de douze chevaux, ou jumens; que je n'ai pu conserver, faute de fourrage.

La politesse, qui a paru le plus à charge à nos gens, a été celle de coucher pêle-mêle avec ces Patagons, qui souvent se mettoient trois ou quatre sur chacun des nôtres, pour les garantir du froid; en sorte que leurs fusils, & leurs autres armes

HISTORIQUE. 703

mes leur devenoient inutiles. Ils n'auroient eu d'autre reſſource, que dans leurs coûteaux; ce qui ne leur eût pas ſervi de beaucoup pour ſe défendre, en cas de beſoin, contre cinq à ſix cents, tant hommes, que femmes ou enfans, & tous proportionnellement d'une taille énorme, pour la hauteur & la groſſeur. Chaque homme, ou femme, a un ou deux chiens, & autant de chevaux avec lui. Ils paroiſſent d'un caractere fort doux, & très humain. On pourroit aiſément faire avec eux la traite de ces chevaux, qui reviendroient à très bon compte, & celle des peaux de Vigognes, dont la laine eſt ſi eſtimée & ſi chere en Europe. Celle des Guanacos eſt auſſi excellente, quoique moins fine.

Du 4 au 5, j'ai pris le point de mon départ du Détroit par la latitude de 52=45. & longitude Méridionale de Paris 70=37. Latitude obſervée 51=53. Longitude eſtimée 69=1. Ce qui fait que je me trouvé plus Sud, que mon obſervée; & ce qui eſt conforme à mon arrivée au Détroit.

Du 7 au 8, grand vent, pluye, brume, & la mer affreuſe, le vent toujours par grains. Latitude eſtimée 50=21.
ob-

observée douteuse 50=7. Longitude 63=5. Variation N. E. 20=30.

Du Dimanche 8 au 9, mer très-mâle, pluye, grêle, neige & brume. Vû la Terre à 9 heures, sans la connoître: à midi, reconnue pour les Iles Sébaldes, qui nous restoient au S. E. distance 10 lieues. D'où je prends mon point d'arrivée par la latitude de 50=25. & long. mérid. de Paris 66.

Je me trouve plus Est que le Navire de 35 lieues, & conforme à l'observée. Il faut donc que la terre-ferme soit marquée dans les Cartes, plus de 20 lieues trop à l'Est.

Du 13 au 14, vû la terre à 8 heures du matin, qui me restoit depuis le S. O. jusques à l'E. ¼ S. E. & je crois être Nord & Sud de la Couchée, ou du Détroit.

Du 14 au 15, nous avons mouillé dans la Baye d'Acaron, au même endroit d'où nous étions partis

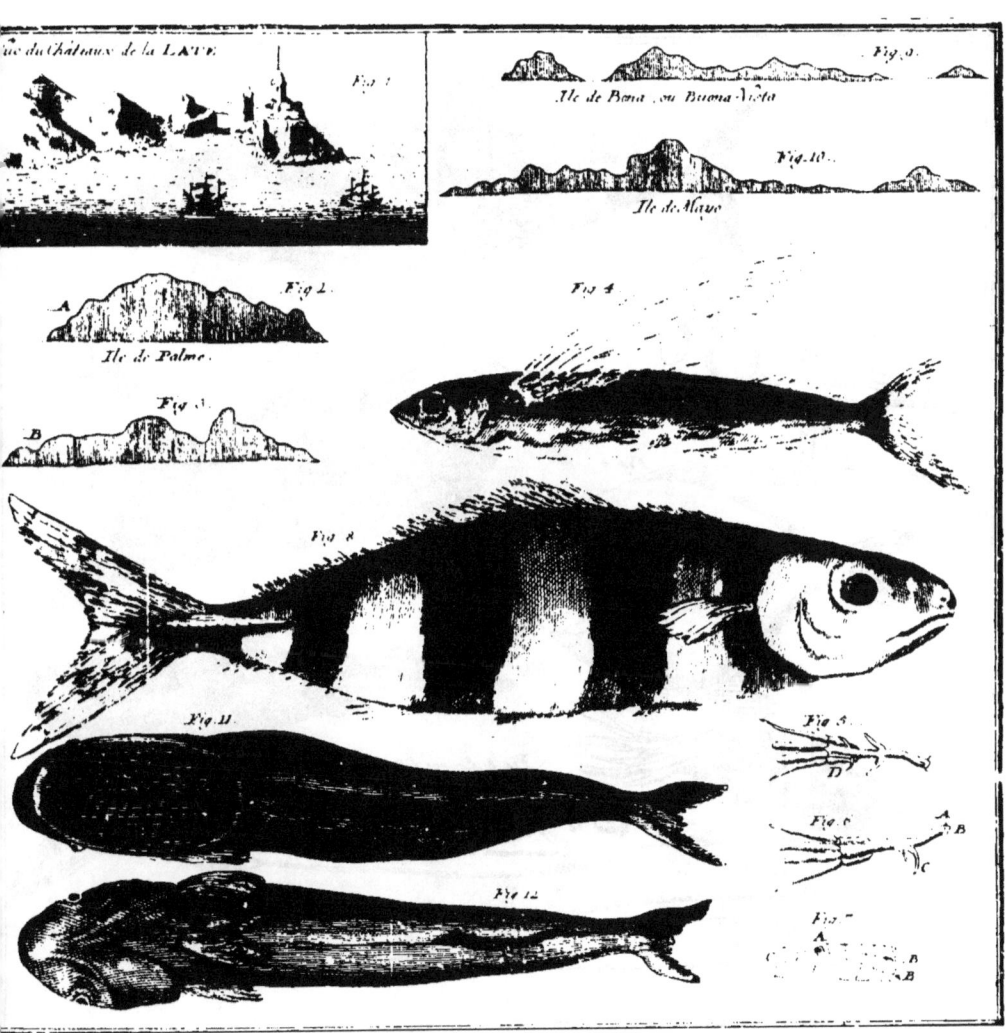

Pl. II.

Fig. 1.

A

Fig. 3.

Fig. 2.

Fig. 4.

Fig. 5. Requin.

Fig. 6. Cornet.

Fig. 8. Espece d'Eperlan, ou Beccassine de mer.

Fig. 7.

Pl. III.

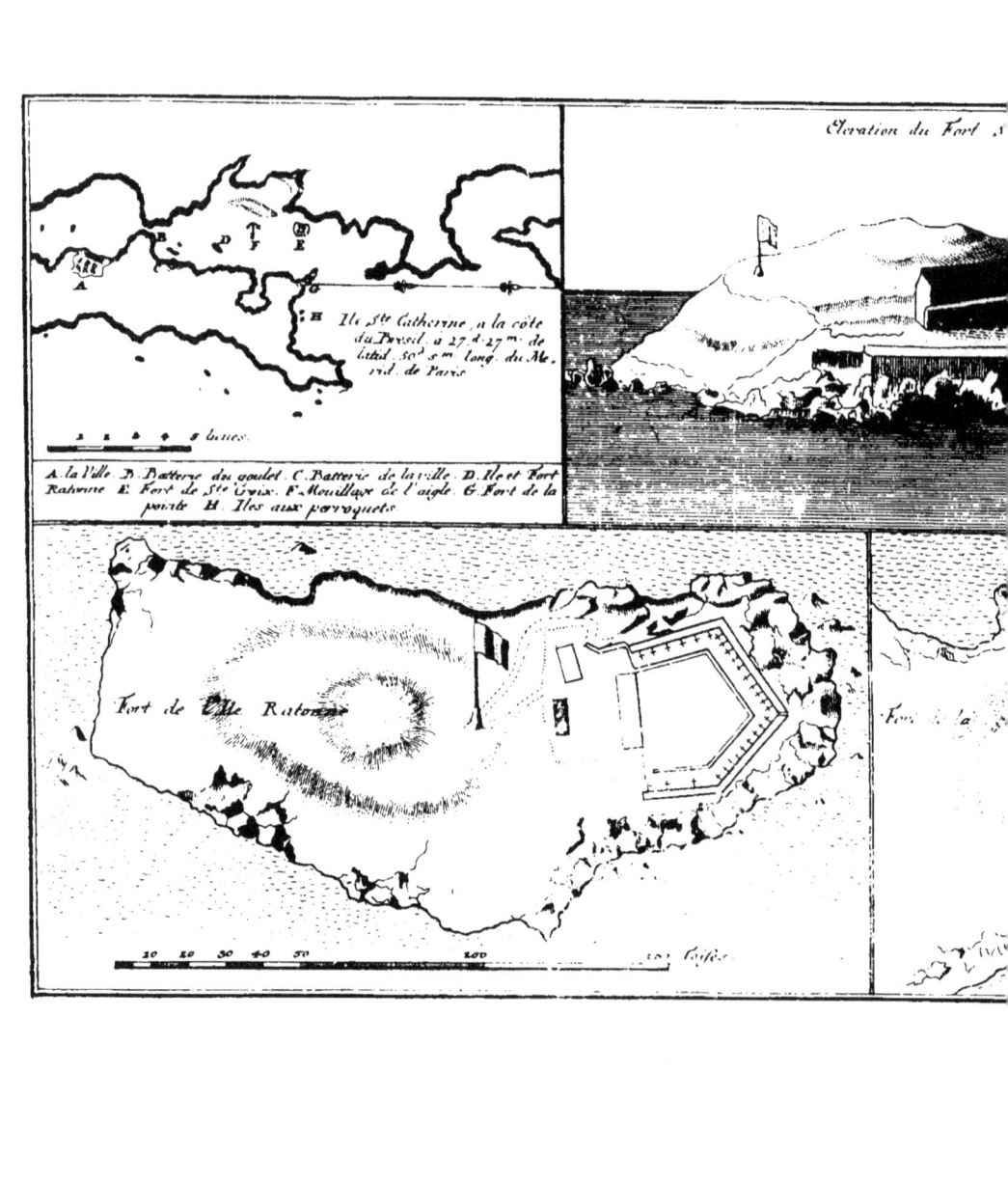

Pl. IV.

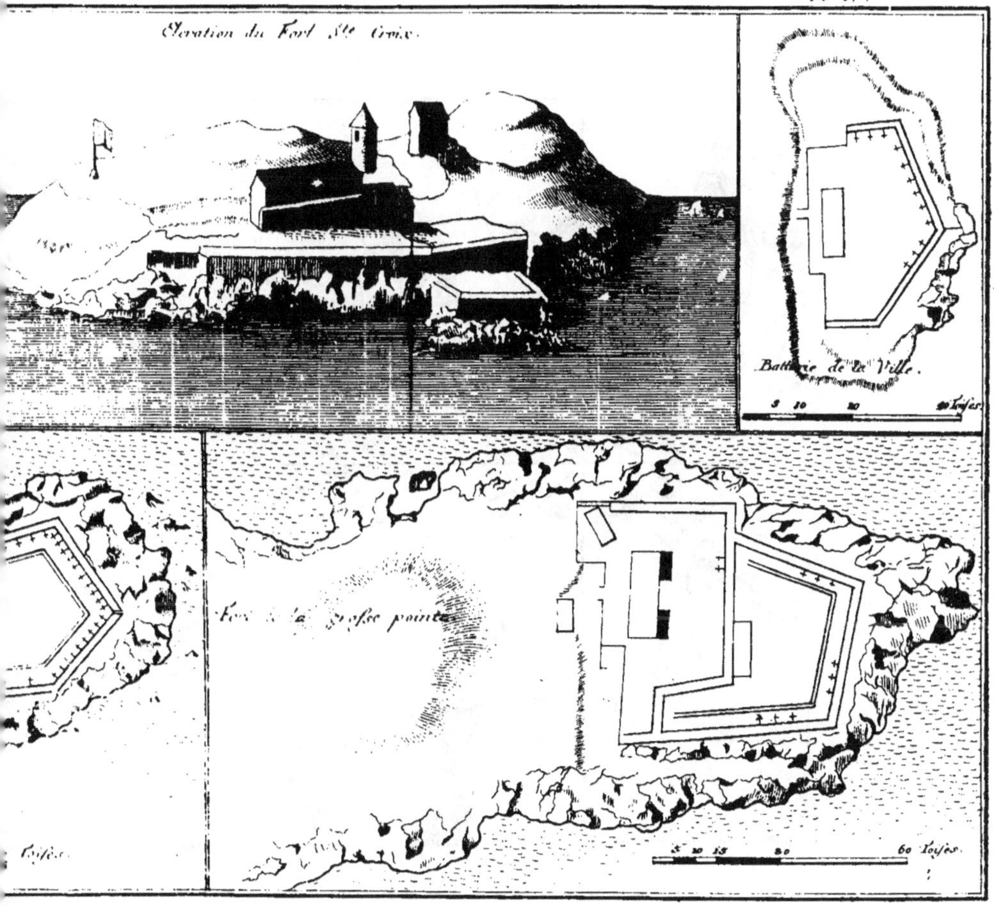

Elevation du Fort Ste Croix.
Batterie de la Ville.
5 10 20 40 Toises.
la grosse pointe
5 10 15 30 60 Toises.
Toises.

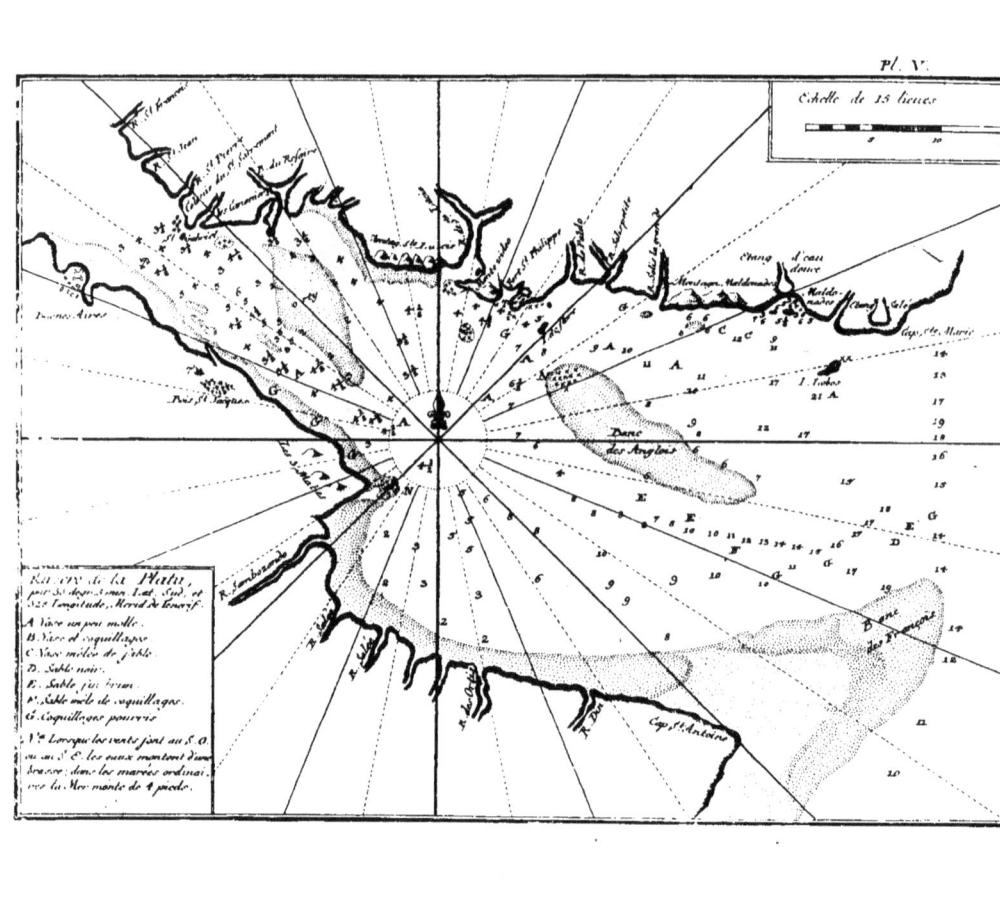

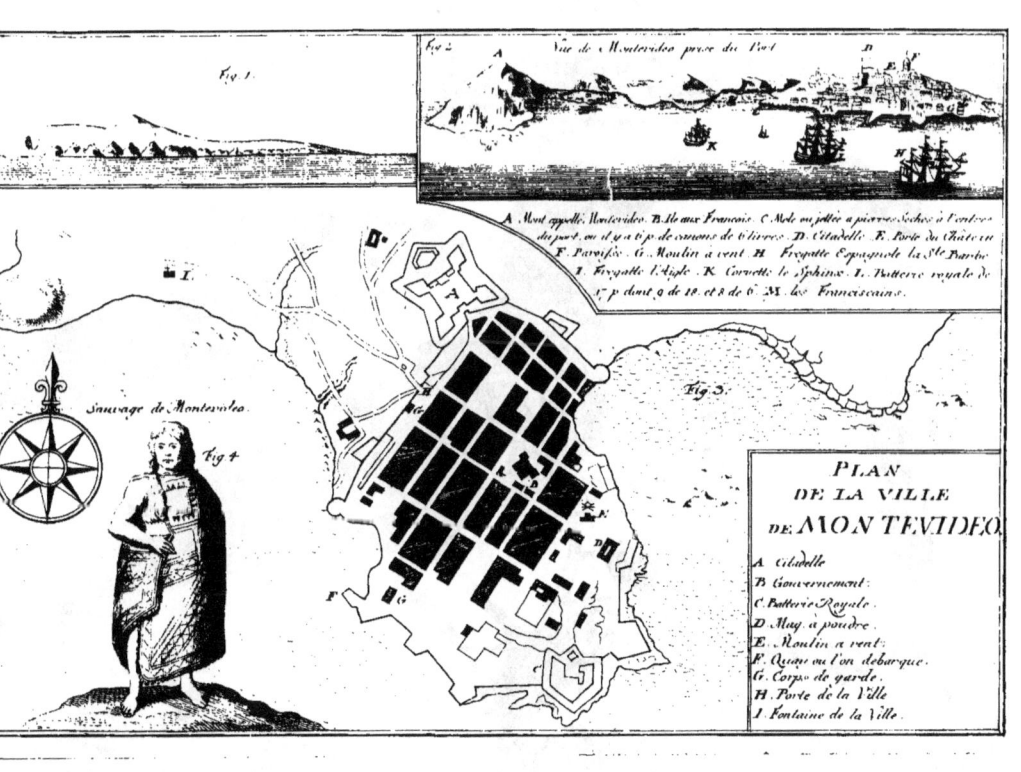

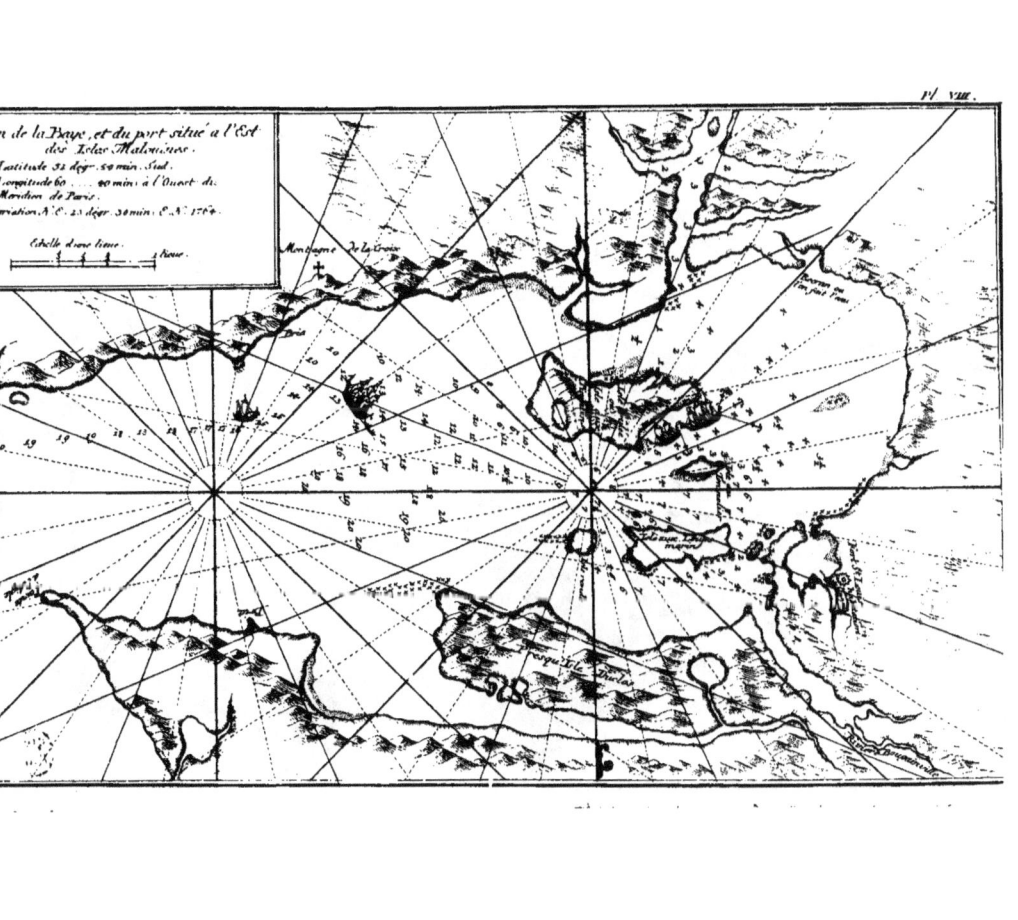

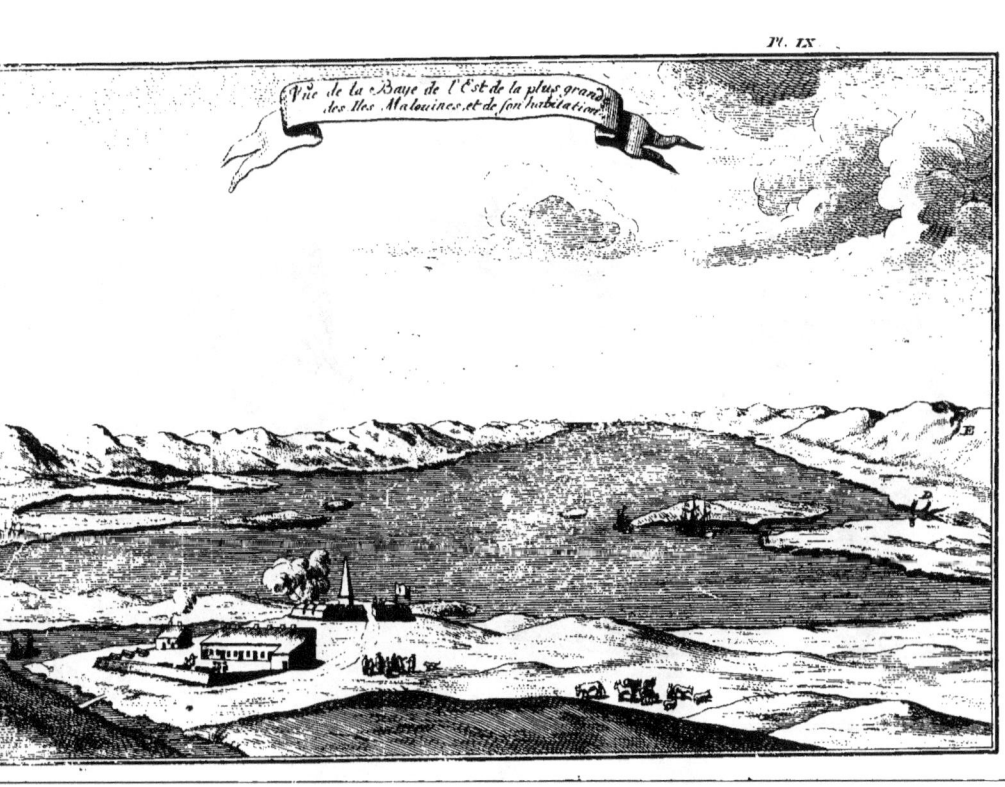

Vüe de la Baye de l'Est de la plus grande des Iles Malouines, et de son habitation.

Pl. IX.

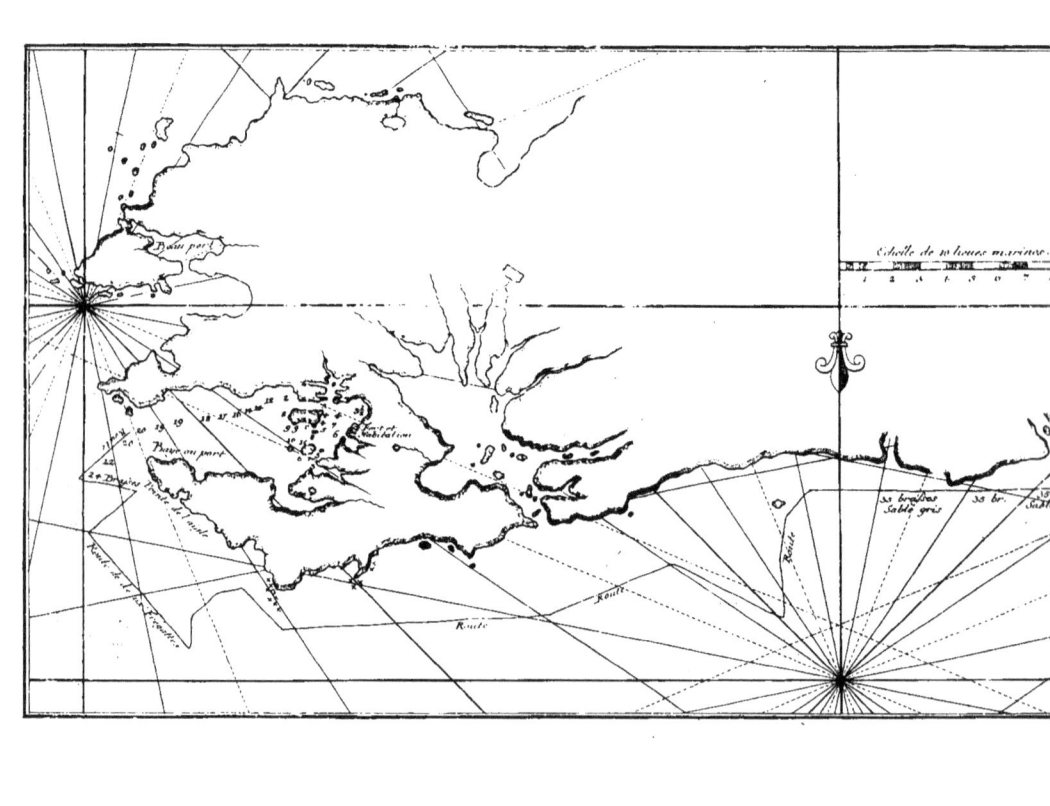

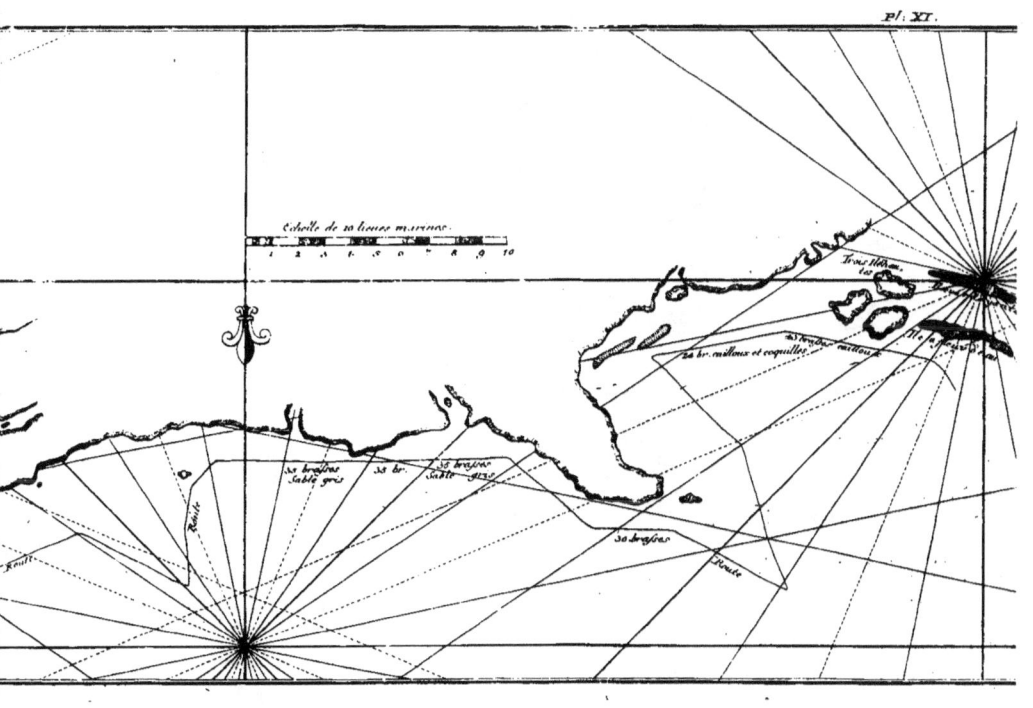

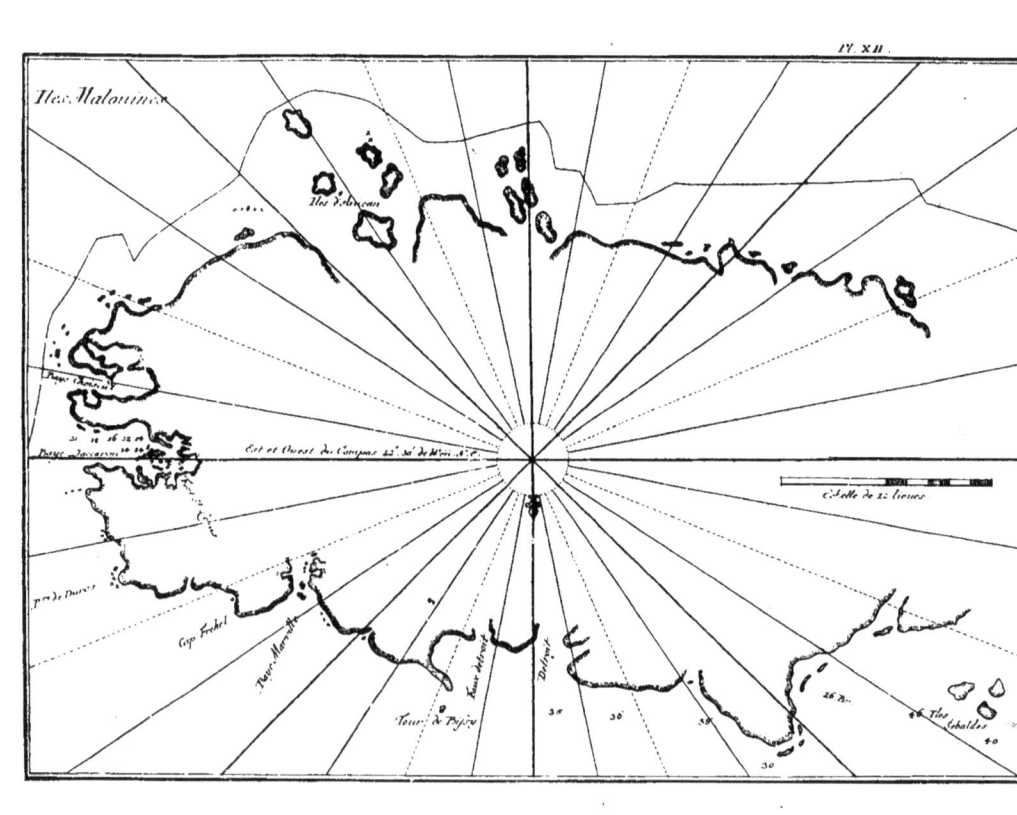

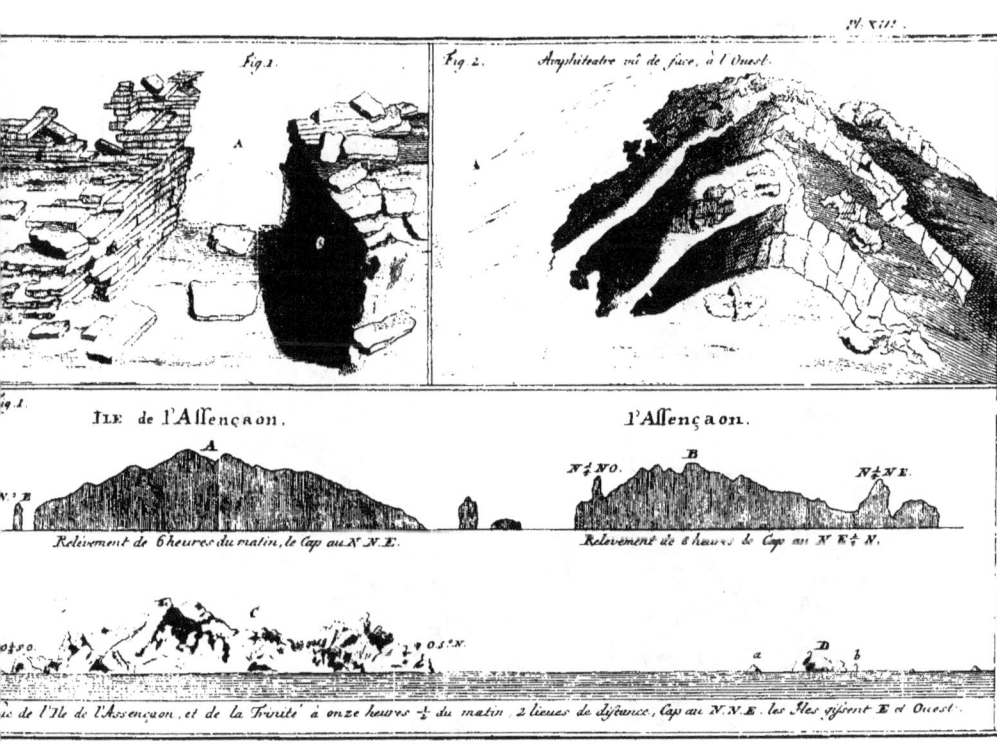

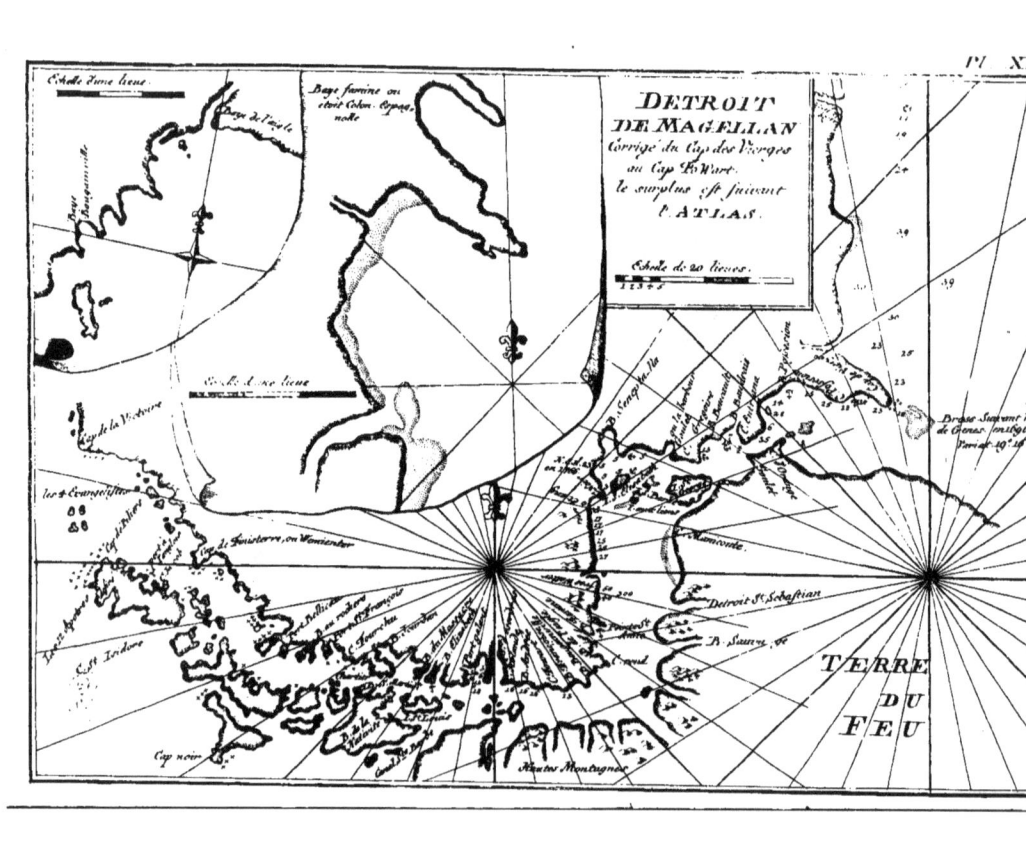

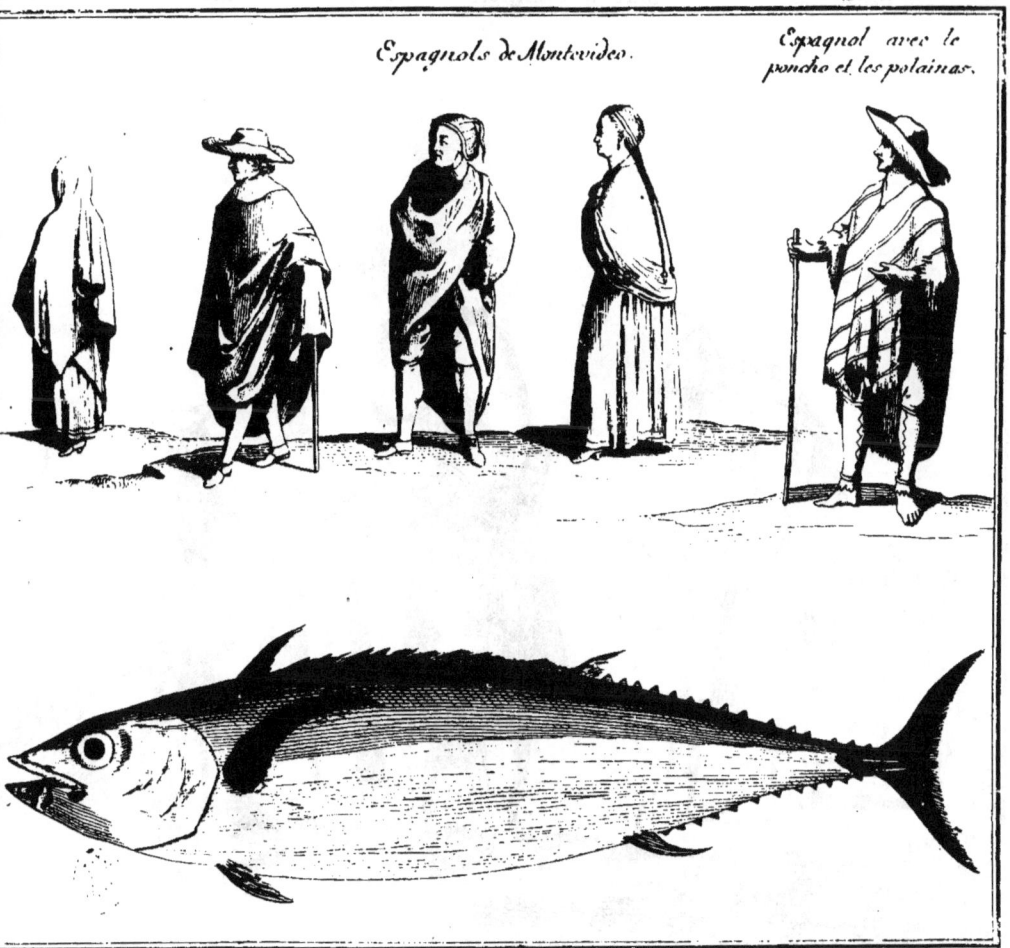

TABLE

des Matieres, & Dictionnaire des termes de Marine employés dans ce Journal.

A.

Abrolhos. Eceuils, ou banc de roches, près des côtes du Bresil. Ce banc n'a pas sur les Cartes toute l'étendue, qu'il a en effet. page 127 288. Le Sphinx y touche, & y reste trois jours. Pag. 289
Acadiens embarqués avec nous. 32
On en renvoye deux d'entr'eux. 39
Accoster. Approcher de près.
Adonis. Poisson volant. 587
Affourcher. Jetter à la mer une seconde ancre, après qu'on a mouillé la premiere; de sorte que l'une est mouillée à la droite, l'autre à la gauche de Navire, ce qui forme une une spec de fourche.
Aigle à tête rouge. 504
Aiguille. Voyez Eguille.
Ain. Voyez hain, ou hameçon.
Air du Bresil, très mal-sain. 235
Air de vent. On appelle ainsi tel des trente deux vents que ce soit, qui souflent de l'horizon, & dont on se sert pour conduire le Vaisseau.
Alcyon. Oiseau de mauvais augure. 255

TABLE

Alizés (Vents), vents qui regnent ordinairement sur certains parages, & sur quelques Mers.

Amarrer, attacher, lier avec un cordage, soit un Navire, soit un canot, ou quelque agreil, ou enfin toute autre chose.

Amarres. Cable, ou cordage employé à attacher quelque chose, ou à fixer le Navire.

Amener. Abaisser, faire descendre, mettre bas. On amene le pavillon, quand on ne peut plus se défendre, & que l'on, se rend à l'ennemi.

Amphithéatre (Ruine d') aux Iles Malouines. 528

Amurer. Bander, roidir les cordages.

Amures. Tours pratiquées dans le platbord du Vaisseau, où, dans certains cas, l'on approche, le plus près que l'on peut, les coins des voiles, pour mieux prendre le vent.

Ananas. Son jus gâte les couteaux, & détache les habits. 176

Ancre ou bossoir (mettre) c'est le mettre à sa place, sur l'avant du Navire.

Ancre de touée. Petit ancre, dont on se sert dans une rade, pour changer un Vaisseau de place.

Anglois. Leur humanité envers leurs prisonniers François 19. Ils vont au Détroit de Magellan. 641 Ils s'établissent aux Iles Malouines. 672

Animal extraordinaire. 434

— inconnu. 165

Anson. Son erreur sur les loups marins. 561

Appareiller. Disposer tout dans un Vaisseau, pour mettre à la voile.

Aracari. Ilot sur la côte du Bresil. 137

Aratica. Oiseau. 171

Arasara taguacu. Oiseau. 171

Arc en Ciel après le soleil couché. 596

Armadillo. Animal, ses vertus. 398

Arriere, ou poupe. Partie du Vaisseau, qui en forme l'arriere, où est attaché le gouvernail.

DES MATIERES.

Arrimage. Disposition des choses, qui font la cargai-
du Navire.

Arrimer. Placer, arranger les choses, ou marchandises, qui entrent dans la capacité de Vaisseau.

Arriver, pousser la barre du gouvernail sous le vent.

Artimon. (Mât d') mât du Navire placé le plus près
de la poupe.

Ascençaon, Ile. 550

Assurer, déclarer, confirmer.

Asthme, & Rhûmes remede. 381

Astringent puissant, & guerit les Ecrouelles. 307

Atterrir. Prendre terre, débarquer en quelque lieu,
ou simplement voir la terre & la reconnoître

Avant du Navire. C'est la proue.

Avillas, Amulette devote. 355

Aypi. voyez Manioc.

B.

Bâbord, voyez Bas-bord.
Bal, donné par le Gouverneur. 161
Balaou. Poisson. 228
Balises. Marques faites d'une perche, ou d'un tonneau flottant, placées sur un banc, ou le long de
quelque chenail dangereux, par des hauts fonds,
ou par des roches cachées, afin de servir de signal
& de guide, pour les faire éviter.

Bambou noueux à faire des cannes. 203
Bananier. Plante arborée. Sa description, & son fruit. 209
Banc. Hauteur d'un fond de mer, ou de riviere, qui
s'éleve vers la surface de l'eau.

Banc de sable sur la côte du Bresil. Il n'est pas marqué sur les Cartes. 132
— Il pourroit être les basses de St. Thomas. ibid.
— Il y a passage entre ces basses & la terre; mais ce
passage est dangereux. ibid.

Bande. Mettre le Vaisseau à la bande; c'est le mettre
sur le côté.

TABLE

Baptême de la Ligne. 90
— Accoutrement grotesque de ceux qui administrent ce baptême. 98
— Cérémonies en usage. 105
Bar. Poisson préparé comme la morue 265
Barbe, Ste. Barbe, Chambre de canoniers, ou retranchement pratiqué en forme de chambre, sur l'arriere du Vaisseau, au dessous de la chambre du Capitaine. Le timon du gouvernail passe dans la Ste. Barbe. Les Canoniers y couchent; & quelquefois des Officiers, & Passagers.
Bas-bord. Côté gauche du Vaisseau, ou celui que l'on voit à sa gauche, lorsqu'étant à la poupe, on regarde l'avant.
Bas-fond. Fond de la mer près de la superficie, & où il y a trop peu d'eau pour y naviguer.
Basse, ou batture. Fond mêlé de sable, de roches, ou de pierres, qui s'éleve vers la surface de l'eau. Quand l'eau la mer refoule, & écume en heurtant contre, on l'appelle *brisans*.
Bâtard. Les Bâtards sont nobles. 354
Bâton d'Hyver. Voyez Perroquet.
Batture. Voyez Basse.
Baudreux. Plante marine. 553
Baume presqu'universel. 379
— de Copayba, ou Copahu, ne coule de l'arbre que pendant la pleine Lune. 201
Baye d'Acaron. Figure de son entrée. 436
— Son plan 437. Elle forme un port à contenir deux mille Navires. 437
— de Bougainville. 640
— de l'Aigle. ibid.
Beauport (Baye de) 508
Beaupré, mât couché sur l'éperon, à la proue du Vaisseau.
Beccassine de mer. Poisson. 228
Becquefleurs. Oiseau. 170

Bec-

DES MATIERES.

Becfic, ou Becquefig. Oiseau. 572

Berne. Mettre pavillon en berne, c'est hisser le pavillon an haut de son bâton, & le trousser, ou plier en fagot ce qu'on appelle *ferler*.

Bête puante du Canada. 398

Birabida. Plante. 311

Biscuit. Petit pain applati, qui a été cuit au moins deux fois. C'est le pain que l'on donne à l'Equipage.

Bleus. Les Bleus. Marine marchande. Rivalité des Bleus & des Rouges. 625

Boicininga, serpent. 208

Bois. Il n'y en a pas sur pié aux Iles Malouines. 462. On a trouvé du bois mort sur le rivage de ces Iles. 452

Bois-épineux. 204

Bombilla. 331

Bonite. Poisson. 56 & 605

Bonnet de Dragon, coquillage. 556

Bonnete. Petite voile, que l'on ajoute aux côtés des autres, lorsqu'il y a peu de vent.

Bonne-Viste. (Ile de) 69

Bord, être à bord; c'est être sur le Vaisseau. Aller, ou venir à bord; c'est se rendre au Navire. Faire des bords, c'est louvoyer, ou faire route tantôt d'un côté, tantôt de l'autre.

Bordée, chemin que fait un Vaisseau sans changer de route. Faire diverses bordées; c'est changer de route plusieurs fois.

Bordée de canon. Artillerie qui est d'un côté du Vaisseau.

Bossoirs. Poutres, mises en saillie à l'avant du Navire, por y placer les ancres, & les tenir prêts à être jettés à la mer.

Bouée. Marque faite quelquefois avec un baril vuide, bien clos, & relié de fer, attaché au cordage appellé *orin*, qui est attaché par un bout à l'ancre, par

TABLE

l'autre à la bouée. Ce cordage doit être assez long pour laisser à la bouée la facilité de surnager; elle indique où est l'ancre.

Bouline. Corde attachée vers le milieu de chaque côté d'une voile. On tire cette corde pour mettre la voile de biais, & la disposer à recevoir plus de vent.

Bouſſole, inventée pas un Genois pour trouver les longitudes. 357

Bout dehors, ou Boute-hors. Pieces de bois longues, & rondes, qu'on ajoute, par le moyen d'un anneau de fer, à chaque haut des Vergues du grand mât, & du mât de Miſene, pour y appareiller des bonnettes

Bouteille : Voyez Poulaine.

Bouteille de verre, dans laquelle on enferme le rôle des noms de tous ceux qui ſe ſont trouvés à la découverte des Iles Malouines 512

Bouter, son Voyage aux Terres auſtrales. 24

Branle ou Hamac : Lit compoſé d'un morceau de toile fort groſſiere, long de ſix piés, large de trois, renforcé par les bords, d'un cordage appellé *ralingue*, en façon d'ourlet. On ſuſpend ce lit par les quatre coins entre les ponts du Vaiſſeau.

Branle-bas. Commandement pour faire détendre tous les branles, pour ſe préparer au combat, pour mettre les lits à l'air, ou pour d'autres raiſons.

Braſiliens, ou Breſiliens. Leur mœurs & uſages. 245 & ſuiv.

— Ils n'ont point dans leur langue de nom pour exprimer Dieu. 251

Braſſe, meſure de cinq pieds

Breſil. Les Cartes reculent trop a l'Oueſt les côtes du Breſil. 125

Briſant. Pointe de rocher qui s'éleve juſqu'à la ſurface de l'eau, quelquefois au deſſus, & contre lequel les vagues vont ſe briſer.

Bri-

DES MATIERES.

Brise. Petit vent leger.

Brume. Broüillard de mer. On dit que le tems eſt embrumé, quand il y des broüillards.

Brune. Poiſſon. 228

Buccin armé. 560

—— feuilleté. ibid.

C.

Caaco. voyez Senſitive. 34

Caacuis
Caaguasu } plante. 327. 334
Caamini

Cadre. Aſſemblage de quatre planches en forme de quarré-long, vuide, dont un fond eſt garni de cordes entrelaſſées. On y met un matelas, ſur lequel on ſe couche, après l'avoir ſuſpendu, comme le branle.

Cagnard gris. Oiſeau. 573

Caluitabu. Oiſeau. 571

Calabacito. Vaſe pour le maté. 331

Cale. Partie la plus baſſe d'un Nſvire.

Cale, donner la cale, punition, ce que c'eſt *Cale ſeiche,* grande cale. 103

Calenda, danſe très indécente. 299

— Les religieuſes même la danſe en public. 301

Caler les voiles. Amener, ou abaiſſer les voiles avec les vergues, en les faiſant gliſſer le long du mât. Caler ne ſe dit guere, mais amener.

Calfat, ou *Calfateur.* Officier de l'équipage, chargé de donner le radoub au navire.

Calfat, ou *Calfas* ſignifie auſſi le radoub.

Calfater. Radouber.

Calme. Ceſſation de vent. *Calme tout plat* c'eſt lorſqu'il n'y a point de vent ſenſible.

Calmiole. Vent ſi foible, qu'il ne peut enfler les voiles 570

Canard; qui ne vole pas. 371

Cancer. Remede contre le *Can-*

TABLE

Canchalagua ⎫ Plante. 304
Cachenluguen ⎬
Canchinlagua ⎭ Ses propriétés. 305

Cancrelas. Insecte, qui gâte, & ronge tout dans les navires. 222

Cap. Proue du Navire. On l'appelle aussi tête, éperon, pointe, ou l'avant. On dit mettre le cap, porter le cap, avoir le cap du côté de la terre, pour dire : mettre la proue du côté de la terre

Cap est aussi un promontoire, une pointe ou langue de terre, qui s'avance dans la mer. Doubler le Cap, c'est passer au delà.

Cap Fréhel. 29
— d'Arquis. 33
— de l'Abbaye de St. Brieux. ibid.

Cape, ou grand Pacfi, grande voile ; être à voile, c'est ne porter que la grande voile déployée. On se met aussi à la cape avec la misene, l'artimon, & les huniers.

Capitaine. Attention qu'il doit avoir pour prevenir le scorbut, & autres maladies de l'équipage. 85. 118. 121

Capitaine. Attention qu'il doit avoir, pour prévenir les maladies de l'équipage. 85

Caraguata. Plante qui vient sur les arbres & les rochers. 225

Carangue. Poisson. 263

Cargaison. Chargement du vaisseau.

Carguer la voile. La trousser, & l'accourcir par le moyen des cordes, que l'on appelle cargues.

Carqueja. Plante. 310

Carret (fil de) fil tiré de l'un des cordons de quelque vieux cable en morceaux.

Carte de Wan-culen. 131
— de Buache, plus exacte que les autres à l'égard des côtes du Bresil ibid.

Cartes marines défectueuses sur le gisement des côtes du Bresil. 125. 130

Carte

DES MATIERES.

Carte de Rio de la Plata, dressée sur nos observations. 284
Cartes du Détroit de Magellan. 652
— du Nord & du Sud des Iles Malouines. 577
Cascabella. Serpent. 207
Caserner. voyez Journal.
Cassave, pâte cuite. 241
Cast (le mouillage de St.) est très-mauvais. 30
Catherine (Ile de Ste.) sur la côte du Bresil; appartient aux Portugais. Elle est défendue par trois Forts. 135. Noms & situations de ces Forts. *ibid.* Quel est le meilleur mouillage dans le canal, qui forme l'Ile. 140. Le Fort de St. Croix nous rend le salut coup pour coup. 141. Le Commandant nous envoye des rafraichissemens. *ibid.* Il défend ensuite aux habitans de nous apporter quoi que ce soit, même de venir à bord de notre Fregate. Il envoye des Soldats le long des chemins, & dans les cafes, pour observer notre conduite 143. Le Gouverneur de cette partie du Bresil nous fait l'accueil le plus gracieux. 141. Il nous invite à diner; mets que l'on nous y sert. 147. Il n'a pas été marié, & a quinze enfans, tous bien placés. *ibid.* Les Bâtards Portugais sont nobles. *ibid.* Ville de l'Ile Ste. Catherine, & ses habitans 151. Les femmes Portugaises y sont très-blanches. 154
Cayman. Sorte de lezard. 313
Cercelles (Beauté des) des Iles Malouines. 502
Chaloupe. Grand canot.
Chapetons. Espagnols d'Europe faisant leur séjour au Pérou. 332
Charretes (Pointe des): Ecueil. 404
Charrua. Plante. 311
Chasse abondante aux Iles Malouines: Elle suffit au delà pour la nourriture des équipages de nos deux Frégates. 443
Chasser. Entrainer ses ancres.
Château de la Latte. 29

TABLE

Chenal, ou Chenail, canal entre deux roches, ou deux hauts-fonds.
Cheval fourbu. Remede. 368
Chevaux du Paragay, admirables par leur allûre, & leur sobriété. 262
Chevaux (Harnois des) du Paraguay. 395
— Ils errent dans la campagne, 508. Leur excellence. ibid. & suiv. 342
Chien sauvage. 459
Chien, utile en mer, pour reconnoître l'approche des terres & des Navires. 235
Chinche. Animal. 398
Chony, habit Espagnol. 350
Ciel embrumé. Horizon couvers de nuages. *Ciel fin*. Tems clair, & sans nuages.
Cigares, ou sigares. Pipe. 338
Cigne à col noir, & bec rouge. 648
Cinglage, ou Singlage. Chemin que fait le Vaisseau.
Cingler. Faire route.
Civadiere, ou Sivadiere. Voile du mât de beaupré.
Cloporte. Coquillage. 557
Cochon. Evenement singulier. 506
— de mer. 460
Colaguala,
Colaguela } ses proprietés. 308
Colibris, oiseau. 173
Colique, & point de côte. 371
Comete. 655
Compas de mer. Boussole, qui sert à diriger la route, ou à observer le Soleil au point précis de son lever & de son coucher, pour connoître la variation, ou déclinaison de l'Eguille aimantée.
Connoissance (avoir) de terre, c'est la découvrir.
Conserve, aller de conserve, c'est naviguer ensemble.
Contremaitre. Officier de l'équipage, qui est l'aide & le substitut du Maître.
Convulsions des Enfans, remede. 375

Coq

DES MATIERES.

Coq du Vaisseau. Cuisinier de l'Equipage.
Coquillages rares. 487
Cor. ou *Corr.* signifie corrigé.
Cornet. Poisson. Le plus gros de la mer, dangereux pour les Navires 602
Cors & Verrues. remedes. 372
Cotier (Pilote), celui qui connoît bien les côtes & & les rades, & que l'on est obligé de prendre à bord, pour conduire le Navire à l'entrée, ou à la sortie des rades & des ports. 187
Coronier du Bresil.
— celui que j'y ai vû, est bien différent de celui dont parle Dampier 189
Courant, Courans. Mouvement rapide des eaux qui, en de certains endroits, ou parages, se portent vers des rumbs de vent déterminés
Courir, faire route vers quelque partie déterminée de l'horizon. On dit *courir au Nord*; *courir sur une Ile*. 572
Coyon. Oiseau.
Crabe singulier. **Voyez Tourlourou**. 613
Crabe de Goëmon 228
Crapaud de mer. Poisson. 236
Criard. Oiseau du Bresil.
Croisade. Constellation, qui est vers le Pole Antarctique. Elle est composée de quatre Etoiles, disposées à peu près en croix, ou comme les angles d'un losange. Cette constellation tourne autour du Pole austral, comme l'Ourse tourne autour du Pole arctique. On se sert de la Croisade dans l'Hemisphere austral, pour discerner le Pole, comme on fait dans l'hemisphere septentrional à l'égard de la petite Ourse.
Cuir. Les Espagnols ont le cuir si commun le long de Rio de la Plata, qu'ils employe à faire des sac, des cages, & beaucoup d'autres choses. Ils en couvrent des petits toiets &c.

Cu-

TABLE

Curé, (le) de Monte-video prend des Esclaves pour leur donner la liberté. 361

Cygne à cou noir, & bec rouge. 648

D.

Damier. Oiseau. 578

Déclinaison, ou Variation de l'éguille aimantée. Elle s'observe avec le compas, aux points précis du lever, & du coucher du soleil.

Décollé. Canal entendre deux.

Dedans, mettre les voiles dedans, c'est les plier, les serrer; ce qu'on appelle *ferler*. On dit aussi *vent dessus, vent dedans,* pour dire: disposer les voiles de maniere qu'elles reçoivent le vent en sens contraire; ce qui empêche le Navire d'avancer.

Déferler. Deplier les voiles.

Dégré de longitude. Distance d'un méridien à l'autre. Dégré de latitude, distance d'un cercle parallele à un autre également parallele à l'Equateur

Dg. ou D. signifie dégré. Je les ai aussi marqué par des chifres & des lignes comme ici 12 = 30. Ce qui signifie 12 dégrés 30 minutes.

Dématé. Qui a perdu ses mâts.

Demoiselle, Poisson. 185

Dent, (douleur de) remede. 374. Les faire tomber sans douleur. ibid.

Dents de Lions marins, énormes pour leurs grandeur & grosseur 562

Dériver, sortir de route.

Désaffourcher, lever les ancres d'affourche.

Désarmer un Navire, le dégarnir de ses agreils, & licentier son équipage.

Détroit. Les Iles Malouines partagées par un Détroit. 645

—— de Magellan (Observations sur le) 636. Ses habitans. 642. & suiv. Carte de ce Détroit. 652

Doradille. Plante excellente. 184

Dou-

DES MATIERES.

Doubler, Paſſer au delà.
Dunette. Le plus haut étage de l'arriere d'un Vaiſſeau. Les Officiers ſubalternes y logent ordinairement. On donne auſſi le nom de Dunette, aux petites chambrettes, tant du Capitaine que des autres Officiers.

E.

Eau. Celle, dont nous avons fait notre proviſion à St. Malo, n'a ſoufert aucune corruption entre les Tropiques. 121
— baſſe ſe dit quand la mer s'eſt retirée. *Eau haute*, quand la mer eſt montée. *Faire de l'eau*, c'eſt prendre ſa proviſion d'eau douce. Mais *faire eau*, ſe dit d'un Vaiſſeau, dans lequel l'eau de la mer entre par quelqu'ouverture.
Ebe, ou *Juſſant*; Reflux de marée.
Ebreuo. Plante. 302
Echouer, donner, ou toucher du fond du Navire le fond de la mer, ſoit banc, ſoit roches.
Ecoutes. Cordages attachés au bas des voiles. On les roidit plus ou moins, pour que les voiles reçoivent mieux le vent.
Ecoutille. Ouverture quarrée dans le tillac en forme de trape, pour deſcendre ſous le pont.
Ecrivain. Officier du Vaiſſeau, commis pour écrire les conſommations qui s'y font; & tenir régître de tout ce qui y entre, ou en ſort.
Ecrouelles. 370
Embrumé, tems embrumé, ou tems de brouillards.
Encombrement, embarras cauſé par les choſes qui compoſent la charge du navire.
Encubertado. Animal. 398
Enfant mort dans le ventre de ſa mere: l'en faire ſortir. 375
Enfant du Diable, animal. 398

En-

TABLE

Engraissé. Tems engraissé, ou chargé de vapeurs & des nuages.

Envergure, largeur, ou étendue d'un bout à l'autre d'une chose.

Eperon. voyez Cap.

Epilepsie (Remedes contre l') 309

— Attention requise, pour en prevenir les maladies. 85

Epipactis. Plante. 542

Epiphanie. Les Espagnols du Paraguay font leur compliment du premier de l'an le jour de l'Epiphanie. 290

Equateur. Cercle imaginé dans le Ciel, & également distant des deux Poles. On l'appelle aussi *la Ligne.*

Equipage. Ce terme s'entend du corps des Officiers mariniers, des Soldats, des Matelots, des Mousses, qui font le service dans un vaisseau. Attention requise pour prevenir le Scorbut, & les autres maladies de l'Equipage. 825. 118. 121

Esquinancie. 368

Est. ou *esti.* Signifie estimé.

Est. L'orient. Il se designe par un E. seul.

E. N. E signifie Est-Nord-Est.

E. S. E. Est-Sud Est.

E. ¼ S. E. Est quart Sud-Est.

Estime. Présomption ou conjecture sur la quantité de chemin, que le vaisseau a fait, & du parage où il se trouve.

Estimer. Calculer le sillage d'un Navire, par le moyen d'un instrument, appellé loch, ou petit Navire.

Etay. Gros cordage, destiné à tenir le mât dans son assiette, & à l'affermir du côté de l'avant; comme les hautbans l'assujettissent aux deux côtés, & par l'arriere du Vaisseau.

Exostose. 371

F.

Faire. Naviguer, cingler. On dit *faire route.* Faire le Nord. C'eſt diriger ſa route au Nord. *Faire voile*; partir. *Faire de l'eau*, faire la proviſion d'eau.

Famine (Baye) 668
Farcin des chevaux, Remedes. 368
Faubert. Sorte de balai, fait de vieux cordages.
Ferler. Serrer, trouſſer, plier en fagot. Se dit des voiles que l'on ne plie qu'en partie. On dit *carguer*.
Fétu-en-cul. Voyez Paille.
Fil de carret. Cordon de vieux cables coupés en morceaux.
Filer du cable. Lâcher du cable, & en donner ce qu'il faut pour la commodité du mouillage.
Fievre maligne. 368
Fiſtules. (Remede pour les) 378
Fiame. Longue banderolle, ordinairement d'étamine, qu'on arbore aux vergues & aux hunes, ſoit pour ſervir de ſignal, ſoit pour l'ornement. Les Capitaines de Vaiſſeaux de guerre François, qui commandent quelque Vaiſſeau ſéparé, doivent porter au grand mât une flame blanche, longue au moins de dix aulnes pariſiennes.
Flêche-en cul. Oiſeau. 694
Fleurs blanches. 369
Flot, ſe dit de l'eau agitée par le vent. On le dit auſſi du flux de la mer, & de la quantité, ou profondeur d'eau, qu'il faut à un Navire, pour flotter, & naviguer.
Fluxion de poitrine. Remede. 374
Fond. Superficie de la terre au deſſous des eaux. Fond de bonne tenue, eſt celui où l'ancre mord bien, & tient ſolidement.
— de cale. Partie du Navire ſous le premier pont. Mais ce qu'on appelle proprement *fond de cale*, eſt la partie antérieure la plus baſſe, où l'on met les tonneaux.

TABLE

Fort bâti aux Iles Malouines. 482
Fou, oiseau du Tropique. 89 & suiv.
Fou. Oiseau. 89
Fougue. Mât de fougue, ou foule. C'est le mât d'artimon.
Foule. Voyez l'article Fougue.
Fraîchir. Vent qui augmente.
Frais. Vent frais, bon vent, vent favorable, petit frais, vent qui a peu de force.
Frégate. Oiseau, sa description. 94 & suiv.
— Poisson. Voyez Holoture.
Freschwatter. Cap & Baye. 668
Fruits de plusieurs espèces, à Monte-video. 365

G.

Gabier. Matelot placé sur la hune, pour faire le guet & la découverte.
Gaffe. Croc de fer, attaché à un manche de bois.
Gaillard d'avant. Enhaussement, qui est à la proue des grands Vaisseaux, & qui regne depuis le mât de misene jusqu'au bout de l'éperon. Le gaillard d'arriere occupe depuis le grand mât jusqu'au gouvernail. C'est un étage coupé au dessus du pont.
Gal (Ile de) sur la côte du Brésil. 138
Galere. Poisson singulier. 409. Danger de le prendre à la main. 410
Garcettes. Cordes faites de fil de carret.
Gueule de Raye. Coquillage. On doutoit de son existence en nature d'animal, avant celui que j'ai porté en France. 560
Gibier, son abondance aux Iles Malouines. 483
Gisement. Situation des côtes, des parages, selon les recueils de vent.
Giser. Etre situé.
Goëmon. Herbes, qui croissent au fond de la mer, & qui s'en détachent en certains tems. On dit aussi Goesmon, Varech, Sart. 613

Goë-

DES MATIERES.

Goëtre. Remede. 373
Gommier. Plante singuliere. 552
Gonneville découvre les Terres Australes. 13
Guayacuru. Plante. 306
Goute sereine. Remede. 377
Gouverner. Diriger sa route de tel ou tel côté.
Gouverneur (le) de Ste. Catherine envoye des présens. 201. Voyez Ste. Catherine.
Goyavier. Arbre. 216
Grain. Nuage, qui passe en peu de tems, donne du vent en tourbillons, ou de la pluye, & souvent les deux ensemble.
Grande-oreille. Poisson. 43 & 623
Grapin. Petite ancre à cinq pattes, qui sert à tenir une chaloupe, ou un canot. On donne aussi ce nom à un croc, que l'on jette avec la main sur les vaisseaux ennemis pour les accrocher, quand on veut aller à l'abordage.
Gras-dos. Poisson. 494
Grelin; le plus petit des cables du navire.
Grenadille du Bresil. 177
Gros-tems. Tems orageux.
Grosse-mer. Mer très-agitée.
Guinambi. Oiseau. 171
Guaras. 156
Guinder. Elever quelque chose.
Guranhe-Engera. Oiseau. 138

H.

Habitacle. Espece d'armoire, où l'on enferme la boussole, ou compas de route. Elles sont placées devant le Timonnier. On y met aussi l'horloge de sable, & la lumiere qui éclaire pour gouverner.
Hain, ou Ain. Hameçon, sa forme. 43

TABLE

Hâler. Tirer un cable ou autre chose.

Hamac. Sorte de lit, qui diffère peu du branle, dont voyez l'article.

Hameçon. Sa forme. 43

Hansiere. Grosse corde.

Harpon. Gros javelot de fer, armé d'un manche de bois, auquel on attache une corde. On s'en sert pour pêcher les gros poissons.

Haubans. Gros cordages, avec lesquels on soutient les mâts des deux côtés & par derriere du navire, pour les fixer, & les empêcher de vaciller.

Haut-fond. Endroit où il y a peu d'eau.

Hauteur. Elévation du pole, du Soleil, des étoiles. Elle se mesure & se détermine par un arc de cercle, compris depuis l'horison jusqu'à l'astre, dont on prend la hauteur.

—— s'entend aussi de la latitude. *Prendre hauteur,* c'est mesurer la hauteur du Soleil à midi.

Héler, ou *Heuler.* Faire un cri, appeller par un cri, comme lorsqu'on crie Hola, Hai.

Hémorragie. Remede. 369

Herba casta,
Herba mimosa } 227

Sa feuille est un poison, & sa racine en est le remede. Ses feuilles appliquées guérissent les tumeurs scrofuleuses. *ibid.*

Herbe de St. Barthelemi. 332

—— —— du Paraguay. 224. Il en sort du Prys, tous les ans 1250000. Arobes. Sans compter 2500 de palos. 334

Hérisson de mer. 228

Hisser ou *Isser,* élever quelque chose.

Holoture. Poisson singulier. 409

Horloge. Poudrier, sable. On dit que le Timonnier a mangé du sable, quand il a tourné l'horloge de sable, avant la demi-heure passée; tems

DES MATIERES.

que doit durer l'écoulement entier du fable de l'horloge.

Houl ou *Houle*. Lame, vague de la mer.

Houzée, Grain de vent.

Huitres de l'Ile Ste. Catherine, plus grandes & meilleu- que celles de France. 174

Hune. Espece de petite platte-forme de planches, sou- tenue par des barres de bois, & bordée de pilastres. Elle regne en saillie, & en rond autour du mât, au dessus de la voile d'en-bas. Le Gabier se poste ordinairement sur la hune du grand hunier.

Hunier. Voile du mât de hune. Le grand hunier est la voile, qui est portée par le mât de hune du grand mât. Le petit hunier, est celle de la misene.

Hydrocephale. remede. 381

Hydropisie., 375

I.

Jardin. Il y en a beaucoup à Monte-video, mais non cultivés. 353

Jarre, ou Gearre, grand vase de terre vernissée que l'on employe pour purifier, & conserver l'eau dou- ce, sur la mer, après qu'on l'a tirée des ton- neaux.

Jésuites (les) veulent séduire Mr. de Belcourt, pour instruire leurs Troupes du Paragay. 295

Jésuites (les Peres) de Monte-video font faire des pro- positions à un Officier, pour aller servir au Para- guay. 285

Sermon impertinent de l'un d'eux. 283

Réponse que je fis à leur P. Recteur. 286

— singuliere d'un Jésuite à un Officier Espagnol. 292

Ils commandent les Indiens à l'armée. 393

— sont expulsés du Bresil. 145

Iguiana. Lezard. 207

Iguiame, ou Iniams, plante, & sa description. 213

Ile de Falkland. 22

TABLE

Ile Agot	35
— de Bonne-Viste.	69
— de St. Catherine formeroit une habitation excellente si celle étoit défrichée, 228. Voyez Catherine (Ste.)	
— de May.	71
— de l'Alcergaon.	590
— de Palme.	58
— de la Trinité.	591
Iles Malouines leur découverte.	426
Elles sont partagées par un Détroit.	429
Qualité de leur terrein.	438
Etablissement, que nous y faisons.	474
La France les cede à l'Espagne.	652
— Ste Anne.	
— St. Barthelemi.	665
— Lobos.	261
— aux Lions.	665
— Sébaldes.	425
— nouvelles. 5. Avantage de leur situation. 11.	323
Indes Méridionales.	13
Indiens du Parsguay, leur habillement.	384
Leur peau est de couleur de cuivre rouge.	387
Leur adresse à se servir des lacqs.	389
Leurs armes.	390
Iniams, plante.	213
Inis, lit des Indiens.	249
Insectes, il n'y a point dans notre Vaisseau, même sous l'Equateur.	118
On n'en trouve aucun aux Iles Malouines.	576
Interlopres. Vaisseaux, qui entrent en cachette dans un port ne pas payer les droits, ou pour y faire la contrebande.	
Jour. Toutes les Nations de l'Europe, qui naviguent, commencent à compter le jour à minuit. Mais, quand on fait son point sur mer, ou que l'on écrit son	

son Journal, ou compte d'un midi à midi du jour suivant; parce que c'est à midi que l'on observe le soleil au méridien, pour connoître l'endroit où l'on se trouve alors.

Journal. Chacun est maître de faire son Journal sur un Navire, & suivant ses propres observations. Mais comme on n'est pas toujours en sentinelle, pour voir ce qui se passe, pour y suppléer on a recours au Journal commun, que l'on appelle *le Casernet*. Dans quelques Vaisseaux le Pilote est chargé de faire ce Journal; dans d'autres c'est Officier, qui commande le quart. Le tems de son quart expiré, il doit écrire dans le Casernet tout ce qui s'est passé de remarquable. Il est divisé par colonnes, & l'Officier y écrit quel rums de vent le Navire a couru; quel changement est arrivé, quelle latitude on a observé, & celle qui est donnée par l'estime, ou le pointage de la quarte; la longitude estimative, la variation, ou déclinaison observée de l'éguille aimantée, le chemin que l'on a estimé avoir fait; enfin ce qui est arrivé de remarquable, comme la rencontre d'un Vaisseau, la vue de quelque terre, & à quel rumb de vent, la vue de quelque poisson, ou de quelque oiseau, qui méritent de l'attention, parce qu'ils ne se trouvent que dans certains parages; les grains de vent, les tourmentes, les sondes, & autres choses de cette espece.

Iperuquiba. Poisson. 232
Iquella, habit Espagnol. 448
Isser. Tirer en haut, élever.
Juquiri. Voyez Sensitive.

L.

Labourer. Toucher le fond de la mer avec la quille du Navire; ce qui arrive lorsqu'il passe dans un endroit où il n'y a pas assez d'eau. On dit aussi

TABLE

l'ancre laboure, quand il ne tient pas ferme dans le fond où on l'a jetté.

Lainez (Pierre) Mousse. Sa mort. 70
Lame d'épée. Poisson. 228
Lames. Flots, vagues de la mer, qui se succedent les unes aux autres, quand elle est agitée.
La lame prend par le travers. C'est quand elle heurte contre le côté du Navire. *Lame longue, lame courte.* Voyez Mer.
Lamie. Poisson. 229
Large. Aller, courir au large. C'est s'éloigner de la côte. *Au large*; plus avant en mer.
Largue est le même que *large*. Mais on dit *vent largue*, pour exprimer tous les airs de vent compris entre le vent de bouline, & le demi rumb, qui approche le plus du vent arriere, ou qui souffle à la poupe. Le vent largue est le plus favorable, pour faire avancer le sillage du Vaisseau; parce que le vent largue porte dans toutes les voiles; & que lorsque le vent souffle à la poupe, les voiles de l'arriere dérobent le vent aux voiles de devant.
Larguer, Lacher, donner plus de jeu.
Lat. ou latitude. Signifie latitude.
Lat. est. N. latitude estimée Nord.
Lepas. Coquillages. 555
Lest. Tout ce que l'on met dans le fond intérieur du Navire, pour y former un contrepoids, qui puisse l'empêcher d'être renversé par la force du vent, ou des vagues. Quand on dit simplement *lest*, ou entend seulement des cailloux, du sable, ou quelque autre chose que ce soit.
Liegeons, Ecueils dangereux au sortir de la rade de St. Malo. 34
Lieue. On se sert de ce terme sur mer, pour mesurer par estime. Les lieues different suivant les Nations. La plus commune mesure est d'une heure de chemin. Un degré du Ciel répond à vingt lieues ma-
rines

rines, & a vingt-cinq lieues communes de terre, en France.

Li. Signifie lieue. 25 l. ou li. 25 lieues.

Ligne équinoctiale. La ligne, l'Equateur, tous ces termes signifient la même chose; c'est-à-dire le cercle imaginé, & conçu, que le Soleil décrit dans sa course, ou est censé décrire environ le 21 Mars, & le 21 Septembre, dans une partie du Ciel. Tous le points de la circonference de ce cercle sont également éloignés des Poles. Cette ligne est le terme, d'où l'on commence à compter les degrés de latitude, tant dans la partie méridionale que dans la Septentrionale. C'est pourquoi sous la ligne il n'y a aucune élévation de Pole. On baptise ceux qui passent sous la ligne pour le premiere fois. Voyez Baptême.

Ligne d'eau, l'endroit du bordage, ou extérieur du Vaisseau, où l'eau de la mer vient se terminer, quand le Vaisseau a toute sa charge.

— est aussi une grosse ficelle, au bout de laquelle la sonde est attachée. Elle a environ trois quarts de pouce de circonférence: sa longueur est arbitraire: mais il y a des marques à des distances déterminées, pour juger de sa longueur enfoncée dans la mer, quand on y a jetté le plomb, ou sonde, qui y est attaché. Les plus longues lignes ne passent guere deux cents brasses ou mille pieds; parce qu'au delà de deux cents brasses, il seroit trop difficile de sonder le fond.

Lions marins. 447. leur grandeur extraordinaire, & leur description. ibid. Leur figure 448. Erreur de l'Amiral Anson à leur sujet. 449
Leur lard donne une huile excellente. 564
Son abondance, & maniere de la tirer. 565
Lisingere. Oiseau. 171
Lisse. Préceinte autour du tillac, & du Navire, pour s'appuyer en passant sur ses bords, & se garantir de tomber à la mer.

Lo.

Lobos. Ile. 261
Lock, ou petit Navire. Inſtrument de quatre pieces de bois, aſſemblées en triangle, par le moyen de charnieres à compas. Deux de ces pieces forment deux côtés du triangle, preſque équilateral: les deux autres ſe joignent au milieu, par un de leurs bouts, & s'y aſſujettiſſent avec une cheville amovible. On tend une toile forte ſur ce cadre triangulaire; & l'on arme de plomb les deux pieces qui forment la baſe, pour la faire enfoncer dans l'eau de la mer, & déterminer la pointe à reſter en haut; afin de donner plus de priſe à l'eau. Ce cadre eſt attaché à une corde par ſa pointe, & par le milieu de ſa baſe à la cheville amovible. Voyez-en l'uſage dans les articles Minute, Nœud.

Lof, côté d'ou le vent ſoufle.
Long. ou longit. eſt. ſignifie longitude.
Loup-Marin. Quantité prodigieuſe de ces animaux, tués à coups de bâtons. 446
— Il y en a de pluſieurs ſortes 447
— Leur groſſeur ſurprenante. 476
— Quantité d'huile qu'ils fourniſſent. 487
— Leur figure Pl. IX. Erreur de l'Auteur du Voyage de l'Amiral Anſon. 561
Louvoyer. Conduire le Vaiſſeau tantôt d'un côté, tantôt de l'autre, changer ſouvent d'air de vent, pour faire ſa route.
Loxodromiques (Tables). Elles ſont calculées géométriquement, pour eſtimer la courſe oblique du Vaiſſeau. Par leur moyen on réſout promptement les problêmes principaux de la navigation; on fait une plus ſûre eſtime, & un pointage plus exact, que celui des Cartes marines: de ſorte qu'en donnant pour fondement les rumbs de vent que l'on a courus, ceux de la route, & le chemin que le vaiſſeau a fait, on trouve le lieu où il eſt arrivé. Quand la route

DES MATIERES.

route que fait un vaisseau, en suivant un des trente-deux vents, marqués sur la boussole, ne se fait pas en ligne droite, cette ligne parcourue s'appelle *Lo-xodromie.*

Lucet musqué, fruit excellent. 545
Lune. Poisson. 228

M.

Maboya. Lézard du Brésil. 207
Macboiran, poisson dangereux. 265
Magellan. (Observations sur le Détroit de) 636
Major. Nom du Chirurgien préposé pour panser & medicamenter les malades du Navire.
Mair. Nom que les Brésiliens donnent aux Européens. 248
Maître. Officier marinier, qui commande tout l'équipage sous les ordres du Capitaine, & des Officiers de quart. Le maître est aussi chargé du soin du vaisseaux, & de tout ce qui y est. Il doit avoir l'œil sur toutes les distributions qui s'y font, pour les vivres & les autres choses.
Maître canonier. Est celui qui commande l'artillerie. Il est chargé du soin & de tout ce qui la concerne.
Maître canotier, qui commande l'équipage des canots.
Maître de chaloupe, est celui qui en tient le gouvernail, & qui y commande les matelots.
Mal-caduc. Remede. 272
Maldonnade. Ile, son canal peu sûr pour mouiller. 262
Mâle, mer mâle, grosse mer.
Manger. Etre mangé par la mer; c'est lorsque la mer est fort agitée & entre dans le vaisseau par le haut de ses bords.
Manger du sable, c'est secouer l'horloge de sable, pour le faire couler plus vîte, ou tourner cette horloge avant que le sable ait tout passé.

TABLE

Manioc. Plante, dont la racine est un poison. 241. On l'employe pour en faire la cassave, ibid. Il y en a de plusieurs sortes. 242

Manœuvres, travailler aux manœuvres, les faire agir.
— — Tous les cordages, qui servent à disposer les vergues, les voiles, l'ancrage, & à tenir les mâts dans leur assiette.

Maracuja, fruit du Bresil. 176

Marée, le flux & reflux de la mer. Les marées portent au Sud à trois degrés de latitude Sud, & a trente de longitude. 115 & 116. Elles reversent vers le Nord au quarante cinq de lat. Sud. 420
— — (lit de) courans rapides, que l'on rencontre en mer, en certains endroits. Remarques sur les marées du Détroit de Magellan. 657

Marine. Rivalité de la Marine Royale, & de la marchande, préjudiciable à l'une & à l'autre. 625. Tyrannie de la premiere. 627

Marins. Leur adresse à remuer de gros fardeaux. 498

Marner. S'élever, monter. La mer marne de 10 pieds sur telle côte.

Marsouin. Poisson. 77. Ses especes. 122. Sa force. 125

Marteau, Poisson, sorte de Requin. 186

Mât. Grand arbre, ou longue piece de bois, que l'on pose dans un Navire, & auquel on attache les vergues, voiles, & autres manœuvres nécessaires pour faire naviguer & conduire un Vaisseau. Les grands Vaisseaux ont quatre mâts, qui sont divisés en deux ou trois parties, ou brisures, ou allonges, qui portent aussi le nom de mât. De ces quatre mâts trois sont posés de bout, & le quatriéme, appellé mât de beaupré, est couché sur l'éperon. Le grand mât est placé au milieu du premier pont, ou franc-tillac. Le mât de misene est aussi appellé mât d'avant, parce qu'il y est placé. Celui qui est à l'arriere, est le mât d'artimon.

Mât

DES MATIERES.

Mât (grand) de hune, est celui qui est enté sur le grand mât. *Mât de hune*, est celui, qui est enté sur celui de misene. *Grand mât de perroquet*, celui qui sert d'allonge au grand mât de hune. *Mât de perroquet d'avant*, ou *perroquet de misene*, celui, qui est enté sur le mât de hune. Mât de perroquet d'Artimon, celui qui est enté sur le mât d'Artimon. On l'appelle aussi *perroquet de foule*, ou *de fougue*. Mât de perroquet de beaupré, celui qui est enté sur le mât de beaupré. On l'appelle encore *Tourmentin*, &, *petit beaupré*. On dit : Aller à mâts & à cordes, on *se mettre à sec*, quand on a été contraint d'abaisser toutes les voiles & les vergues, à cause de la violence du vent. *Vaisseau démâté*, est celui dont on a coupé les mâts, ou lorsque le vent les a rompus.

Maté. Herbe du Paraguay. 331
— est aussi le nom du vase employé pour faire l'infusion de maté. ibid.
Matelot blessé à mort par l'éclat d'une poulie. 270
— mordu par un serpent. Remede qui le guérit. 204
Maux de dents. Remede. 367
— vénériens, Remede. 309
May (Ile de) 71
Méchoacan. Plante, différente du Méchoacan de nos boutiques. 305
Médaille, enterrée dans les fondemens de la Pyramide des Iles Malouines. 511
Méona, Plante. 303
Mer. Amas d'eau, qui compose un globe, conjointement avec la Terre. Les vagues de la mer sont formées par le flux & par le reflux, ainsi que par l'impulsion du vent. On dit que la mer est *courte*, quand les vagues se suivent de près. La mer est *longue*, quand les vagues se succedent de loin, & lentement. La mer *brise* lorsqu'elle bouillonne, & écume en heurtant contre quelque banc, ou

TABLE

ou roche. La mer *se creuse*, lorſque les lames deviennent plus groſſes, & s'élevent davantage; que la mer s'enfle & s'irrite. La mer *monte*, ou mer *montante*, c'eſt le flot, ou flux. La mer *deſcend*, ou *refoule*; c'eſt le reflux. La mer *brûle*. C'eſt la lumiere en forme d'étincelles que les flots jettent pendant la nuit, lorſqu'elle eſt agitée. On diroit alors que l'on eſt ſur une mer de feu.

Mettre à la voile. Partir.

— les voiles dedans, mettre à ſec, mettre à mâts & à cordes; trois façons de parler, qui ſignifient ferler, ou plier toutes les voiles, & amener les vergues.

Migraine. Remede. 381

Mines. Soupçonnées aux Iles Malouines. 484 & 506

Minquiers, Ecueil dangereux à la ſortie de la rade de St. Malo. 34

Minute. Petit horloge de ſable, dont l'écoulement ne dure qu'une minute, ou une demi-minute. On s'en ſert lorſque l'on jette le lock, ou petit Navire à la mer, pour eſtimer le chemin que fait le Vaiſſeau. On tourne ce ſablier au moment qu'une certaine marque très-viſible, attachée à la ficelle du lock, touche à l'eau, ou paſſe vis-à-vis un certain point du Navire. On ceſſe de filer, ou de vuider la ficelle du lock, au moment que le ſable finit de s'écouler. On meſure enſuite combien de longueur de corde s'eſt dévuidé pendant la durée d'une minute. C'eſt la longueur du chemin que le Vaiſſeau a fait.

Mio-mio, Plante. 303

Miſene. Voyez mât.

Monté, Vaiſſeau monté de cinquante canons. Terme qui ſignifie *armé* de tel ou tel nombre de canons, pour la défenſe de Vaiſſeau. Ainſi un Vaiſſeau *monté* de 300 hommes, eſt celui où il y a 300 hommes d'équipage.

Monte-video. Ville du Paraguay, n'étoit qu'une peuplade il y a 25 ans. 337. Vue de cette ville. 338. maniere de vivre de ses habitans. 340

Mordre, se dit de la patte de l'ancre, lorsqu'elle tombe sur le fond, & qu'elle s'y enfonce, & y tient.

Morne. Cap élevé, ou petite montagne, que l'on distingue sur la côte.

Moté. Plante. 303

Mouche lumineuse, de deux especes. 237

Mouillage ou Ancrage, endroit de la mer propre à jetter l'ancre.

Mouiller. Jetter l'ancre, pour arrêter le Vaisseau, & le fixer dans un endroit.

Moule. Coquillage, Moules magellanes de plusieurs especes; & leur beauté. 558

Moussacat. Chef de famille. 246

Mousse. Page, ou garçon de bord, jeune Matelot, qui sert les gens de l'équipage, & apprend le métier de la marine. Les Mousses balayent le Vaisseau, servent à table, apportent les vivres, & le breuvage, & font tout ce que les Officiers leur commandent. On les châtie très soigneusement, lorsqu'ils ne font pas exacts dans l'exercice de leur devoir.

Mouton. Oiseau de mer. 255 & 416

Moutonner. La mer *moutonne*, lorsque les vagues blanchissent d'écume.

Muratori. Suspect de partialité dans son Histoire du Paraguay. 5.

N.

N. dans ce journal signifie Nord. N. E. Nord-Est. N. O. Nord-Ouest. N. N. E. Nord-Nord-Est. N. N. O. Nord-Nord-Ouest. N. ¼ N. E. Nord quart Nord-Est. N. 4. deg. O. Nord quatre dégrés Ouest.

Nacelle. Coquillage. 557

Nadir. Point du Ciel directement opposé au Zénit ou point vertical.

Na-

Nager. Ramer, se servir des avirons, on rames, pour faire avancer un vaisseau, une chaloupe, ou un canot.

Naufrage presqu'inévitable pour nous. 432. Inquiétude de l'équipage à ce sujet. 433

Naviguer, pour dire naviger, faire un voyage sur mer.

Navire (petit) voyez Lock.

Navire Hollandois démâté 481

Navire Anglois; coups de canon que nous lui tirons, pour l'obliger à mettre son pavillon. 50. 52

Navire françois, qui refuse d'amener. 624

Nautille papyracée. 323

Nez du navire; c'est l'éperon.

Nigua, ou *Nigue*. Insecte dangereux. 217

Nigaud. Oiseau. 572

Nœud. Marque faite avec un bout de ficelle, que l'on insere dans la ligne de sonde, & dans la corde du lock, à des distances fixées. Quand on retire le lock de la mer, ou la ligne de sonde, on compte le nombre de nœuds, qui se trouvent dans la longueur de la ligne, qui a été dévidée. Voyez Lock.

Noms de tous ceux, qui se sont trouvés à la découverte & prise de possession des Iles Malouines. 512.

O.

Obélisque aux Iles Malouines. 510

Obs. signifie observée.

Occase, au coucher du Soleil.

Oeuvres vives; la partie du vaisseau enfoncée dans l'eau.

Oeuvres mortes, la partie du navire hors de l'eau.

Officier General de Rio-Janeyro prisonnier au Fort Ste. Croix, pour n'avoir pas exécuté ponctuellement les ordres de la Cour de Lisbonne, pour l'expulsion des Jésuites du Bresil. 144

Officiers majors, (les) sont le Commandant, le Capitaine, les Lieutenans & les Enseignes.

DES MATIERES.

Oiseau du Tropique. 126

Oiseau-mouche, tué d'un coup de fusil. 169. Sa description. 170. Il y en a plusieurs especes. 171

Oiseaux des Iles Malouines, familiers comme s'ils eussent été privés. 458

Once. Animal très-feroce 164

Ophtalmique excellent 377

Orage. Beau spectacle. 266

Orin, ou *Herin*, grosse corde attaché par un bout à la croisée de l'ancre, & par l'autre à la bouée.

Ortive, ou lever du Soleil.

Ost. veut aussi dire ortive.

Ouest. Occident. Dans ce journal il est ordinairement désigné par O. Ouest-Nord-Ouest, par O.N.O. Ouest-Sud-Ouest par O.S.O. Ouest quart de Sud-Ouest, par O. ¼ S. O.

Outarde, quantité prodigieuse que nous en avons mangé aux Iles Malouines. 648.

Oxicrat. Mélange d'eau & de vinaigre; on fait ce mélange pour la boisson de l'équipage, afin de la rendre plus salubre.

Oye des Iles Malouines. Leur plumage est d'une blancheur éblouissante, & leur peau propre à faire de beaux manchons. 501.

P.

Paesi ou *Pafi*, c'est la grande voile, ou la plus basse voile du grand mat. Le petit pasti est la voile de Misene.

Pagaye Aviron, ou rame, dont se servent les Sauvages, pour conduire leurs pyrogues.

Pajes. Poisson. 494

Paille-en-cul. Oiseau. 594. Remarque singuliere à son égard. 595.

Palan. Assemblage d'une corde, ou de deux d'un mou-

moufle à deux poulies, & d'une poulie fimple, qui ~~lui eft~~ oppofée.

Palme. Ile. 58
Pampas. Plaine immenfe fans arbres, ni hauteurs, fituée entre Buones-Ayres & le Chily. 267
Pamperos, Vent violent. 267
Panapana, forte de Requin. 185
Panne. Mettre en panne. Mettre le vent fur toutes les voiles, ou fur une partie, pour retarder la marche du vaiffeau.
Papillon des plus beaux. 405
Par. Expreffion par laquelle on defigne l'endroit, ou le vis-à-vis d'une terre, d'un port, d'un Navire, refpectivement au lieu, où l'on fe trouve. On dit: nous étions *par* la hauteur de dix degrés, pour dire à la hauteur de dix degrés de latitude, ou environ. *Par le travers d'un tel Vaiffeau*, vis-à-vis d'un tel Vaiffeau.
Parage. Efpace, ou étendue de mer, fous quelque dégré de latitude que ce puiffe être.
Paralifie. 371
Parer. Doubler, dont voyez l'Article.
Paffager. Celui qui eft fur un vaiffeau, fans faire partie de l'équipage.
Paffe, ou Chenal, paffage entre deux terres, ou deux rochers.
Patagons-Géans. 660. Leur grandeur & leur habillement. 661. Leurs armes. *ibid*. Conférence avec eux. *ibid*. Mots de leur langue. 662
Patelle. Coquillage. 555
Patron. voyez Maître.
Pavillon. Baniere, que l'on arbore à la pointe des mats, ou fur le baton de l'arriere du Navire, pour faire connoître la qualité du Commandant du Vaiffeau, & de quelle Nation il eft.
Pavois. Tenture d'étoffe, ou de toile, que l'on met autour du plat-bord, & des hunes de Vaiffeaux de guerre,

DES MATIERES.

guerre, pour cacher ce qui se passe sur le pont, pendant un combat. On s'en sert aussi pour marque de dignité, & dans un jour de réjouissance.

Payco. Plante. Ses propriétés. 308
Pêche prodigieuse. 494
Pégasrol. Oiseau. 171
Pepys. Ile introuvable. 638. 640
Perles très-communes aux Iles Malouïnes. Elles sont une maladie de la moule. 505
Perroquet singulier. 155
— — voyez Mât. Perroquet d'hyver. voyez Bâton d'hyver.
Perruches du Paraguay ne vivent qu'un an. 324
Pertes des femmes. 370
Piastre, ou piece de huit. Pêche que l'on en fait. 268
Piaxepogador. Poisson. 232
Pic à pic. à plomb, perpendiculaire.
Pied-marin. Avoir le pied marin, c'est l'avoir si ferme, & si accoûtumé aux mouvemens du vaisseau, que l'on puisse se tenir debout pendant le roulis, & le tangage.
Pilotage. Art de conduire le vaisseau.
Pilote. Poisson. Sa description & sa figure. 56. 67. erreur du Pere Feuillée à cet égard. 67
Pilote. Officier de l'équipage, chargé de veiller sur la route du vaisseau.
Pilote-côtier, celui, qui connoît bien les côtes, & les entrées des ports.
Piment enragé. 186
Pincer le vent; aller au plus près.
Pinguin. Oiseau. Poisson 451. 461. Sa description. 565. Sa figure. Pl. VII.
Pique. Insecte dangereux. 217. Douleurs qu'il cause, & leur remede. 218
Piraquiba. Poisson. 232
Pirogue. Sorte de canot, dont les Sauvages se servent
pour

TABLE

pour la pêche. Elle eſt ordinairement faite d'un tronc d'arbre creuſé. 142. 175

Pithe. Plante. 191

Plan de la Baye Acaron. 525

Plante, propre à faire du fil. 190

Plante à vernis, analyſe de ſa gomme. 439. Figure de cette plante ſinguliere. 441

Plat de bierre. Fruit. 541. 550

— de l'Equipage. Ration ſoit de chair, ſoit de légumes, pour nourrir ſept hommes qui mangent enſemble. Les malades ſont ſoignés par ceux qui ſont de leur plat.

Plat-bord. Extrémité du bordage, qui regne en haut ſur la liſſe, autour du pont & du tillac.

Plain, s'entend quelquefois du rivage de la mer.

Plomb, ſe dit ſouvent pour ſignifier toute la ſonde. Le plomb de ſonde eſt une maſſe de plomb en forme de cône tronqué, dont la baſe eſt concave, & remplie d'un mélange de ſuif & de graiſſe, pour ſonder le fond de la mer.

Plongeon, ſa beauté. 503

Point. Lieu marqué ſur la carte, pour indiquer l'endroit de la mer où l'on croit être, & de là diriger ſa route.

— de côté, Remede 371

Pointage de la carte. voyez Point.

Pointe. Longueur de terre, qui avance dans la mer. La pointe de l'Eſt; c'eſt-à-dire la partie d'une terre, qui avance le plus dans la mer, & ſe montre du côté de l'Orient.

Pointer la carte; déſigner ſur la carte le lieu où l'on préſume que le vaiſſeau eſt, & trouver l'air de vent que l'on doit courir, pour arriver où l'on veut aller. Cette déſignation eſt le réſultat de l'obſervation faite tous les jours à midi, quand la ſérénité du tems le permet, pour connoître la hauteur du Pole où l'on eſt, & le dégré de longitude eſtimé ſur le che-

chemin qu'a fait le vaisseau. On opere avec deux compas ordinaires à deux pointes, dont on pose l'un sur les paralleles de latitude, l'autre sur les degrés de longitude, marqués sur la carte hydrographique. Le point où les deux autres pointes aboutissent, quand on les mene à la rencontre l'un de l'autre, est l'endroit où l'on est. On appelle aussi cette opération, *faire son point*.

Poisson extraodinaire. 66
— volant, sa description. 61. 64. & 587. est trèsbon à manger. 64
Poitrine (fluxion de) Remede. 374
— ses maux. Remede. 382
Pole, l'un des points du ciel sur lequel on suppose que tourne le globe céleste. Les marins dirigent leur route en observant tous les jours la distance, où ils se trouvent de l'un des deux poles.
Pomme de racage, ou de raque. Boule de bois percée pour être enfilée. On en fait des especes de colliers, ou chapelets, que l'on passe autour des vergues, pour les faire couler plus facilement le long des mâts. On appelle aussi ces pommes, des *racages*.
— de raquette, fruit. 193. Maniere de les manger. Il teint l'urine en rouge. 194
Pompe de mer. Grosse colonne d'eau, qui s'éleve de la mer, est poussée par le vent, comme un tourbillon, & tombe souvent tout d'un coup. Il seroit dangereux qu'elle vint échouer sur un navire; il courroit risque d'en être submergé. Lorsqu'on la voit venir à soi, il faut forcer de voile ou charger le canon, & tirer la bordée sur la colonne, pour la rompre, & la faire affaisser, avant qu'elle arrive au vaisseau. Voyez Trombe.
Poncho. Manteau Espagnol. 384
Ponchos, ou Punchos. Manteau que portent les Espagnols en Amérique. 394

TABLE

Pont, ou Tillac. L'un des étages du vaisseau. Dans les vaisseaux de guerre, il y en a trois à cinq pieds de distance l'un de l'autre. Le premier, ou franc tillac est celui, qui est le plus près du fond du Vaisseau.

Port. Beauté de celui des Iles Malouines & sa description. 533

Port Egmont. Préface. IX.

Porter. Gouverner, courir, faire route, sont des termes synonimes. Porter sur un Vaisseau, c'est diriger sa route vers un vaisseau. Mais *porter* peu de voiles, c'est n'en déployer qu'une partie. *Porter* bien la voile, se dit d'un navire qui conserve son équilibre, malgré la force du vent qui souffle sur les voiles.

Possession (prise de) des Iles Malouines. 522

Poulaine. Saillie d'une partie de l'avant du vaisseau, où l'on va laver le linge, & se décharger le ventre. On pratique aussi d'autres saillies aux deux côtés de l'ariere, pour la derniere de ces deux opérations; & l'on appelle *bouteilles* ces deux saillies.

Poulette. Coquillage rare. J'ai porté le premier en Europe. 560

Poupe. arriere du vaisseau, ou sa partie à laquelle le gouvernail est attaché.

Pourceau, effet singulier de la nature à l'égard d'un pourceau. 506

Pourpres. Coquillages. 560

Prairies rares dans l'Ile Ste. Catherine. 209

Prêcheur, Oiseau. Sa description. 230. 232

Prélart, ou Prélat, grosse toile goudronnée, que l'on étend sur les ouvertures treillissées des ponts du navire, pour empêcher l'eau d'y pénétrer.

Prendre hauteur. Observer la hauteur du soleil à midi. *Prendre* ou faire un ris, c'est plier la voile à une hauteur déterminée, au moyen des garcettes, ou peti-

DES MATIERES.

petites cordes appellées *ris*. *Prendre* le vent. Voyez Vent. *prendre terre*, aborder terre.

Président (le premier) de Rio-Janeyro me donne des éclaircissemens sur le Pays & sur ses habitans. 199

Proue ou Eperon. La partie du vaisseau qui s'avance la première dans la route.

Provisions. Les nôtres se sont conservées sans corruption. On doit en attribuer l'altération entre les Tropiques, à la préparation, & non à l'air du climats. 121

Puant. Oiseau. Voyez Alcyon. 416

Puchot. Voyez Trombe.

Pyramide, élevée aux Iles Malouines. 511

Q.

Quart (le) la garde, la sentinelle intervalle de tems, qu'une partie de l'équipage veille pour faire le service, tandis que l'autre dort. Faire son quart. c'est être de garde. Chaque nation en détermine la durée à sa fantaisie; & cette durée se mesure par l'écoulement du sable d'une horloge. Cet écoulement dure demi-heure. On tourne plus ou moins de fois l'horloge pour la durée du quart, suivant le tems fixé. Chaque fois que le Timonnier le tourne, il sonne la cloche, pour avertir que la demi-heure est passée. L'équipage qui veille à l'autre bout du navire, répete sur une autre cloche, le même nombre de coups, & crie *bon quart*.

Quebranta-Huessos. Oiseau. 255
Singularité de son bec, & sa fig. 256 & 416
Quinde. Oiseau. 173

R.

Racage. voyez Pomme.
Rade. Espace de mer, près de la côte, où l'on peut jetter l'ancre, & se mettre à l'abri de certains vents,

TABLE

en attendant le vent favorable pour partir, ou pour entrer dans un port.

Radouber. Raccommoder, réparer un navire.

Raffale. Bouffées subites de vent.

Ralingues. Cordes cousues en orlet autour de chaque voile. 222

Ranger la terre, ou autre chose, c'est passer auprès.

Ranet. Insecte.

Raque. voyez Pomme.

Ras, ou *Rat,* courant de mer rapide & dangereux.

Ration. Mesure, ou quantité de provisions de bouche, que l'on distribue à chaque homme, pour sa subsistance. On dit une ration de biscuit, d'eau de vie.

Rebos, Mantille. 349

Reflux. Voyez flux.

Regime de bananes. 212

Relâche, lieu où les Vaisseaux mouillent pour réparer le Navire, ou pour prendre des rafraîchissemens.

Relâcher, s'arrêter dans un lieu de relâche.

Relevement. Observations faites de la situation actuelle du Vaisseau, eu égard à la position des terres, ou autres choses voisines, dont il est environné.

Relever un cap. C'est observer sa position rélative à celle du Vaisseau où se fait l'observation.

Remoux Tournant d'eau occasionné par le corps du Navire en route ; ce tournant se forme à la poupe à mesure que le Navire avance.

Reptile. On n'en voit aucun aux Iles Malouines. 463

Requin, Poisson. Il a sept rangs de dents triangulaires, & tranchantes. 68. Sa voracité 80. Il ne s'élance pas hors de l'eau, pour saisir sa proye. 80

Requin Lamie. 229

Ressif ou *Récif.* Chaines de roches sous l'eau, & presque à la superficie.

Rester. La Terre nous reste au Sud ; c'est à dire qu'elle

DES MATIERES.

qu'elle se trouve à l'égard du Vaisseau, dans l'air de vent du Sud.

Revirement. Changement de route.

Revirer de bord, changer de route.

Rhumatisme. Remede. 381

Rhume. Remede. ibid.

Ris. Rang d'œillets pratiqués dans la largeur des voiles, & fournis de garcettes, pour diminuer la hauteur des voiles, en pliant une partie suivant que les circonstances l'exigent. Voyez Prendre.

Rolle de ceux qui se sont trouvés à la découverte, & prise de possession des Iles Malouines. 512

Rovalos. Poisson. 500

Rouges (les) Marine royale. Rivalité nuisible des Rouges & des Bleus. 625

Rouler, se balancer sur un côté, & puis sur l'autre.

Roulis. Balancement du Navire d'un bord sur l'autre. C'est l'opposé du tangage.

Roussette. Poisson. 263

Route. Chemin que l'on tient en mer. Faire plusieurs routes, c'est louvoyer. Faire même route qu'un autre Vaisseau, c'est courir sur le même air de vent.

Ruines trouvées aux Iles Malouines. 526

Rumb. Ligne, qui représente sur le globe terrestre, sur la boussole, & sur les Cartes marines un des trente deux vents qui servent à diriger la route d'un Navire. Ainsi l'horizon est supposé divisé en trente deux points, de chacun desquels souffle un air, ou rumb de vent.

S.

S. Signifie Sud, S. S. E. Sud-Sud-Est. S. ¼ S. E. Sud quart de Sud-Est.

Sable. Sorte d'horloge en usage sur mer, pour mesurer par la durée de l'écoulement du sable, contenu

TABLE

tenu dans l'horloge, l'écoulement du tems. Cet écoulement est ordinairement d'une demi-heure. Le Sable pour mesurer le chemin du Vaisseau, au moyen du lock, n'est que d'une demi-minute, ou tout au plus d'une minute. Voyez Lock.

Sabord. Embrasure pratiquée dans le bordage du Vaisseau, pour y passer la bouche du canon, & pour le pointer.

Sainte Barbe. Voyez Barbe.

Saint Jacut. Abbaye. 36

Saletins en course. Ruse dont nous usons pour les combattre. 40

Sapareo, Danse Espagnole. 349

Sansonnet des Iles Malouines. 569

Sapinette. Plante à faire une sorte de bierre très salubre. 550

Sars. Voyez Goëmon.

Sassifras, très-commun au Brésil. 159

Sauvages du Détroit de Magellan 642. Leur habillement, ibid. Alliance faite avec eux. 651-674. Apparence de Religion parmi eux 673.

Sauter. Se dit du vent, quand il change promptement.

Sébaldes, Iles, leur figure. 425

— — leur position. 10

Sifran. Plante. 311

Sensitive. Il y en a de plusieurs especes. 226

Ses feuilles sont un poison, & sa racine en est le reméde. 227

Serpens. Ils sont très-communs au Brésil, & plusieurs dangereux. 167

Serpent à sonnettes. 207

Serrer le vent. Voyez Pincer.

Siesta, usage Espagnol. 352

Sillage, trace du cours du Vaisseau.

Siller, aller en avant, faire route.

Singe. Fait singulier d'un Singe. 182

Sin-

DES MATIERES.

Singler, faire route.
Siphon ou *Tiphon*. Voyez Pompe & Trombe de mer.
Sivadiere. Voile de beaupré.
Soldat. Poisson. 229
Sombrer, se renverser. Les Malouine disent *Sour-soubrer*.
Sonde. Voyez Plomb.
Soute. Lieu où l'on enferme les poudres, & le biscuit.
Spatule. Oiseau. 167
Sphinx échoue sur les Abrolhos. 289
Stribord. Côté droit du Vaisseau.
Succet. Poisson. Sa description. 77. erreur du P. Feuillée à son égard. 68. 232
Sud. Côté du Ciel & de la Terre, compris depuis l'Equateur jusqu'au Pole antarctique.
Suifver. Frotter de Suif le partie du Vaisseau que l'eau baigne, tant pour mieux conserver le bois, que pour rendre le frottement moins sensible, & que l'eau oppose moins de resistance au mouvement du Navire.
Suppressions des régles. 370

T.

Tabac, du Bresil, sa préparation. 343
Tangage ou *tanquage*; Balancement du Vaisseau de l'avant à l'arriere. 249
Tarapecoun. 398
Tatu-apara. ibid.
Tatou. 373
Tayes des yeux, remede. 184
Teiti. Oiseau. 207
Téjuguacu. Lezard. 268
Tempête.
Tems (gros) se dit lorsque la mer est fort agitée, & que les vagues s'élevent beaucoup. *Tems embrumé*;

TABLE

mé; celui qui eft couvert de brouillards. *Tems affiné*; celui qui s'éclaircit.

Tenir le vent: aller au plus près.

Tenue. Prife, ou accrochement de la patte de l'ancre au fond de la mer. On dit bonne tenue, lorfque l'ancre y mord bien.

Terre ferme, celle dont l'étendue eft trop grande, pour être appellée Ile. L'Amérique eft une terre-ferme, ainfi que l'Afie, l'Afrique, & l'Europe. Terre embrumée, ou couverte de brouillards; terre fine, celle que l'on voit, & que l'on diftingue clairement.

Terres auftrales découvertes par Gonneville. 13

Terrir ou *Atterrir*, defcendre à terre, prendre terre après une longue navigation.

— — fe dit auffi pour dire, avoir vûe de terre.

Tête de vent. L'endroit d'où le vent commence à foufler. On l'appelle auffi *pied*.

— — (maux de) Voyez migraine.

Thon. Sa defcription. 64. 605

Ticripiranga. Oifeau. 236

Tigres du Paraguay, plus cruels que ceux d'Afrique. 346

Tillac. Plancher, ou étage du vaiffeau fur lequel la batterie de canons eft placée. Il fe dit auffi du pont le plus élevé, fur lequel eft le Timonnier, & où fe fait la manœuvre.

Timonnier, Matelôt qui tient & conduit la barre du gouvernail pendant fon quart, fous les ordres de l'officier de garde.

Togny, petite ville du Brefil. 288. Ses habitans rendent fervice au Sphinx. 189

Tomincios. Oifeau. 173

Tonnerre, tombe fur une frégate Efpagnole. 357

Totumo. Vafe pour le maté. 331

Toucan ou Tucan, oifeau. 229

DES MATIERES.

Toucher. Heurter contre.
Touer un vaisseau. Le faire avancer au moyen d'une ancre, appellé par cette raison *ancre de toue*, ou *Touage*. 466
Tourte excellente. 195
Tourlourou, sorte de crabe.
Tourmente. Tempête.
Traîne (à la) se dit de tout ce que l'on jette à la mer, attaché à une corde, pour le faire traîner à la suite du navire. Les matelots mettent leur linge à la traîne pour le laver.
Traite. Commerce, qui se fait entre des vaisseaux, & les habitans des côtes de la mer.
Tranchées après l'accouchement. 372
Travers. Se mettre par le travers; c'est se mettre vis-à-vis.
Tribord. Voyez Stribord.
Trinquette. Voile de forme triangulaire, que l'on met à l'avant du vaisseau. La voile d'artimon, & celles détai sont aussi triangulaires.
Trompe. Le même que Trombe de mer.
Trompette ou *Portevoix.* Instrument de cuivre, ou de fer blanc, ayant la forme d'un haut bois, sans trous, & sans clef. On fait des Trompettes de sept ou huit pieds de longueur, & quelquefois davantage. Son pavillon doit être fort évasé, & son embouchure, ou bocal, doit l'être assez pour y introduire les deux levres en parlant dedans. On pousse la voix distinctement jusqu'à mille pas. On l'employe sur mer pour parler aux Vaisseaux que l'on rencontre.
Tucan le même que Toucan. 370
Tumeurs scrophuleuses. 251
Tupan, nom du Tonnerre.

V.

Vague. Voyez Lame.
Vapeurs (Remede aux.) 376

TABLE

Variation. Déclinaison de l'aiguille aimantée. En de certains parages elle décline du Nord au Nord-Est en d'autres du Nord au Nord-Ouest. Un Pilote ne peut assurer son estime, dans un voyage de long cours, s'il n'est assuré du sillage, ou chemin que son vaisseau fait par jour, & qu'il ne sache la variation de l'aiguille aimantée en chaque parage. On l'observe matin & soir, quand le tems le permet; sinon on l'estime. Elle se marque ainsi en abrégé dans les Journaux Vaon. ou Von. N. E. 2. degr. 30 m. ou 2 = 30. ce qui signifie, Variation Nord-Est 2 degrés 30 minutes.

Vent. Les marins divisent l'horison en 32 parties, & supposent 32 vents, qu'ils appellent airs, ou rumbs de vent.

Vents alilés. Vent qui soufle ordinairement dans certains parages. Nous ne les avons pas trouvés, où on les trouve pour l'ordinaire. 63

Vent de bout. Vent absolument contraire, & qui vient directement du côté où l'on veut aller.

Vent frais. voyez Frais.

Vent réglé. voyez Vent alisé.

Vergue. Piece de bois longue, arrondie & une fois plus grosse dans son milieu qu'à ses deux bouts. Elle se pose en croix, par son milieu, le long du mât, où elle peut monter & descendre, au moyen des racages. Elle sert à porter les voiles, quelquefois plusieurs, lorsqu'on met à ses extrémités de gros anneaux de fer avec des bouts dehors pour y appareiller des bonnetes en étui.

Vérole (petite) 369
Verrues. Remedes. 372. 374
Vers vivans dans la chair de la Bonite. 608
Viagrios. Poisson. 263
Viana (Joseph-Joachim de) Gouverneur de Montevideo nous comble de politesse, & n'est pas ami des Jesuites. 281. Diner qu'il nous donne 293

Vi-

DES MATIERES.

Vibord. Partie du vaisseau comprise depuis le pont supérieur jusqu'au plus haut du bord.
Vigie. Roche cachée sous l'eau, & pas assez profondément, pour qu'un vaisseau puisse passer dessus sans danger d'y être brisé.
Vigier veut quelquefois dire *faire garde.* 665
Vigogne. Animal.
Villa) Ville du Paraguay. 329
Villa Ricca)
Vinaigre mêlé avec l'eau pour la boisson de l'équipage. 121
   Raison de ce mélange. 540
Vinaigrette. Plante singuliere. 184
Vira-verda. Plante. 311
Vira-vida. Plante. 560
Vis. Coquillage. 371
Ulceres. Remede. 372
Vuidanges, les faire sortir.

Y.

Yerva de Palos. 327. C'est un remede à tous les maux. 330
Yeux, maux des yeux. Remede. 377
Yguerilla. Plante. 311

Z.

Zarca. Plante. 311
Zone torride. Nous n'y avons éprouvé aucune des incommodités, dont de Navigateurs se plaignent. 118
Zorillos. Puanteur de leur urine. 397

COR-

CORRECTIONS.

Page 10 ligne 21 par les, *lisez* pour les.
  17 — 19 fans ce, — fous ce.
  27 — 19 Gyrandois, — Gyraudais.
  34 — 21 la parti, — le parti.
  37 — 9 fous un, — fous une.
  40 — 15 unon, — union.
  ibid. — 25 femmme, — femme.
  47 — 21 5 m. eft. — Variation eftimée.
  66 — 13 pouiffiere, — pouffiers.
  67 — 16 un on deux, — un ou deux.
  75 — 15 geuche, — gauche.
  79 — 14 Bonites, — Bonites.
  81 — 2 engouler, — engeuler.
  86 — 18 du chemin, — de chemin.
  97 — 18 le, — la.
  110 — 16 tisques, — tesques.
  ibid. — derniere, deux, — ceux.
  116 — moins, — plus
  178 — 5 fut, — faut.
  187 — 26 mair, — mais.
  192 — 4 caquis, — acquis.
  223 — 4 port, — pont.
  234 — antepenult. l'enreur, — l'erreur.
  235 — 24 marqué, — manqué.
  257 — obf. 25═35. — 29═35.
  262 — 13 Mr. — Mrs.
  267 — 7 de — du.
  268 — 22 que, — qui.
  275 — 5 O. compas, — O. du compas.
  280 — 13 Calatrave, — Calatrava.
  369 — effacez au, — très.
  332 — 9 Moté, — Maté.
  385 — 12 Chevrenils, — Chevreuils.
  488 — 15 pous, — pour.

Page

Page 514 ligne 18 Taillaudier, *lisez* Taillandier.
515 — 12 Gouclo, — Gouelo.
528 — 21 couverture, — ouverture.
561 — 1 uotre, — notre.
575 — 3 bocrure, — bourre.
616 — penult. Afcention, — Afcenfion.
617 — 25 Eft. Sud, — Eft. Nord.
619 — 1 haufiere, — haufiere.

Avis au Relieur.

Les 19 Planches doivent être mis à la fin du Tome 2.